# 새로운 세상을
# 꿈꾼 사람들

※ 사용한 그림
이산해 초상(국립중앙박물관, 중박200912-614)
책가도 병풍(국립고궁박물관)

새로운 세상을 꿈꾼 사람들

초판 1쇄 발행 · 2010. 1. 10.
초판 2쇄 발행 · 2010. 6. 21.

지은이 · 이한
발행인 · 이상용 이성훈
발행처 · 청아출판사
출판등록 · 1979. 11. 13. 제9-84호
주소 · 경기도 파주시 교하읍 문발리 출판문화정보산업단지 507-7
대표전화 · 031-955-6031 편집부 · 031-955-6032 팩시밀리 · 031-955-6036
홈페이지 · www.chungabook.co.kr E-mail · chunga@chungabook.co.kr

ISBN 978-89-368-0404-6 03900

# 새로운 세상을 꿈꾼 사람들

# 庶孼

## 조선 서얼의 꿈과 좌절, 성공과 실패

이한 지음

# 서문

누군가가 물어온 적이 있다.

언제나 위대한 역사적 위인들은 양반이었는데, 그렇지 않은 사람들은 어떠했느냐고. 어떻게 살아가고 무엇을 했으며 남긴 것이 무엇이냐고. 잠깐 고민했다가 이렇게 대답했다.

"글쎄, 잘 모르겠는데."

이유는 간단하다. 양반이 아닌 자들에 대한 자료가 없다.

사람들은 뛰어나고 잘나고 고귀한 사람들에게 열광한다. 열광은 곧 관심이 되고 마침내 기록으로 남는다. 하지만 그렇지 않은 사람들, 서얼, 중인, 천민, 잡인들은 역사의 뒤안길로 사라지고 잊힌다. 이들이 스스로 목소리를 내거나 주장하는 일은 거의 없고, 있어도 턱없이 부족하다. 가끔 양반의 문집, 그리고 야담집이나 민담집에 이런 낮은 사람들이 등장하긴 하지만, 짤막한 이야기뿐. 이걸로 무언가 글을 풀어볼까 생각해도 지푸라기 한 줌을 쥐고 집을 지으려는 꼴이다.

쓰고 싶었다. 하지만 없는 이야기를 지어낼 수도 없다. 한동안 궁리하다가 결국 구상을 주섬주섬 모아 글 창고에 던졌다. 그로부터 얼마나 지났을까. 도서관에서 《규사葵史》라는 책을 집어들었다. 반쪽 양반인 서얼들의 역사, 그들의 글과 일화들을 망라한 책이다.

처음 장에 이런 대목이 나온다. 서얼들이 자신들의 억울함을 호소하자 당시의 왕인 선조는 이런 비답을 내렸다.

> 해바라기가 해를 바라보는 것은 본가지든 곁가지든 가리지 않고, 신하가 충성을 다하는 것이 어찌 적자여야만 하겠는가.

요약하자면 서얼도 임금에게 충성할 수 있다는 말이다. 서얼들을 낮춰 보는 뉘앙스가 배어 있건만, 이런 말조차 서얼들에게는 감동이었는지 여기에서 따와 '해바라기 역사葵史'라고 지었다고 한다. 다른 의미에서 잘 어울리는 제목이다. 그림자 속에 있건만 계속해서 빛을 원하는 해바라기야말로 서얼들이니까. 하지만 끝내 빛이 되지는 못했다.

홍 판서의 둘째아들 홍길동이 실존인물이 아닌 것처럼 이 세상에 율도국 역시 없었기에 서얼들의 일상에는 끝없는 실의와 좌절, 혹은 분노가 가득했다.

하지만 그게 끝이던가. 처음부터 어쩔 수 없는 일이라고 포기해야 했던가. 그건 좀 아닌 듯하다. 서얼들의 시도는 새로운 도전이기도 했고, 때로는 기존 질서를 파괴하는 것이기도 했다. 성과가 있어도 '서얼 주제에'라는 평가를 받았으며 사회의 지탄을 받기도 했다. 그러나 처음부터 포기했더라면 이름조차 남기지 못했으리라.

이제까지 출간된 대부분의 역사서에서도 양반들이 주인공이며 서얼들은 부차적으로 다뤄질 뿐이다. 그늘에 있었던 그들의 처지를 생각하면 어쩔 수 없는 일이지만, 조금 슬픈 일이 아닌가. 왜 수백 년이 지난 지금까지도 서얼들의 이야기는 중심이 될 수 없을까.

여기까지 생각하고 오래된 글감을 다시 끌어냈다. 어쩌면 무모한 도전이겠지만, 그래도 쓰고 싶었다.

비록 그것이 아픔과 좌절이 가득한 역사라도. 분명 이 땅에서 살았고 자취를 남긴 이들의 이야기를 정리하고 싶었다. 마무리를 짓는 이 순간까지도, 이 글이 과연 목적했던 무언가를 성취할 수 있을지 알 수 없다. 하지만 누군가에게 위안과 도움을 줄 수 있으면 한다. 분명 이 세상에는 고귀한 혈통의 행운아보다 흠 있는 인간들이 훨씬 더 많이 살고 있으니까.

끝으로 이제까지 오랜 고민을 함께해 준 주변의 지인들, 그리고 청아출판사 편집자분들께 깊은 감사를 전한다.

이한

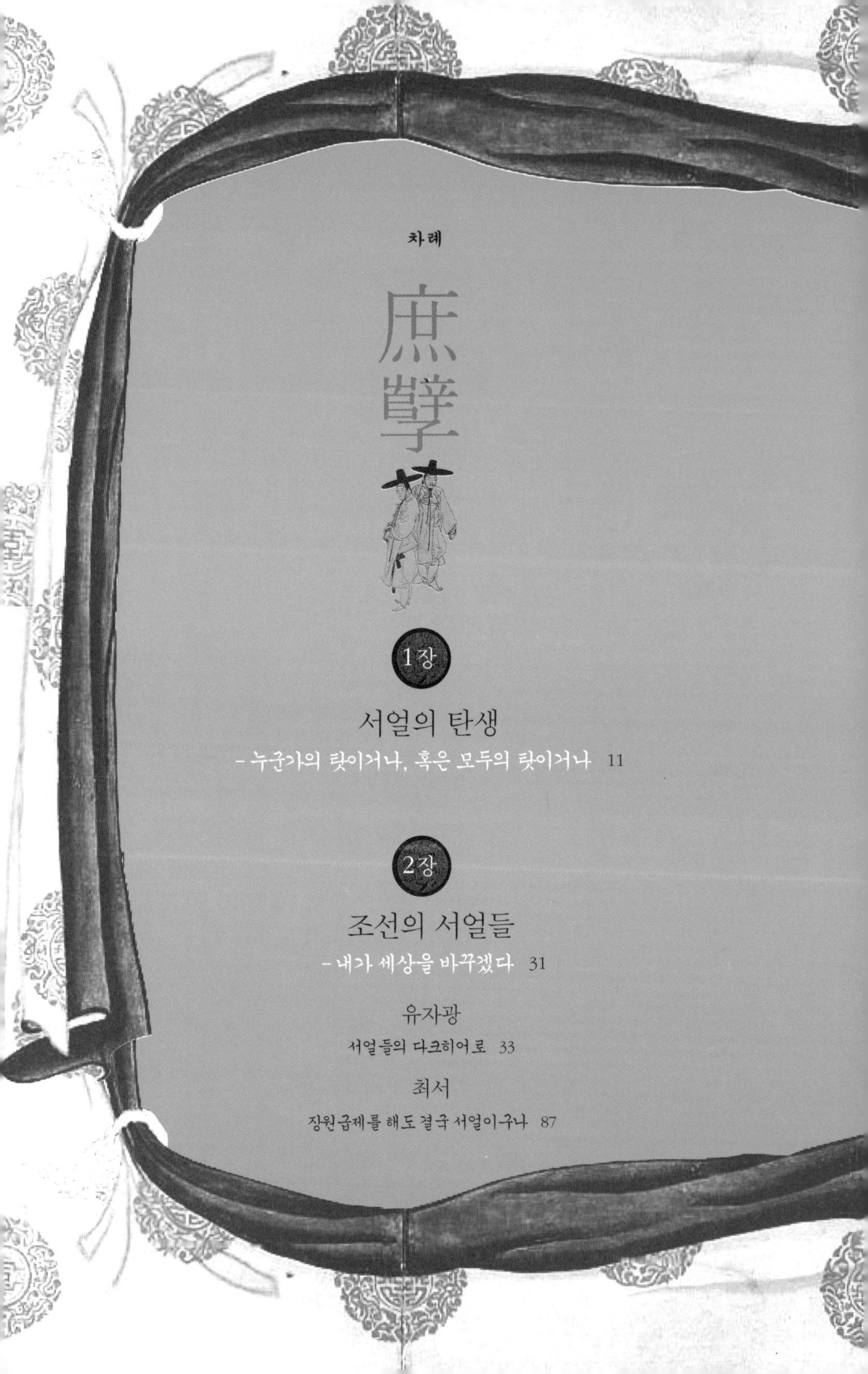

차례

庶孽

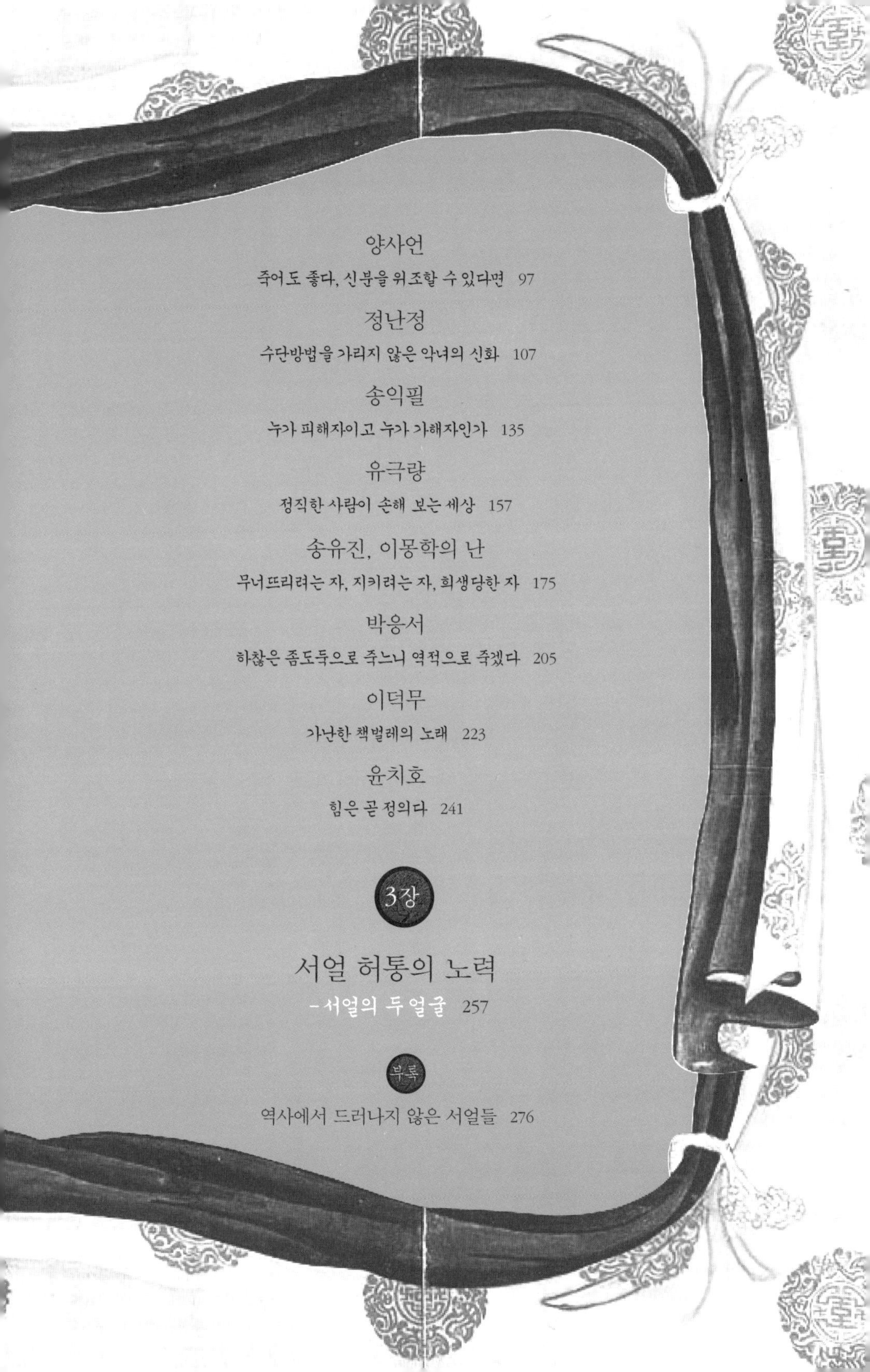

庶孼

# 1장 서얼의 탄생

누군가의 탓이거나,
혹은 모두의 탓이거나

서자는 언제부터 있었을까? 무엇을 서자라 부르는가? 본부인이 아닌 다른 여자에게서 태어난 자식이라는 뜻이다. 아버지가 같더라도 어머니 신분이 낮거나, 정식 결혼 관계가 아닌 사이에서 태어난 이들이다.

좀 더 자세하게 구분을 하면 양반 아버지와 양민 어머니 사이에서 태어난 서자庶子가 있고, 노비를 비롯한 천민 어머니에게서 태어나는 얼자孼子가 있어 이들을 아울러 서얼이라고 부른다. 이른바 태어나면서부터 하자가 있는 결격품인 이들로, 여러 가지 사회적인 편견과 함께 많은 제약이 주어졌다.

가장 먼저 반쪽짜리 신분 때문에 아버지를 아버지라 부르지 못하고, 형을 형이라고 부르지 못하는 부조리한 상황이 있었다. 신분제도가 이제 사라진 현재의 상식으로는 일부다처제, 그리고 신분 때문에 자식이 제약받는 것이 너무나도 불합리하게 느껴진다.

이런 상식이 뿌리내린 데엔 한국인들에게 기본 교양이 된 소설《홍길동전》의 내용도 한몫을 한다. 형 홍인형보다, 아니 조선 내의 어떤 적자보다도 뛰어난 재능을 가지고 있던 홍길동이건만 출세는커녕 과거도 보지 못하고 활빈당을 만들어 도적이 되어야 했으니까!

이런 신분제도 따위를 만들어낸 옛사람들이 '잘못' 되었다고 말하면 쉽지만, 이런 생각을 그들은 하지 못했던 것일까? 왜 그렇게 되었을까 생각해 보자. 당시를 살았던 사람들에게 서얼은 자식이자 형제이며 친척이었다. 당연히 서얼들의 재능을 아까워한 합리적인 사람들도 있었다. 당시 사람들도 서얼들의 억울한 심정과 신분제도의 문제점을 충분히 알았다. 그럼 왜 이런 제도가 생겨났을까. 그리고 왜 고쳐지지 못한 것일까. 이 문제를 따지려면 어쩌다가 서얼제도가 생겼는지부터 알아봐야 할 것이다.

서얼제도의 시초를 거슬러 올라가면 중국까지 가게 된다. 조선 시대에 '천한' 서얼들은 차별받아 마땅하다고 부르짖었던 얼간이 유생들의 근거는《춘추》라는 먼 옛날의 중국 역사서였다. 그들의 논리란《춘추》에 나와 있으니 세상의 진리라는 소리이다. 그런데 여기에 실린 서얼 차별이 없는 세상의 문란한 모습은 대체로 이렇다.

나라의 왕인 아버지가 아들(세자)의 며느릿감으로 들어온 여자가 예쁘다는 소문을 듣고 덥석 가로채 자신의 아내로 삼고, 그 사이에서 태어난 늦둥이 아들을 새로운 세자로 세우려고 원래 아들을 죽이는 황당한 사건들이다. 이런 사건들은 적자와 서자 구분 이전에 상식적으로 있어서는 안 되는 비도덕적이고 황당한 일이다. 결국《춘추》는

갈 데까지 간 막장 사건을 기록하고 있을 뿐이지 서얼 차별을 정당화하는 이야기는 단 한 줄도 적혀 있지 않다. 그럼 차별론자들은 왜《춘추》를 들먹였을까? 이를 통해 후계자는 적장자가 되어야 한다는 역사적 공감대가 만들어졌기 때문이다.

어째서 적장자를 존중하는 제도가 생겨난 것일까? 적장자란 적법한 혼인 관계 사이에서 출생한 첫 번째 아들을 일컫는 말이다. 앞서 들었던 예처럼 왕이 자기 마음대로 후계자를 갈아치우려고 든다면, 그리고 누구나 다음 왕이 될 수 있다면……. 왕위가 교체될 때마다 후계 후보자들 사이에서 전쟁이 벌어질 것은 당연한 일이다. 이로써 혼란과 진통이 막심해지는 것은 물론, 피를 나눈 형제끼리 죽고 죽이는 골육상쟁도 얼마든지 벌어질 수 있다(실제로 오스만튀르크 등 이슬람 국가에는 새로 술탄이 즉위하면서 다른 형제들을 몰살하는 일이 숱하게 벌어졌다).

하지만 적장자가 왕이 된다는 원칙이 있다면, 이런 세대교체의 충격은 최소화될 수 있다. 간단히 말하자면 운으로 승부가 갈리는 복불복福不福이나 죽고 죽이는 '배틀 로얄' 보다는 '그나마 덜' 사달이 난다는 말이다.

결국 이런 '대단히' 좋은 의도에서 만들어진 적장자 계승 원칙이었지만, 오랜 시간이 흐른 조선에서는 서얼들을 차별하는 근거로 악용되었다.

## 적서 차별의 시작

우리나라 역사에서 서얼 차별이 '본격적으로' 시작된 것은 조선 시대라고 한다.* 이 문제를 언급하는 많은 책들은 훗날 태종이 되는 이방원이 자신의 막냇동생인 방석을 제거한 후 아버지의 후처였던 신덕왕후 강씨를 첩으로 격하한 것이 차별의 시초였다고 한다.

태조 이성계는 특이하게도 정식 아내를 두 명 두었다. 신의왕후 한씨와 신덕왕후 강씨가 그들이다. 조강지처 한씨는 이성계가 조선을 건국하기 전에 세상을 떠났고, 늘그막에 총애를 독차지한 것은 강씨였다. 그런 덕분인지 태조 이성계는 그녀의 소생인 막내아들 방석을 세자로 삼았고, 그동안 아버지를 도우며 조선 건국에 애썼던 한씨 소생의 아들들은 닭 쫓던 개꼴이 되었다. 그중 하나가 바로 훗날 태종이 되는 이방원이었다.

이후는 잘 알려진 바이다. 이방원은 1차 왕자의 난에서 승리하여 정권을 잡았다. 이로써 세자의 타이틀을 거머쥐는 한편, 분풀이도 잊지 않았다. 이미 저 세상 사람이 된 신덕왕후 강씨를 첩으로 격하시키고, 동생들을 죽이고, 이전 세자이자 자신의 막냇동생이던 방석을 서자로 깎아내렸는데, 이것이 서얼 차별의 시초가 되었다는 것이다. 정말 그럴까? 확실히 태종의 입김 아래에 작성되었던 《태조실록》은 '서자' 방석이 세자가 되었다고 적었다.

좀 더 다른 이야기로는 서선徐選이 시초가 되었다고 한다. 태종 때

* 물론 신라나 고려 시대에도 서얼이라 할 만한 존재는 있었지만, '집단'으로서 정체성을 가진 것은 조선 즈음이다.

우대언이었던 서선이 서자에게 좋은 벼슬을 주지 말자는 의견을 냈고, 이로써 서자들이 벼슬하는 것을 금지하는 서얼금고법庶孼禁錮法이 만들어졌다는 것이다. 이 설은 서얼들의 역사를 적은 《규사葵史》나 《열하일기》의 저자 박지원이 언급하는 등 가장 널리 알려져 있다. 이 중에서 무엇이 맞는지, 과연 어디까지 사실인가는 나중에 생각하자.

좀 더 본질적으로 따져서 서얼의 차별이 조선 시대 때 시작됐는가 하고 묻는다면, 그건 아니다. 그보다 훨씬 전부터 그들은 있었다. 고려 말의 이름난 충신 정몽주의 문집인 《포은집》을 보면, 우왕 8년(1381)에 이집에게 보낸 편지에 이런 추신이 붙어 있다.

> 최단의 딸의 모족母族도 진짜 양반입니다. 그 사실을 삼촌 이경지 판서에게 들었습니다.

왜 정몽주는 편지에 이런 말을 썼을까? 당시 이집이 며느릿감을 찾던 차에 최단의 딸이 물망에 올랐다. 그런데 딸이 정말 양반 신분인지, 어머니의 신분에 흠은 없는지, 그런 의문을 품었던 모양이다. 그래서 정몽주가 그 딸의 신분을 보증하고 나선 것이다.

어머니 쪽이 진짜 양반이라는 소리는 신분이 낮은 여성에게서 얻은 서출이 아니라는 말이다. 그게 결혼의 조건으로 중요하게 여겨진다면 이는 '진짜 양반이 아닌데도', 그러니까 서얼 출신이면서도 이를 속이고 양반과 결혼하는 일이 비일비재했다는 말도 된다.

포은 정몽주라면 일편단심의 상징이자 목숨 바쳐 나랏일만 생각할 것 같은, '좋은 사람' 이라는 선입견이 있다. 그런데 그런 그마저도 혼사에서 진짜 양반이라는 조건을 중요하게 생각했다. 왠지 실망스러운가? 하지만 천 년도 전의 옛날 사람인 그가 만민평등의 원리를 통감하고 있었으리라는 기대를 해서는 안 될 터이다.

고려보다 좀 더 이전 시대에도 적서의 문제는 존재했다. 서얼이라는 정식 명칭이 없다고 해도 어머니의 신분이 천하거나, 혹은 어머니 집안(외가)에 충분한 힘이 없다면 자식의 앞날에 먹구름이 꼈다. 《삼국사기》에서도 신분이 낮은 어머니에게 태어난 자식이 후계자 선정에서 뒤로 밀려나거나, 혹은 적자나 다른 귀족 세력들에게 목숨을 위협받는 사례가 흔히 보인다. 고구려 산상왕의 아이를 가져 자객을 피해 달아나야 했던 주통촌의 돼지잡이 여인이 그랬고, 진성여왕의 뒤를 이어 즉위한 효공왕이 그랬다.

## 서얼의 난

그렇지만 언제나 서얼이 불쌍한 피해자인 것은 아니었다. 오히려 사회 질서를 어지럽히고 파탄을 일으키기도 했다. 적자의 자리를 노려 각종 분란을 일으키거나, 아니면 자신을 차별하는 사회를 부정하고 반란을 일으키는 서얼 적성분자들은 어느 시대에건 있었던 것이다.

고려 시대, 서얼이 일으킨 평지풍파가 세상을 뒤엎었던 가장 대표적인 예를 들자면 최씨 무신정권의 마지막을 장식한 최항이다. 무신의 난 이래 고려의 왕을 몇 차례나 갈아 치워가면서 막강한 권세를 자랑했던 게 무신정권이고, 최씨 정권은 그중에서도 가장 오래 힘을 유지했다. 최충헌이 처음 수립한 이래 그의 아들 최우가 정권을 물려받았다. 그런데 최우는 정실에게서 아들을 얻지 못했고, 오로지 딸만 하나 두었다. 다만 기생에게서 두 아들 만종, 만전을 얻었으니, 즉 서얼 자식만 있었단 말이다.

비록 왕을 능가하는 권세를 가지고 신하들을 집으로 불러 나랏일을 처리한 최씨 정권의 우두머리 최우이지만, 서얼을 자신의 후계자로 세우기는 무리라고 판단했던 모양이다. 어쩌면 서자들의 능력이 변변치 않았을 수도 있다. 그래서 최우는 이 서얼들의 머리를 깎아 승려로 만들고 전라도 송광사로 보냈다. 이는 고려 왕실이 곧잘 서출 왕자들을 처리하던 방식으로, 낮은 신분의 여인에게 태어나거나 왕위 다툼에 연루될 듯한 왕자들을 승려로 만들곤 했다. 그렇게 하면 속세와 인연이 끊어져서 계승권도 사라지니 말이다.

그럼 최우는 누구를 후계자로 삼았을까? 바로 하나뿐인 적녀의 남편, 그러니까 사위인 김약선金若先이었다. 김약선은 당연하게도 고려 명문가의 적자였고, 외가의 '빽'도 실했다. 여기에 당대 최고 권력자인 최우의 외동딸을 아내로 맞이했고, 그 사이에서 얻은 딸을 세자(훗날의 원종)의 비로 보냈다. 최우는 사위를 대단히 신임했다. 몽골이 쳐들어오고 세상이 뒤숭숭해지자 자신의 신변을 지키는 중요한 일을 사위에게 맡길 정도로. 이대로 김약선의 미래는 반석 위에 놓이고, 최씨 정권은 김씨 정권으로 부드럽게 이어질 것만 같았다. 하지만 그렇게 되지 않았다.

앞서 최우는 두 서얼 아들을 승려로 만들어 수도도 아닌 먼 지방으로 보냈다. 이는 속세적인 것은 물론 거리로서도 중앙의 정권 다툼에서 아예 동떨어진 것이니, 서얼 자식들은 결코 후계자가 될 수 없다고 못 박은 것이었다.

그렇게 지방으로 쫓겨난 아들들이었건만, 아버지는 여전히 고려 최고의 권력자였으니 권세는 막강했다. 두 서얼 아들들은 무뢰배들을 모아 패거리를 만들어 각종 행패를 부리고, 부하들을 시켜 백성들의 살림을 약탈하는 것은 물론 남의 아내를 강간하기도 했다. 특히 고리대금으로 농민들에게 곡식을 빌려 주고 엄청난 이자를 뜯어내 자기 재산을 불렸으니, 쥐어 짜이는 백성들의 불만은 하늘을 찌를 듯했다. 대체 얼마나 지독하면 이러다가 농민들이 반란을 일으키거나 적에게 투항할지도 모른다는 우려마저 나왔을까.

이렇게 도를 넘는 아들들의 악행에 최우는 한참을 망설이다가, 두 아들들이 거느린 패거리를 붙잡아 대신 처벌하고 빼앗았던 곡식을 백성들에게 돌려주었다. 여기까지는 그럭저럭 권선징악으로 보인다. 상황이 이렇게 되자 망나니 형제는 개성으로 올라와 아버지를 만나 눈물을 쏟아대며 호소했다. 하지만 그동안의 잘못들을 반성하며 용서를 빈 게 아니었다.

"아버님이 살아계시는 때에도 이렇게 남에게 핍박을 받는데, 만약 아버님께서 돌아가신 뒤에는 우리 형제가 어디에서 죽을지 모르겠습니다."

지금만 해도 의심하고 괴롭히는 사람이 많은데, 아버지가 죽고 나서는 더욱 비참한 신세가 되지 않겠느냐는 것이다. 자신들이 저지른 잘못을 반성하기는커녕 억울하다고 징징댔으니, '찌질한' 것도 이 정도면 고려 대표감이다.

더욱 놀라운 사실은 이 말이 그동안 메말라 있던 최우의 부성애를 일시에 퐁퐁 샘솟게 하는 기적을 일으켰다는 것이다. 최우는 자식들의 잘못을 알린 관리들을 처벌하는 한편, 열심히 자식들을 챙기는 '아빠 가시고기' 노릇에 나서게 된다.

여기까지만 보면 팔불출 부모도 정도껏이란 말이 절로 떠오르지만, 최우는 원래부터 바보는 아니었다. 아니, 오히려 뛰어난 정치적 감각을 가진 현명한 인물이었다. 아버지 최충헌이 죽고 권력을 이어받자, 아버지가 강탈했던 재산과 땅들을 왕과 신하들에게 돌려주고 문신들마저 자기편으로 끌어들였던 (무신정권의 독재자 중에서는 상대적으로) 공정한 지도자였다.

그랬던 그가 아들들의 잘못과 횡포를 모를 리 없다. 애초에 그가 서얼 아들들을 출가시키고 시골로 보낸 것은 아버지로서는 비정한 결정일지언정, 정권의 지도자로서는 옳은 결정이었다. 본디 최우는 서얼 아들들이 공적으로나 사적으로나 후계자감이 아니라는 사실을 알고 있었으리라. 아들들이 참으로 무능력했다는 것은 이후의 역사가 증명하는 바이지만, 설령 능력이 있다 해도 서얼을 후계자로 세우면 사회적인 충격과 반발이 만만치 않은 법이다.

하지만 이 사건을 계기로 최우는 갑자기 사위가 아닌 친자식을 후계자로 밀었다. 그의 마음이 왜 변했을까. 아마 나이 탓이리라. 서얼들의 사건이 터진 것은 고려 고종 34년(1247)의 일이었다. 최우의 출생년도는 분명하지 않지만, 당장 다음 해인 1248년에 중병에 걸려 드러눕고, 이로부터 고작 2년 뒤에 세상을 떠난다. 자신의 마지막이 다가온다는 사실을 알아차리면 누구나 감상적이 되는 법. 아무리 똑똑하고 유능한 사위라고 해도 결국 바깥의 가족이니, 내 자식, 내 핏줄에게의 집착이 벌떡 고개를 든 게 아니었을까. 어쨌든 한때 현명했던 최우는 마지막 순간에 이기적이고 옹졸한 사람이 되었고, 이후로 나타나는 그의 행적은 정말 기괴했다.

최우는 아들들을 싸고돌았고, 그중 만전을 환속시켜 이름을 항沆이라고 바꾼 뒤 관직을 내렸다. 최항(만전)을 자신의 후계자로 삼기 위해 적극적으로 추진한 것이다. 자식을 생각하는 어버이의 애틋한 마음이라고? 하지만 늦어도 너무 늦었다. 이제까지 지방에서 무뢰배와 어울리며 제멋대로 살던 만전, 그러니까 최항을 아무리 잘 가르친다고 해도 얼마나 성과가 있었을까.

게다가 사위 김약선의 후계구도가 까마득한 옛날부터 굳어져 있었거늘, 그럼에도 최우는 사위를 제거하고 서얼 아들을 후계자로 삼으려 했다. 최우의 결심을 눈치 챈 사람들은 어떻게든 그의 마음을 돌이키기 위해 사방팔방으로 설득했다. 하지만 병에 찌들어 숨넘어가기 직전의, 어떻게든 자기 자식들에게 좋은 것을 가득 들려 주겠다는 일념에 불타는 고집통 노인네의 귀에는 전혀 들어가지 않은 듯했다. 그래서 최우는 자신의 후계자였던 김약선을 별 것 아닌 죄명을 빌미로 처형했다.

《고려사》는 김약선의 제거 과정을 이렇게 전한다. 그의 아내, 그러니까 최우의 딸이 종과 간통을 했는데, 이 사실이 들통나자 아버지 최우에게 남편이 역모를 꾸민다며 모함했다고 한다. 그래서 김약선의 집안이 결딴났다고. 이런 이야길 들으면 아내가 몹쓸 사람이건만, 또 이런 이야기도 전한다. 김약선은 본디 자신의 성적인 즐거움을 자유분방하게 누리는 데는 적극적인 사람이었고, 부인 역시 남편을 본받았다고 한다. 한마디로 맞바람을 피웠다는 말인데……. 그렇다면 훌륭한 콩가루 가정이자 천생연분이라 하겠다.

하지만 혼인파탄의 원인을 부부 중 누군가에게서 찾을 필요는 없을 듯하다. 딸이 밀고하지 않았더라도 최우의 마음은 '친아들'에게 기울어져 있었으니까.

결국 최씨 정권의 영속을 위해 김약선은 죽어야 했고, 서얼 아들 최항이 후계자가 되었다. 하지만 멀쩡하게 잘 마련되었던 김약선의 후계구도를 두들겨 부수고, 번갯불에 콩 볶듯이 새로운 후계자를 세웠으니 문제가 생기지 않을 리 없다. 실제로도 이제까지 최씨 정권을 지탱하던 무신들 세력은 크게 반발하며 등을 돌렸다.

최항은 아버지의 뒤를 이은 후 자신의 계승을 반대하는 아버지의 지지층을 대거 처형하지 않으면 안 되었다. 그로써 최씨 무신정권을 잇지만……. 이는 곧 정권의 약화를 뜻했다. 사람들의 반대를 무릅쓰고 목까지 베어가면서 멋대로의 정책을 밀고 나가는 정부가 지지를 받을 리 없지 않은가.

더욱이 최항은 그리 훌륭한 지도자감이 아니었다. 굳이 서얼이라는 게 결점이 아니라 해도, 후계자 교육을 단 2년 만에 단기속성으로 배운데다 지방에서 패거리를 이끌며 깡패짓하던 버릇은 어디 간 것이 아니었다. 최우 이후로 최씨 정권은 차츰 뒤흔들렸고, 결국 최항의 대에 무너진다. '뜬금없는' 부정에 눈이 멀어, 나라가 마치 자신의 사유물이라도 된 것처럼 착각했던 팔불출 아버지의 욕심이 빚어낸 결과였다. 그리고 그렇게 챙겨줬던 자식들 끝내 행복해지지 않았다. 최항은 결국 암살당했으니까.

이 사건은 고려 시대에서 가장 대표적인 서얼의 폐해라고 꼽아도 될 만하다. 물론 최씨 무신정권도 본질은 독재정권이라, 고려를 제멋대로 쥐고 흔들었기에 많은 문제가 있었다. 설령 최우가 현명한 판단을 내려 정권이 더욱 오래 영위했다고 해도 결국 고려에게 얼마나 좋았을지는 알 수 없다.

그러나 이 사건이 틀림없이 기여한 것이 있으니, 고려 시대는 물론 그 이후로도 서얼의 이미지가 크게 나빠지게 했다는 점이다. 그리고 서얼을 후계자로 삼으면 어떤 끔찍한 결과가 생길 수 있는지를 사회가 체득하게 되었다.

## 서얼들의 전설

그렇지만 본격적으로 서자가 사회의 해악으로 통하게 된 것은 역시, 조선 시대이다. 서얼들의 피눈물로 점철되었다고 해도 과언이 아닌 이 시대는 고려 때보다도 더욱 다양한 서자 전설(과 역사)이 전한다.

그중에서 대표적인 예를 들자면 조선을 세운 일등공신이자 이성계의 정치적, 정신적 파트너였던 정도전이다. 정도전이 서얼 출신이라는, 정확히는 그의 외할머니가 노비 신분이었고 그래서 서얼의 피가 섞였다는 말은 조선 시대에 내내 전해진 소문 중 하나이다. 이 소문이 에누리 없는 사실이라고 믿는 사람들은 지금까지도 꽤 많이 있다.

과연 그럴까? 정도전의 문집인 《삼봉집》을 보면, 정도전이 쓴 그의 아버지 정운경의 행장이 있다. 여기에 따르면, 정운경은 어릴 적에 조실부모해서 이모 집에서 자라나기는 했으나, 버젓이 과거에 급제해서 고려 형부상서 밀직제학의 자리를 역임한 (나름) 고위 관리였고, 어머니는 그 정실인 우씨였다. 좀 더 정확히는 영주榮州의 사족士族 우연禹淵의 딸이라고 적고 있다. 정운경의 행적은 《고려사》에 단편적으로나마 남아 있으며, 정도전의 동생들 역시 과거 급제하고 관직에 오를 만큼 뛰어난 실력을 가진 이들이었다. 비록 내로라하는 명문가는 아니었어도, 버젓한 양반 가문의 출신이었다.

그런데 정도전에게 서얼의 피가 섞였다고 하는 주장 및 전설을 찾아보면 하나같이 제각각이다. 그의 외할머니가, 때로는 어머니와 아내마저도 서얼 출신이었다고 적고 있다. 이렇게 진실성이 떨어지는 소문을 종합해 보면, 정도전은 내내 서얼 모계를 가진 셈이다. 민담에 따라서는 정도전의 아버지가 우연히 만난 노비를 강제로 겁탈해서 얻은 자식이라는 이야기까지 있다. 이게 사실이라면 정도전의 집안은 이미 양반이 아니다. 당연하지 않은가? 대대로 천민 여성들과 혼인을 했다면 말이다. 만약 정도전이 서얼(이쯤 되면 서자도 아닌 얼자 출신이다) 출신이었다면 공민왕 때 만들어진 고려의 성균관에 들어갈 수도 없었을 것이고, 정몽주를 비롯한 고려 말의 유신들과 동기동창이 될 수도 없었을 것이다.

게다가 정도전이 서얼 출신이라는 소문은 그의 시대에는 전혀 언급되지 않았다. 이는 정도전의 후손들이 어엿한 양반으로 살았다는 점에서도 확인할 수 있다. 보통 1차 왕자의 난 때 정도전과 그 아들이 살해당했으니 그의 가문이 끝장났을 듯도 하지만, 사실 상당수는 살아

남았다. 물론 왕자의 난 직후에는 수군(군대)에 끌려가거나 과거 응시가 금지되었지만, 이는 잠깐의 조치였을 뿐 다시 복권이 되어 관직에 오르기도 했다. 실제로도 정도전의 아들 정진鄭津은 왕자의 난 때 살아남아 세종 때 형조참판까지 되었다.

이런데도 정도전이 서얼 출신이었을까. 물론 그는 근본적으로 사회 혁명가이자, 고려를 무너뜨리고 조선을 건국한 일등공신이었다. 즉 기존 고려 사회에 많은 불만을 가졌을 테니 틀림없이 서얼 출신이라는 편견이 생긴 것도 나름 자연스럽다. 하지만 이것은 길거리에 시위를 나간 사람이 모두 실업자나 사회부적응자가 틀림없다는 주장과 비슷한 수준이다. 어떤 사람이든 자신이 사는 시대에 불만을 가질 수 있다. 이 자리를 빌려 단연코 말하는데, 반골이 유전자 속에 아로새겨진 사람은 설령 입에 백금 숟갈을 물고 태어났다고 해도 세상을 뒤엎는 혁명을 꿈꾸게 되어 있다. 정도전은 설령 고려의 왕족으로 태어났다고 해도, 구세계의 전복과 조선의 건국을 목표로 치열하게 달려갔으리라.

만의 하나의 가능성을 따져, 설령 정도전이 정말 서얼이었다고 해도 이는 별로 중요하지 않다. 고려가 멸망하고 조선의 공신이 된 이상, 그의 신분은 더 이상 의미가 없다. 조선을 세우면서 고려라는 기존의 체제가 뒤집혔으니까.

그래서 원래는 변경의 무장이었던 이성계가 나라의 왕이 되었고, 조세진의 서출이자 일개 군졸에 불과했던 조영무가 당당한 공신이 되고 정승의 자리에까지 올랐다. 그러니 '고려 때' 정도전의 신분이 어떻건 중요하지 않다. 정도전이 서출이라는 이야기는 조선 시대에 서얼 출신이라는 게 얼마나 그 사람을 깎아내리는 데 유용한 수단으로 활용되었느냐를 말해 주는 하나의 예시일 뿐이지, 진위를 따지는 것은 무의미하다.

또한 태종 이방원이 서자 출신인 정도전을 미워해서 서자들의 출세를 막는 법을 만들었다는 것은 그냥 낭설로 치부해도 된다. 그럼 태종은 자신의 세자자리를 빼앗아간 막냇동생 방석을 증오한 나머지 서얼들을 '싸잡아' 미워한 것일까? 이 이야기도 그냥 믿기에는 찜찜한 구석이 있다.

태종이 아직 왕이 되기 전, 그리고 아직 조선이 세워지기 전, 이성계가 말에서 떨어져 부상을 입은 틈을 노려 정몽주가 가족들을 인질로 잡으려 한 일이 있었다. 이때 이방원은 열 살이 되지 않은 어린 막내이복동생 방석을 품에 안고 말에 태워 피난갔다. 처음부터 동생을 미워하지는 않았다는 말이다. 의미 없는 상상이지만, 방석이 세자가 되지 않았다면 이 둘은 꽤 좋은 형제로 남지 않았을까.

훗날 조선왕조 다산 랭킹 1위였던 세종은 자신의 (남아도는) 아들들을 죽은 방석의 족보상 후손으로 세워 막내삼촌의 제사를 지내게 했다. 아버지의 옛날 과오를 덮어 주겠다는 의도도 있었겠지만, 이때는 방석이고, 방번이고 서자라는 말이 언급되지 않았다. 태종이 동생을 지워 없애야만 할 대상으로 여긴 것이 아니며, 이때만 하더라도 극심하게 서자를 차별하고 질시하지는 않았단 소리다.

## 서얼금고법의 진실

그렇다면 서선이 진언했다는 서얼금고법의 진실은 무엇일까? 여기에도 출처불명의 설화가 있다. 서선이 진언을 하고 돌아오자 그의 부인이 이를 듣고 훗날 큰 원망을 살 것이라며 남편의 어리석음을 한탄했다고 한다.

서선의 진언은 태종 15년 6월 25일자의 실록에 기록되어 있다. 그런데 이는 서선 단독의 발언이 아니라 6명이 합동으로 제안한 것이었으며, 그 내용도 적서 차별이라기에는 조금 미묘하다.

> 종친과 각 품의 서얼 자손은 현관顯官에 임명하지 말아 적첩嫡妾을 분별하십시오.

더욱 중요한 것은 이 발언이 굉장히 복잡한 배경 아래에서 나왔다는 사실이다.

그해에는 유난히 비가 오지 않았고 병충해가 들끓는 자연재해가 겹쳐 세상이 뒤숭숭했다. 이리되면 사람들은 정치를 잘못했기 때문에 하늘이 노한 게 아닐까 하고 불안해한다. 그래서 태종은 신하들에게 나라를 위한 조언들을 모집하겠다고 선언했고, 그래서 무려 200여 건에 달하는 의견들이 모였는데, 서선의 의견은 이 중 하나였다.

그런데 진언의 내용을 자세하게 살펴보면, 서얼을 차별한다기보다 '종실'의 서얼들만을 제한하는 조치였다. 차별이 맞긴 하지만, 그러면서도 구멍이 숭숭 나 있는 제안이었다. 종친의 서얼은 그렇다 치고,

보통의 서얼들은 어떻게 될까? 높은 벼슬은 안 되도 다른 벼슬은 할 수 있다는 말인가? 과거는 볼 수 있는 걸까? 이렇게 따지면 따질수록 문제가 많은 이 제안은 다른 제안들과 섞여 태종에게 올려졌지만, 구체적인 법령으로 굳어지거나 시행된 흔적이 보이질 않는다. 게다가 서얼이 높은 관직에 오를 수 없다는 것은 고려 시절에도 그러했으니, 정말 새삼스러운 제안이었다. 그래서 종실을 강조했다는 점에서, 그즈음 한참 문제가 되던 회안군 방간 등을 처벌하려는 포석이었다고 보는 주장마저 있다.

어쨌든 서선은 억울할지도 모르겠다. 그는 6인의 대표자였을 뿐인데, 이런 두루뭉술한 기록과 오해를 통해 수백 년 동안 모든 서얼들의 원망과 증오의 대상이 되었으니까 말이다. 하지만 여기에도 이유가 있다. 사회의 마이너였던 서얼들은 공식적으로 언급되는 적이 거의 없었다. 결국 서선의 잘못은 서얼 차별의 제도를 만들었다기보다는 서자를 (어떤 형태로든) 언급한 게 아닐까. 유별나게 서얼을 공식적으로 거론한 태종 이방원, 서선 등이 도매금으로 원흉이 된 것뿐이지, 그들이 앞장서서 차별한 적은 없다.

누군가가 특별히 서얼 차별을 시작하진 않았을 것이다. 서얼은 신분제도와 결혼제도가 있는 이상 태어날 수밖에 없었지만, 그렇다고 떳떳하게 인정받고 드러날 수 있는 계층이 아니었다. 그들은 올바르지 못한 남녀관계의 결정체였으니까. 분명히 살아서 존재하고 있으나 밝은 곳에 드러나지 못하는 버섯 같달까. 이들에게 아무런 편견이 없다면 그게 오히려 이상하다.

서얼들은 언제나 그늘 속에서 태어나고 당연한 것처럼 무시당했다. 결국 서얼 차별은 단순히 좋다 나쁘다를 결정지을 수 있는 문제가 아니며, 한두 마디로 간단하게 설명하기 어려운 복잡한 사회현상이다.

서얼들은 어떤 존재들이었는가? 여기에 대답을 내리기는 쉽지 않을 것이다. 이제부터 각 시대별로, 상황별로, 살다 간 서얼들의 행적들을 살펴보자. 과연 조선이라는 나라에서 서얼들은 어떻게 살아갔는가? 또 어떻게 적응하거나 좌절하거나 저항했는가? 이제부터 펼쳐질 여러 서얼들의 인생과 그들의 선택을 통해 나름의 답을 끌어낼 수 있을 것이다.

# 庶孼

## 2장 조선의 서얼들

내가 세상을 바꾸겠다

# 柳子光

1439~1512. 세조~연산군 조의 문신으로 무오사화를 일으켜 권력을 장악하고, 중종반정에 참여하며 정국공신이 되었다.

# 유자광

## 서얼들의 다크히어로

유자광을 어떻게 말하면 좋을까?

신분질서를 파괴한 범죄자, 모함의 귀재, 공신들을 노리는 저격수, 교활한 기회주의자, 철새……, 그리고 어쩌면 서얼들의 희망. 혹은 다크(dark) 홍길동. 유자광을 두고 희망이라고 말한다면, 가당키나 하냐는 말이 있을지도 모르지만, 조선 500년 역사를 톡톡 털어서 그처럼 마지막까지 성공한 인생을 살았던 서얼이 있던가? 물론 부관참시되었다는 소문이 있기는 했지만, 그건 죽은 다음의 일이다. 살아 있는 동안은 약간 굴곡을 겪긴 했지만, 유자광은 어느 서얼보다도 성공적인 인생을 살았던 인물이다. 그냥 성공도 아니고, 세상과 수많은 적자들에게 한 방씩 먹이기까지 했다.

게다가 유자광은 조선 시대 모든 서얼 중에서 가장 많은 사료가 남아 있는 인물이다. 정치적으로 (나쁜 쪽으로) 크게 활약했기에 많은 기록들이 남아 있으며, 여기에 그를 다룬 가지각색의 민담들까지 한 소쿠리다. 대부분의 서얼들은 생애의 대부분이 알려지지 않은 것투성이지만, 유자광은 이들과 판이하게 다른, 그러면서도 유일한 인물이다.

## 그를 둘러싼 전설들

우선 전설부터 이야기해 보자. 그게 더 재미있으니까. 유자광은 재미있게도 출생 설화(?)가 있다. 이야기는 이렇게 전한다.

유자광의 아버지, 부윤府尹 유규柳規가 우연히 낮잠을 자다가 백호의 꿈을 꾸었다. 그는 이것이 대단한 인물을 낳게 할 영험한 태몽이라는 것을 깨닫고, 꿈에서 깨어나자마자 부인에게 동침을 요구했다. 하지만 부인은 뜬금없이 대낮부터 그 짓을 하자는 남편이 어이없었던지 냉큼 거절했다. 그런데 때마침 마구간의 수말이 교미하려고 하고 있었다. 이대로라면 태몽의 덕을 보아 천리마가 태어나게 될 터이지만, 그보다도 영웅으로 태어날 자신의 아이를 가지고 싶었던 유규는 당장 말을 거세시키고, 지나가던 계집종을 억지로 취했다. 그리해서 낳게 된 아이가 유자광이라는 것이다.

이 얼마나 속물적인 전설인가. 졸지에 고자가 된 말의 울부짖음, 피비린내, 그리고 벌건 대낮의 정사.

여기서 임신 주기의 문제라던가 사람이 꾼 꿈을 말도 공유할 수 있느냐는 세세한 문제는 따지지 말자. 이건 어디까지나 옛날이야기일 뿐이다. 원래 유자광은 외동도 아니고 같은 어머니를 둔 형과 동생이 있었으니까, 설화는 그냥 설화일 뿐이다. 하지만 여기에서 그냥 넘기기엔 아까운 내용이 있으니, 설화에서 유자광이 백호의 기운을 타고

난 특별한 인물이지만 운명의 장난으로 얼자로 태어났다고 서술한 점이다. 얄궂은 출생, 뛰어난 능력, 하지만 천한 신분. 이 이야기는 어디서 들어본 기억도 날 것이다.

바로 우리나라의 고전 소설《홍길동전》에서다. 홍길동이 (그 탁월한 능력에도) 계집종 춘섬을 어머니로 둔 얼자로 태어나게 된 사연과 거의 같다. 굳이 차이점을 찾아내자면 홍판서는 청룡의 꿈을 꾸었기에 종족과 색깔이 다를 뿐이다.*

설화야 어쨌건 유자광은 젊은 시절부터 힘이 장사였고, 몸도 날랬다. 그의 유년시절을 언급하는 유일한 기록인《유자광전》에 따르면, 유자광은 무뢰배 행세를 했고, 도박에 빠지거나 여자를 함부로 겁탈했다고 한다. 그래서 아버지 유규는 유자광에게 매를 때리며 자식으로 여기지 않았다고 한다. 하지만 굳이 이런 되바라진 사연이 없어도 유자광은 악당이었다. 그를 가장 유명하게 한 것은 이후 태종의 외손자로 유명한(실제로 외증손자라는 추측이 대세지만) 남이 장군을 모함하고, 김종직에게 원한을 품고 각종 사화를 일으키며 악행을 저질렀다는 점이다.

미리 말하자면 유자광에게는 진실만큼이나 꾸며낸 이야기와 신화가 한데 뒤섞여 있다. 진실성에는 약간 문제가 있지만, 이렇게 만들어진 유자광의 전설은 적자들의 공포, 공신들의 악몽, 신분질서의 파괴자, 하극상의 화신이었다. 그래서 조선 시대는 물론이요 지금에 이르

---

* 잠깐 다른 이야기를 하자면, 홍길동은 소설의 창작 인물이 아니라 연산군 시절에서 민란을 일으켰던 실존 인물이다. 특히 충청도 근방을 중심으로 활동했으며, 연산군 때 체포되었다. 하지만 이후 중종 때까지 그 일대가 완전히 회복이 되지 않을 정도로 위세가 대단했다.

기까지 유자광은 간신의 대표이자 악의 대마왕쯤으로 여겨진다.

하지만 서얼들이나 하층민들에게까지 그리 받아들여졌을까? 소설 《혼불》에는 이런 말이 나온다. '자식을 낳으려면 유자광 같은 자식을 낳아야 한다' 라고. 입장을 바꿔서 생각해 보자. 유자광은 성공한 인생을 살지 않았던가? 일개 서얼로 태어났건만 무과와 문과에 모두 합격하고 무령군에 봉해졌으니, 그는 조선왕조에서 가장 높은 곳까지 출세한 서얼이었다. 여기에 더해 일개 계집종이었던 어머니를 부인으로까지 봉했으니, 양반이 아닌 사람들에게 유자광은 마냥 악당이 아니라 본받고 싶은 위인일 수도 있다.

그래서인지 이런 야담도 전한다. 유자광을 낳아 준 어머니가 세상을 떠나자, 유자광은 어머니를 장사 지낸 뒤 집으로 달려가 적형을 납치했다. 본래 힘이 장사이고 몸이 날랜 유자광은 산을 넘고 물을 건너 어머니의 초라한 무덤에까지 형을 데리고 갔다. 짐짝처럼 들고 온 형을 툭하고 내려놓은 유자광은 이렇게 말했다고 한다. 여기가 우리 어머니 무덤이니 절을 하라고.

말마따나 사람 모습을 한 호랑이에게 물려온 처지인 적형에게 저항하거나 거절할 배짱이 있을 리 없다. 그래서 당당한 양반인 적자가 고작 자기 집의 하찮은 계집종에게 큰절을 올렸다고 한다. 양반들에게 대단히 충격적인 일이겠지만, 같은 처지의 서얼들이나 그들을 낳았을 천민들에게는 이보다 더 통쾌한 이야기가 있을까.

여기에서 유자광을 둘러싼 전설의 얼개가 보인다. 적자들의 공포이자 서얼들의 희망으로. 아, 물론 유자광의 행적은 변명의 여지없는 악행으로 얼룩져 있어서 결코 남들이 본받을 만한 무언가는 아니다. 하지만 사람들은 흔히 과정보다도 결과를 보지 않던가. 특히 이미 올바른 방법으로는 출세길이 막힌 서얼들이라면 양반보다는 유자광의 편을 들 터. 여기에서 한 발 더 나아가 '유자광처럼' 출세하겠다는 생각을 하는 서얼이 있을 수도 있다.

게다가 유자광의 전설에는 또 다른 주제가 깊게 배어 있으니, 바로 복수였다. 유자광은 어떤 형태로든 무시를 당한다거나 해코지를 당하면 반드시, 꼭 앙갚음을 했다. 가장 유명한 것은 김종직이 유자광의 시를 불태운 것에 대한 보복으로 무오사화를 일으켰다는 것이겠지만, 그것 말고도 여러 가지 악행을 저질렀다고 한다.

함안 일대에는 이런 이야기가 전해진다. 유자광의 배다른 누이가 있었는데(물론 적처의 자식이다) 조씨 집안에 시집갔다고 한다. 헌데 경상도 감사로 부임한 유자광이 누이에게 인사를 하러 왔다. 그러자 누이는 대청마루에 서서 돗자리를 마당에 던지고 "나는 적녀이지만, 너는 서얼이니 바닥에서 절을 하라"하고 말했다. 그러자 유자광은 당연히 화가 머리끝까지 나서 인사도 안 하고 떠나갔고, 이후 함안 조씨는 유자광의 앙갚음 때문에 살던 곳을 옮겨야 했다고 한다.

물론 함안 조씨 집안에게는 한밤중에 날벼락을 맞은 셈이었고, 이 역시도 유자광의 악독함을 널리 알리기 위한 이야기일 것이다. 그러나 이번에도 잠깐 서얼의 입장에서 생각해 보자. 어머니가 다르다고 해도 어쨌든 간에 동생이며 관리까지 되었는데 면박을 받았으니 서럽지 않을 리가 없다. 그걸 어쩔 수 없다고 고개를 숙이는 대신 앙갚음을 한 것이다. 비슷한 설움을 많이 당했을 서얼들로서는 유자광의 전설은 오히려 유쾌하게 들렸을지도 모른다.

그래서 유자광의 설화들에는 빛이 있는 동시에 어둠이 있다. 가진 자들의 공포이자, 가지지 못한 자들의 (조금 어두운) 희망이었다. 유자광이 악당인 것은 사실이지만, 그가 세상 모든 사람에게 몹쓸 악당으로 여겨졌으리라는 생각은 재고가 필요하다. 무엇보다도 실제의 유자광하고도 꽤나 거리가 있는 이야기이기도 하고.

실록을 비롯한 공신력이 있는 기록에서 나타나는 유자광은 민담과는 꽤나 큰 차이가 있다. 앞에서 말한 바이지만 유자광에게는 동복형제가 있었다. 그렇다면 유규는 꿈 때문에 계집종과 동침한 것은 아니라는 소리다. 또 유자광의 이복형, 그러니까 적자의 이름은 유자환柳子煥이었다. 정난공신으로 기성군箕城君에 봉해졌지만, 세조 13년(1467)에 병으로 세상을 떠났다. 죽기 직전 유자환은 어머니(당연히 자신의 어머니이자 유규의 적처)를 좋은 곳에 묻어 주지 못한 것을 한스러워하며, 이를 서동생인 유자광에게 부탁했다. 형제의 사이가 나빴다면 그런 것을 부탁했겠는가?*

그렇게 형이 세상을 떠나고 4개월이 지난 6월, 당시만 해도 일개 갑사(甲士, 병졸)에 불과했던 유자광은 세조에게 상서上書를 올린다. 자기는 미천한 병졸에 불과하지만 역적 이시애를 처단하고 싶다며 공격을 촉구하는 글이었다.

* 유자광의 형이 조금 소심했던 것은 사실인 듯하다. 원래부터 찬 것이나 날 것을 먹지 않는 등 음식에 대단히 까다로웠다고도 하고, 돌아간 어머니의 일로 계속 슬퍼했으며, 자신의 부인이 방탕한 생활을 하는데도 전혀 막지 못했다 한다.

전하께서는 신을 미천하다 하여 폐하지 마소서. 신은 비록 미천하더라도 스스로 싸워서 쾌快하게 이시애李施愛의 머리를 참斬하여 바칠 수 있기를 원합니다.

유자광의 상소를 읽으면 호쾌하고 시원시원한 젊음이 느껴진다. 병졸인 주제에 나랏일을 이러쿵저러쿵 말하고, 역적을 자기 손으로 베겠다니 건방지면서도 무모했다. 하지만 거침없고 씩씩한 용기도 있었으니 이 상소는 세조의 취향에 직격했다. 그래서 세조는 크게 기뻐하면서 신하들에게 유자광을 글을 보여 주며, 앞으로 자신이 이 재목을 임용하겠다며 유자광에게 상으로 음식을 내렸다. 이날의 실록은 유자광을 두고 이렇게 말했다.

용기 있고 민첩하고, 기사騎射를 잘하고, 서사書史를 알며, 문장을 잘하였고, 일찍이 큰소리를 하여 기개氣槪를 숭상하였다.

이 중 기사라는 것은 말을 탄 채 화살을 쏘는 것, 그러니까 고구려 무용총에서 나타나는 무사와 같은 사격인데, 보기엔 폼이 나지만 대단히 어려운 기술이었다. 달리는 말 위에서 두 발로만 몸을 지탱한 채 활을 당겨 정확하게 명중시켜야 하니 말이다.

아무튼 유자광이 기본적으로 갖춘 스펙이 꽤 훌륭했던 것은 사실인 듯하다. 그것도 문무 합쳐서. 여기에 플러스알파가 있으니, 바로 미모였다. 조선 시대는 남자의 미모에 인색해서 성품을 칭찬하는 일은 있어도, 얼굴이 잘생겼는지 아닌지를 언급한 일은 드물다. 헌데 《조선왕조실록》을 탈탈 털어서 미남자라고 적힌 사람이 단둘이 있으니, 그중 하나가 바로 유자광이다. 여기서 정리해 보자. 얼굴 잘생기고, 배짱 있고, 말 잘하고, 여기에다 몸도 날렵하다. 쓸 만한 인재라는 소리다.

물론 유자광의 등용에 정치적인 이유가 아주 없었던 것은 아니었으리라. 당시는 이시애의 반란으로 인해(이시애는 세조에게 목숨을 잃었던 김종서의 측근이었다), 나라 안팎으로 뒤숭숭했다. 세조는 신하들의 충성심 수치를 올리기 위한 이벤트를 거듭하고 있던 차였다. 이때 보잘 것 없는 서얼 출신의 유자광을 등용해 자신에게 충성을 바치면 (서얼이라도) 출세할 수 있다는 본보기로 쓸 수 있었다.

더불어 '재미있어서' 발탁한 이유도 있지 않나 싶다. 세조는 유자광의 몸이 날랜 것을 시연(!)했는데, 그는 한번 점프로 섬돌 여러 개를 지날 만큼 널리 뛰었고, 원숭이처럼 커다란 기둥나무를 잡고 잘 올라갔다고 한다. 세조는 기뻐하면서, 유자광의 동료들인 겸사복兼司僕들에게 "너희 중에 유자광처럼 할 수 있는 자가 있나?" 하고 말했다던가. 여기까지라면 그냥 몸놀림이 날렵하다거나 차력에 소질이 있다는 정도로 끝났을 터.

하지만 유자광에게는 또 다른 재능이 있었으니 바로 글 솜씨였다. 좀 더 정확하게 말하면 권력자의 마음에 맞는 발언을 타이밍 맞춰 할 수 있는 능력이라고 할까. 그래서 유자광은 세조의 마음에 딱 들어맞는 소리를 하는 한편, 함길도를 정탐하고, 각종 군사 훈련법의 개량을 상소하기도 했다. 마침내 세조는 7월 14일에는 유자광의 벼슬길을 열어 주었으니 진정으로 파격적인 승진이었다. 이것이 시작일 뿐임은 아무도 몰랐으리라. 심지어 세조조차도.

## 반대를 제압하다

처음 신하들은 유자광을 별 것 아니라고 생각했던 모양이다. 그저 이시애의 난으로 스트레스를 받고 있던 세조가 재롱이나 보자고 새로 들인 애완동물 1호쯤으로 생각했으리라. 하지만 고작 몇 달 만에 신분의 제한을 풀어 주고 병조정랑兵曹正郎에까지 임명하자 신하들도 슬슬 '이건 아닌데' 라는 불안한 마음을 품었다. 제일 먼저 반발한 것은 지평持平 정효항鄭孝恒이었다.

"지금 유자광은 첩妾의 아들로서 품행이 경박하고 용렬한데, 비록 허통許通이 되었다고 해도 과거를 통과한 것도 아닙니다. (……) 어제 허통하였다고 오늘 정랑正郎으로 삼는다면, 신은 마땅치 않을까 합니다. 이미 다른 관직도 유자광의 작은 공로에 합당할 만한 것은 없습니다."

한마디로 말해서 어떤 관직도 줄 수 없겠다고 버틴 것인데, 세조의 대답은 간단했다.

"너희들 가운데 유자광 같은 자가 몇 사람이냐? 나는 절세絶世의 재주를 얻었다고 생각하니, 다시 말하지 말라."

왕에게 이 정도로 '니들이 못났잖아?' 하는 투의 무시하는 말을 들었다면 기가 죽었을 법도 한데, 정효항은 아니었다. 다시금 신분의 제한을 풀어준 지 얼마 되지도 않았는데 벼슬을 줄 수 없다고 반대한 것이다. 그래서 얼마나 지나야 임용이 가능하냐는 세조의 빈정대는 물음에 돌아온 답은 "그 자손쯤 되면"이었다. 결국 절대로 임용할 수 없다는 말을 돌려서 한 것이다. 정효항은 유자광의 마음과 뜻은 뛰어나지만 '도에 넘친다'며 계속 흠을 잡았다. 이 외에도 박안성 등이 반대했는데 돌아온 세조의 답변은 간단했다.

"너희들이 유치하고 어리석으니, 어찌 시비是非를 알겠는가?"

하지만 한번 물리쳐진 이들은 굽히지 않고 다시 반대 상소를 올렸다.

> 사람은 귀천貴賤이 있고, 직위에는 존비尊卑가 있으니, 서얼 출신의 사람을 높이 쓸 수 없는 것은 조정을 높이고 명분名分을 정하려는 까닭입니다.

사람에게 귀천이 있다? 지금 시대에 이런 말을 한다면 당연히 욕을 먹겠지만, 그 시대는 신분제도가 있었으니 그러려니 받아들이자. 어차피 세조는 그 상소를 뜯어 보지도 않았다.

그 다음으로 유자광의 등용에 반대한 것은 대사헌 양성지梁誠之와 대사간 김지경金之慶이었다. 반대하는 이유는 앞의 상소들과 크게 다르지 않았다. 그가 첩의 자식인 얼자라는 게 문제였으니까. 세조는 이번에도 상소는 읽지도 않고, 반대한 당사자들을 불러 모아 훈계했다.

"내가 유자광을 허통하는 것은 특별한 은혜인데, 나의 특별한 은혜를 너희가 저지하느냐?"

그러면서 다시 말하면 벌을 주겠다며, 술을 먹였다.

반대했던 신하들에게는 아쉬운 일이었겠지만 유자광은 그 실력을 충분히 발휘했다. 이시애의 난을 토벌하면서 무공의 증거인 잘린 귀를 바치는가 하면, 중국 사신들을 대접하는 일도 맡았다. 그러다가 그해 말에는 어머니의 병을 구완하겠다는 이유로 사직하자, 세조는 그에게 약은 물론이거니와 휴가, 그리고 말까지 내려줬다.

다음 해인 세조 14년, 유자광은 인생에서의 두 번째 기회를 잡았다. 바로 문과 과거에서 장원급제를 한 것이다. 하늘은 한 번에 두 개를 주지 않는다고 했던가. 하지만 때로 예외도 있는 법. 유자광이 도전한 문과 초시는 대책對策이었다. 대책이란 왕이 내린 시험문제를 보고 수험자가 나름의 답변을 적는 형식이니, 요즘의 논술을 떠올리면 될 것 같다. 그런데 뜻밖의 상황이 벌어졌으니, 처음 나온 시험 결과를 세조가 뒤엎은 것이다.

세조는 낙방한 시험문 중에서 유자광의 것을 일부러 뽑아오게 해서 읽어 본 후, 이렇게 좋은 답안을 왜 떨어뜨렸냐고 따졌다. 시험관인 신숙주는 유자광이 옛말을 그대로 썼고 문법도 부족했던 게 문제였다고 설명했지만, 세조는 납득하지 않았다. 옛말을 썼다고 해도 본뜻이 잘못되지 않으면 된다. 그러니 아무 문제없음. 유자광은 이렇게 장원급제했다.

문법이 잘못되었다거나 옛날 말을 써서 답안지를 작성했다는 말을 보면, 유자광은 홀로 책을 읽으며 독학을 한 게 아니었을까. 그리고 그게 당연하기도 하다. 누가 얼자를 기꺼이 제자로 받아들이고 과거 입시를 공부시켰겠는가. 공부하다가 모르는 게 있어도 물어볼 스승과 의논할 학우가 없다면, 문법이 틀리거나 표현이 서툴러도 고쳐 줄 사람이 없으니 정통파 집현전 학사였던 신숙주가 유자광의 답안지에 낙제점을 매긴 것도 당연하다.

하지만 이 과거는 대책이었다. 왕이 물으면 여기에 답한다. 정치 문제를 물어볼 수도 있고, 외교 문제를 물어보기도 하며, 어떻게 하면 나라를 잘 다스릴 수 있는가를 묻기도 한다. 그러니까 문법이 맞고 틀리고가 중요한 게 아니라 출제자인 왕의 맘에 들면 '장땡'인 것이다.

그리하여 원래는 낙방했을 유자광이 1등으로 뽑혔고, 즉시 병조참지를 제수받았다. 이런 초고속의 비상식적인 출세는 세상을 깜짝 놀라게 했지만 그 이상으로 반감을 초래했다.

## 교활한 자와 어리석은 자

1468년 9월 8일, 유자광의 든든한 후원자였던 세조가 승하했다. 그로부터 고작 1달이 조금 지난 예종 즉위년 10월 24일. 해가 져서 어둑어둑해졌을 즈음 병조참지 유자광은 승정원으로 달려가 급히 전할 일이 있음을 고했다. 승정원은 요즘의 대통령비서실이니 결국 왕에게 전할 사안이라는 것이고, 예종은 유자광을 직접 불러 만났다.

그가 가져온 소식은 바로 역모였다.

"남이가 어두움을 타서 신에게 와서 말했습니다."

유자광의 말은 이러했다. 그가 밀고를 고하던 그날만큼이나 어두웠던 어느 날, 남이가 사람들의 눈을 피해 이런 말을 걸어왔다고.

"세조께서 우리들을 아들처럼 대해 주셨는데 이제 돌아가셔서 세상이 뒤숭숭하니, 간신들이 난을 일으키면 우리는 개죽음당할 것이다. 그러니 함께 충성을 다해 세조에게의 은혜를 갚아야 한다."

난을 일으키려는 간신이라니, 그게 누구인가? 유자광이 되물었을 때 남이가 지목한 것은 김국광, 노사신 등이었다. 그리고 이렇게 밀고하기 바로 하루 전, 남이는 유자광의 집에 직접 달려왔다.

"혜성이 나타나서 아직까지 없어지지 않았는데 너도 보았나?"

유자광이 못 봤다고 하자, 남이는 혜성이 은하수 한가운데에 있는데 광망光芒이 모두 하얀색이라서 잘 보이지 않는다고 말했다. 그러자 유자광은 역사서를 뒤졌다.

> 혜성의 광망이 하얀색이면 장군將軍이 반역을 일으키고 두 해가 지나면 큰 병란이 있다.

남이는 이 구절을 보며 탄식을 했다.

"반드시 징험이 일어나겠군."

난이 일어난다. 비록 역사서에 나와 있는 한 구절일 뿐이지만, 세조가 막 승하해서 세상은 뒤숭숭했다. 불안한 사람의 팔랑 귀를 흔들기에 애매한 예언만큼 유용한 게 또 있던가. 무엇보다 이런 징조를 가장 믿고 싶은 것은 남이 자신이었을 것이다. 남이는 한동안 고민하다가, 마침내 반역의 음모를 털어놓았다(혹은 그렇다고 유자광이 주장했다).

"내가 거사할 것이다."

하지만 남이는 자신이 하는 일이 반역이라고 생각하지 않았다. 어디까지나 왕 주변에 들끓고 있는 간신들을 없애려는 것이었다. 하지만 이 말을 누가 믿을까. 어린 임금 단종을 제멋대로 휘두르는 간신들을 없애겠다고 하다가 왕의 자리를 꿀꺽한 세조의 시신이 아직 식지도 않았다. 결국 남이의 말은 이리 봐도 반역이고 저리 봐도 반역이었다.

유자광의 고변에 예종은 크게 당황했다. 그는 유자광에게 어떻게 해야겠느냐고 물어보기까지 했다. 이에 유자광은 역모 사실을 모르는 척하고 남이에게 소환 명령을 내리자는 의견을 냈지만, 예종은 더 기다릴 수 없다며 당장 병사들 100여 명을 보내 집을 포위하고 남이를 체포했다. 남이는 칼과 활을 차는 등 완전무장을 하고 맞섰으나, 중과부적으로 체포되어 심문을 받는다.

유자광의 말 한마디에 귀가 팔랑거린 예종이 심약해 보이지만, 사실은 그의 아버지 세조가 뿌린 결과이기도 했다. 조선왕조는 왕족들의 출세와 정계 진출을 모두 봉쇄한 나라였다. 왕족이란 왕의 피붙이면서 동시에 왕위 계승의 라이벌이 될 수 있는 복잡한 존재였으니까. 왕의 라이벌이 될 만한 인물을 아예 만들지 않으려 한 것이다. 이런 기조에 반발했던 것이 왕족이었다가 왕이 된 세조였다. 그는 왕족 출신들을 대거 기용했는데, 대표적인 인물이 20대에 영의정이 된 구성군 이준과 남이였다. 세조로서는 쓸 만한 조카들이 대견하고 흐뭇했을지도 모르나……. 아들 예종으로서는 자기 또래의 유능한 친척들이란 만성위장병 증세의 요인일 뿐이었다.

더군다나 예종은 본디 둘째아들이었다가 세조의 큰아들 의경세자가 요절하는 덕에 운 좋게 왕이 된 처지였으며, 따라서 입지는 훨씬 불안했다. 그런 와중에 자칭 호걸로 설치고 다니던 남이가 위험한 역모 발언을 한 것이다. 결국 예종이 순진해서 유자광의 모함에 속아 넘어갔다기보다는, 이 기회를 잡아 골칫거리를 해결하려 했다고 생각하는 쪽이 타당하다.

체포된 남이는 심문을 받으면서도 유자광이 자신을 질투해서 모함한 것이라고 주장했다. 그러면서 자신은 충성스럽고 의로운 선비이고, 송나라의 충신 악비岳飛를 자칭하며 역모를 할 리 있겠느냐는 낯간지러운 자기자랑을 잊지 않았다.

하지만 수사가 진행되면서 이것저것 문제가 드러났다. 남이는 정말 입이 가벼운 남자였다. 전날 남이는 유자광뿐만이 아니라 이지정李之楨, 민서閔敍의 집에 각각 들렀는데 모두에게 유자광에게 했던 것과 비슷한 말을 했던 것이다. 혜성이 나타났으니 간신이 들끓을 것이라는 둥, 그게 바로 한명회라는 둥, 이런 이야기를 발설하지 말란 것까지 모두. 결국 유자광이 먼저 선수를 쳐서 신고했을 뿐이지 남이는 주변의 모든 사람들에게 말을 흩뿌리고 다닌 듯하다. 이래서야 무슨 비밀이고 무슨 역모인가. 여기까지 보면 비극의 영웅 남이의 이미지는 간데없고 세상 물정 모르는 철부지 도련님이 떠오른다.

실제로도 남이는 자신이 잘못한 것은 아무것도 없다는 듯이 당당했다. 남이는 그런 인물이었다. 나면서부터 왕족의 일문이고(그는 보통 태종의 외손자로 알려졌지만, 나이대와 사정들을 따져 보면 외증손일 가능성이 높다), 젊은 나이에 출세해서 장군이 되었으며, 앞으로도 북쪽을 정벌해서 공을 세울 꿈에 부풀어 있었다. 하지만 그는 주변 사람들의 마음을 읽고 현명하게 대처하지는 못했다. 당시 스물여섯밖에 안 된 남이의 나이를 생각하자면 어느 정도 당연하지만.

그래서 남이는 유자광과 처음 대질 심문을 했을 때 크게 놀랐다고 전해진다. 남이는 아무래도 유자광이 자신에게 품었을 (역모로 모함할 정도로 깊은) 미움을 조금도 눈치 채지 못했던 것이다.

흔히 유자광이 욕을 먹는 것은 친구인 남이를 배신해서 죽음으로 몰아넣었다는 사실 때문이다. 하지만 유자광과 남이가 정말 친구였을까? 필자는 절대로 아니라고 생각한다. 둘의 상황과 신분은 물론 성격까지도 너무 다르다. 요즘 식으로 생각하면 남이는 대통령의 조카 손자뻘이고, 유자광은 사생아 출신이다. 성격도 한쪽이 천상천하 유아독존이라면 다른 한쪽은 음험한 독종이었다. 그런 둘 사이에서 우정이 싹튼다면 뱀과 개구리도 금단의 사랑(?)에 빠질 수 있으리라.

그럼 남이는 왜 유자광에게 역모의 사실을 말하는 위험한 일을 했을까? 답은 간단하다. 남이가 유자광을 우습게 본 것이다. 굉장히 만만한 부하로 보았을 수도 있다. 그래서 세조에게의 충성을 말하면 유자광(세조의 은혜를 유별나게 입은 게 분명한 사람)이 자신의 편이 되어주리라 판단했을 것이다. 세상 물정 모르는 도련님의 생각 구조는 꽤나 굉장히 단순하다.

그럼 유자광은 왜 남이를 밀고했을까? 그것도 당연하다. 유자광은 얼자로 태어나서 벼슬자리 하나 얻는데도 온갖 고초와 반대를 겪어야 했다. 하지만 남이는? 왕족으로 태어난 덕분에 나면서부터 탄탄대로요, 뭐하나 부족한 것 없이 자라왔다. 그런데도 불평이 많았다. 왕(세조)에게 구성군 이준만을 예뻐한다는 어린애 같은 불만을 대놓고 말한 적도 있었다(그래서 감방 신세를 지기까지 했다).

평생 진창길을 헤쳐 온 유자광에게는 이런 남이가 지독히 얄미웠을 것이다. 그래서 처음 국문장에서 대질하게 되었을 때, 두 사람의 엇갈린 생각은 비로소 마주 보게 된다. 남이는 "이제까지 계속 믿을 만한 동료(부하)라고 생각하고 있었는데!"라고 경악했을까? 하지만 유자광은 눈 하나 깜짝하지 않고 "처음부터 네 놈이 맘에 안 들었다"라고 말했을 것이다.

그렇다고 남이가 유자광에게 큰 잘못을 저지른 것도 아닌데, 고작 그런 원한으로 사람을 역모로 몰아 죽게 할 수 있었을까? 그의 가장 무서운 점은 바로 이런 증오를 숨기고 남이의 곁에서 내내 친분을 유지했다는 점이다. 그래서 유자광이 악당인 것이다.

그로부터 사흘 뒤, 내내 고문을 당하던 남이는 술 한 잔을 청해 이를 시원하게 들이마시고 역모를 인정했다. 임금과 신하들이 경악하는 와중에 공모자들의 이름과 자신이 꾸민 역모계획을 술술 풀어나가던 남이는 유자광을 보고 갑자기 입을 꾹 다물었다. 자신을 이 지경으로 까지 몰아세운 이에게의 원망이었을까, 아니면 유자광과 마찬가지로 자신도 죄 없는 사람들을 역모죄로 얽어 넣는 처지라는 게 참담했기 때문일까. 바로 그날, 남이는 스물여섯의 젊은 나이로 갈기갈기 찢겨 죽었다.

다시 한 번 말하지만 사람을 모함하는 것은 절대로 잘한 짓이 아니다. 그래서 유자광은 악당이었다. 남이는 현명하지는 못했지만 한편으로는 순진했던 인물이었고, 지은 잘못에 비해 너무나도 처참하게 죽었다. 과연 남이가 수레에 묶여 숨이 끊어지는 순간, 유자광은 어떤 생각을 했을까. 한 줌 남아 있는 죄책감으로 고통스러워했을까, 아니면 자신보다도 낮은 신분이 된 역적을 비웃으며 광소를 터뜨렸을까.

어쨌거나 역모의 고변은 유자광에게도 큰 도박이었다. 만약 예종이 남이의 편을 들었다면 수레에 묶이는 것은 유자광 쪽이었으리라. 하지만 그는 이겼다. 그저 모함을 잘한다거나 윗사람의 비위를 맞추는 재능 이상으로 뛰어난 승부사의 기질이 있었다.

## 마성의 남자 유자광

남이의 난을 진압한 익대공신을 봉할 때 유자광은 신숙주, 한명회를 제치고 가장 먼저 공신에 봉해졌으며, 남이가 살던 집을 하사받았다. 이후로도 예종은 그의 아버지가 그랬던 것처럼 유자광을 총애했으니, 세조라는 거대한 후원자를 잃고도 살아갈 길이 트인 것이다. 그 해 말인 11월에는 유자광을 무령군武靈君으로 봉했다. 하잘 것 없는 얼자 출신이었건만, 다른 양반 벼슬아치들과 맞먹는 자리에까지 올라선 것이다. 이후로도 예종은 말과 품계를 내려 주기도 했고, 다음 해 여진족을 정벌하는 준비를 하면서 구치관을 대장군으로 삼고 유자광을 응양장군鷹揚將軍에 임명했다.

직장동료를 밀고했으니 유자광의 당대 평판은 최악을 달렸을 듯도 한데, 세조 시절 여진 정벌에 참여한 경험을 무시할 수 없었던 모양이다. 게다가 그것 외에도 많은 특혜들이 내려졌다. 우선 유자광의 장인과 처형의 향역이 면제되고, 그의 동복형(혹은 동생) 유자형에게 과거 응시가 허락되었다.

> 해가 추우면 송백松柏의 지조를 알고, 때가 위태하면 영웅의 재주를 아는데, 공功을 능히 잊을 수가 없으니, 상賞을 어찌 늦추겠는가? 경은 태산泰山과 하수河水같이 기운이 장壯하고 문무의 재주를 겸비하였도다. 일찍이 호탕한 자품資品을 지니고, 항상 뇌락磊落한 행동을 흠모하였다.

이렇게 예종은 남이의 역모를 고한 유자광의 공을 대대적으로 칭찬했다. 읽다 보면 낯이 간지러워질 듯한 어마어마한 칭찬세례를 내리는 한편 가족들에게도 포상했다. 예종은 유자광을 낳아 준 어머니를 정부인貞夫人으로 봉하고, 아버지 유규는 중추부 첨지사中樞府僉知事에 제수했다. 뿐만 아니라 유자광의 자식들에게도 자자손손 변함없는 특혜를 내려 주겠다는 선언까지 했다.

> 적자嫡子와 장자長子는 세습하여 그 녹祿을 잃지 않게 하고, 자손들은 정안政案에 기록하고, '익대 1등공신翊戴一等功臣 유자광의 후손'이라 하여, 비록 죄를 범해도 영원히 사면되게 한다.

이쯤 되면 예종에게 진지하게 묻고 싶다. 과연 유자광의 어디가 그렇게 좋았을까. 아버지와 아들이 대대로 홀릴 만큼 매력적인 인물이었을까? 숨은 사정이야 어쨌든 예종은 즉위한 지 14개월 만에 세상을 떠나고, 갓 열두 살 된 성종이 즉위했다.

그런데 성종 1년, 유자광은 자신이 해왔던 수법대로 사달을 겪게 된다. 유자광의 아랫사람이었던 박성간이 유자광이 역모를 꾸민다고 밀고했던 것이다. 자세한 사연인즉슨, 어느 날엔가 유자광이 자기 아우 유자석과 이런저런 이야기를 했다다던가. 먼저 유자광은 그전 날 떠오르는 해를 활로 쏘아 떨어뜨리는 꿈을 꿨다고 말했고, 그러자 동생은 길한 꿈이라고 대답했다. 그런데 무슨 바람이 불었는지 유자광은 지난 남이의 일을 화제로 삼았다.

"일전에는 남이가 어리석어서 남에게 누설했지. 비록 부자 사이라도 어떻게 감히 말하겠나? 만약 그 꾀대로 했다면 나와 남이 중에서 누구에게 좋았을지 모르지. 내가 군사 3, 40명을 거느리고 한밤중에 우두머리를 제거하면 누가 저항할 수 있겠나?"

이 말을 들었더라면 무덤 속의 남이가(대역죄인으로 죽었기에 묘는 없었지만) 한 세 번쯤 벌떡 일어났으리라. 역시나 자신이 저지른 일에 대해 한 톨의 죄책감도 가지고 있지 않은 유자광이었다. 다시 한 번 이런 인간을 믿고 속을 탈탈 털어놓은 남이가 측은할 밖에.

해를 쏜 것은 그냥 개꿈으로 치부할 수도 있지만, 듣는 사람에 따라 왕을 시해하겠다는 의미로도 해석할 수 있었다. 그러니까 유자광이 역모를 꾸몄다고 부풀리기에 충분했다. 이전 유자광이 그렇게 남이를 모함하지 않았던가?

이리하여 유자광과 관련자들은 당장 체포되어 심문당했다. 헌데 이런 절체절명의 상황에서도 유자광은 살아날 절호의 기회를 놓치지 않았다. 감옥에서 우연히 어떤 병사가 들고 가던 붓과 먹을 빼앗아 자기 옷을 찢어 억울함을 호소하는 편지를 써서 올린 것이다. 백제의 충신 성충이 떠오르는 에피소드인데, 유자광은 자신이 재능도 없지만 세조에게 은혜를 입어 충성했다는 사연을 줄줄이 적은 뒤, 억울한 무고를 당했다고 토로했다.

> 만일 신이 과연 말하였다고 한다면 좌우의 많은 사람 가운데에서 감히 똑똑치 못하고 용렬한 아우와 말하였겠습니까?

그러면서 나라의 은혜를 충분히 입었으니 죽어도 아쉽지는 않지만 원통함을 풀길이 없다고 호소했다.

유자광이 과연 난언을 했을까? 역모를 하려고 했을까? 의문이야 많지만, 단연코 말하건대 유자광은 글을 잘 썼다. 어려운 말이나 비유를 쓰지 않았지만, 듣다 보면 "어, 그럴싸하네?"란 느낌이 들게 말을 풀어가는 것이다. 또 하나 주목할 것은 배를 바닥에 쫙 깔고 충성을 외

쳐대는 저자세이다. 그러면서 몇 번이고 계속 반복해서 말했다.

"신은 한 말이 없고 신이 할 말도 없습니다臣無有言, 臣無所言"

이 편지가 힘을 발휘한 걸까. 뜻밖의 사태가 벌어졌으니, 다른 누구도 아닌 대왕대비 정희왕후貞熹王后가 직접 유자광의 구명에 나섰다. 유자광이 상소를 한 바로 그날, 수렴청정을 통해 실질적으로 조선을 다스리고 있었던 정희왕후는 '유자광이 이렇게 말하는데다가 밀고의 내용이 왔다갔다하고, 어리석은 유자광 동생의 진술도 믿을 수 없으니 차꼬도 풀어 주고 석방하자'고 의견을 피력했다(이로써 유자광의 동생은 형과 대왕대비가 인정한 바보가 되었다).

그러면서 오히려 밀고자 박성간이 수상하다며 곤장을 때린 끝에 이전 원한 때문에 유자광에게 누명을 씌웠다는 자백을 받아냈다. 그러자 정희왕후는 유자광을 석방하는 한편, 직접 불러다 위로하였다.

"박성간의 말이 의심스럽고 네 아우의 말이 비슷해서 부득이하게 곤장을 때려 신문했으니, 나의 잘못이다. 주상(성종)은 신문하지 말라고 했지만, 내가 하는 일을 어찌 감히 막을 수 있었겠느냐? 나를 허물하지 말라."

한마디로 이번 사건의 모든 책임은 자신에게 있다는, 대비로서 할 수 있는 최고의 사과였다. 유자광은 이로써 목숨을 건졌으며 오히려 그를 무고했던 사람이 사형에 처해졌다.

이로서 한 번의 위기를 넘긴 셈인데……. 세조-예종-정희왕후로 이어지는 '유자광 편애 라인'은 이상하다 못해 신기할 지경이다. 대체 유자광의 어디가 그렇게 좋았을까? 비록 유자광이 앞서 세조 때 뛰어난 재주로 총애를 받기는 했지만, 그냥 실력이나 미모(?)만으로 대왕대비에게까지 사과를 받을 리는 없다.

한 가지 무엄하게 추측을 해 볼까? 발 뒤에서 손자의 정무를 돕던 정희왕후는 유자광이 없어져서 조선 조정의 미모 평균치가 크게 떨어진 것을 보고 아쉬워서 유자광을 구해낸 게 아닐까. 물론 그럴 리 없지만.

현실적으로 생각해 보면 유자광이 출세한 것은 세조 덕분이고, 또 예종 덕분이다. 그의 행적을 돌이켜 보건대, 서출이니 만큼 가문의 힘을 빌릴 것도 없고 모함 덕에 출세했으니 주변에 미운털이라는 미운털은 모두 박혔을 처지다. 그런 외로운 처지인 만큼, 은혜를 내려 준 임금에게 충성심은 강할 수밖에 없다. 정희왕후는 유자광을 죽을 궁지에서 구해 줘서 어린 손자의 충신으로 양성하려 한 게 아니었을까. 실제로 그녀는 어린 손자를 위해 참으로 많은 일을 해왔다. 같은 논리로 이전 예종이 유자광을 총애했던 내막을 이해할 수 있다. 유자광은 바로 이런 기회의 선을 잡았고, 그저 왕이 귀여워하는 사냥개의 자리에 만족하지도 않았다.

## 저격수 유자광

이렇게 대대로 왕의 총애를 받아온 점만 보면 유자광의 일생은 참 편안해 보인다. 하지만 언제나 전도양양한 것은 아니었고, 특히 성종이 즉위하고 나서는 다시 '언더'로 파묻히게 된다. 그의 출신 및 출세 경위를 생각하면 어쩌면 당연한 일이고, 혹은 '쌤통'이라고 할 만하다.

이렇게 되자 유자광은 다시 승부수를 던진다. 바로 성종 7년에 한명회를 모함했다. 정확히는 모함이라기보다는 탄핵이었지만, 원래부터 유자광에게 어울리는 말은 후자가 아닌 전자이다. 당시 성종은 갓 스물이 되었다. 정희왕후는 손자가 충분히 장성했다고 보고 권력을 넘겨 주려고 했다. 하지만 이것을 넙죽 결정할 수는 없는 법. 성종은 자신은 아직 어리다며 할머니에게 수렴청정 기간을 연장해달라고 부탁하고, 대비가 이를 또 사양하는 등 적절한 퍼포먼스가 벌어진 이후 결정되었다.

이때 한명회는 대신들을 대표해서 대왕대비에게 수렴청정 지속을 부탁하는 역할이었는데, 그러다 안 해도 될 말을 했다. 노산군, 그러니까 단종이 즉위한 이후 나라가 어지러워지자 성삼문의 난이 벌어졌고, 예종 때에는 남이의 난이 있었는데, 지금 성종이 다스릴 때는 그런 일이 없었던 게 대왕대비의 수렴청정 덕분이라는 것이다. 이 발언은 성삼문을 비롯한 사육신과 남이가 모두 역적임을 전제로 하고 있으며, 조금 더 억지를 부리면 성종을 왕에서 쫓겨난 '못난이' 노산군과 동급으로 본 것이기도 하다. 문제가 된 것은 후자 때문이다.

저 세상의 사육신들이 벌컥 화를 낼 만한 문제 발언이다. 남이는 조금 생각한 뒤에 "내가 반역자란 말이냐!" 하고 화를 낼 것만 같다. 솔직히 한명회의 말은 (본인에게 그런 의도는 없었겠지만) 사실상 임금의 자리를 빼앗은 세조의 약점을 슬쩍 건드리는 말이었으니, 세조의 후

손에게는 가장 민감한 문제를 콕 밟은 셈이었다. 정치 생리에 민감한 신하들이 이를 알아채지 못할 리 없다. 사간원들을 비롯한 일부 사람들이 이 발언을 문제 삼았지만, 그럭저럭 넘어갈 뻔했다. 그러나 유자광은 한명회의 불손함을 지적하며 두 차례나 상소를 올려 맹렬하게 공격의 포문을 열었다.

> 신臣이 듣건대, 농담으로 하는 말도 생각한 데에서 나온다고 하니, 그 말을 꺼낸 데에 따라 그 마음에 있는 바를 알 수가 있는 것입니다. (……) 만약 주상에게 정사를 돌려준다면 이는 국가와 신민을 버리는 것이고, 후일에 신이 대궐 안에서 술[杯酒]을 마시더라도 마음이 편안하겠습니까? (……) 한명회가 권세權勢의 지위에 오랫동안 있게 되어 사람들이 그 권문權門에서 나온 이가 많아졌으므로, 그 위세威勢에 겁을 낸 사람들은 모두가 이에 속합니다.

유자광은 한명회가 불손한 생각을 품고 있으니 감히 성종을 노산군에 비유했으며, 이는 곧 불충이고, 이로 인해 신민들이 왕(성종)의 총명함을 모르게 될 것이고, 대간의 비난을 받아도 조심스럽기는커녕 오히려 거만하게 굴었다며 구구절절하게 비판했다.

물론 불손함이나 수렴청정의 문제는 하나의 구실일 뿐, 유자광이 노린 것은 한명회라는 거대한 권위 그 자체였다. 그는 한명회가 다른 꿍꿍이가 있다며 공격했지만, 이것은 지나친 해석이다. 한명회도 딱히 옛 사위였던 성종에게 불충하거나 불온한 생각은 없었을 터. 다만 조금 만만하게 본 것은 있었고, 그러다 보니 말실수를 한 것이다.

그러나 유자광의 저격은 충분히 승산이 있다는 계산 아래에서 벌어진 것이니, 한명회의 권력이 지나치게 비대해졌기 때문이다. 한때 궁지기에 불과했던 한명회는 이제 정승에다 왕의 장인까지 될 만큼 출세했고 너무 큰 권위를 가졌으니, 여기에 빌붙어 '떡고물이라도 얻어볼까' 하는 사람이 구름처럼 몰려들었다.

한명회는 오래 살았다. 세조는 물론이거니와 동료인 신숙주와 구치관이 세상을 떠난 다음 성종 시대에도 여전히 정계의 원로로 남았다. 그래서 막강한 권위는 있었지만 그와 동시에 옛 권력의 소산이자 유물이었고, 젊은 신하들이 공격하기에 가장 만만한 부패와 악덕의 상징이었다. 그럼에도 한명회가 무사했던 것은 성종의 옛 장인이자 그의 즉위에 보탬이 되어 준 권신이었기에 때문이다. 허나 이제 성인이 된 성종에게는 마냥 편한 상대만은 아니었고, 어느 정도 견제하기도 했다.

유자광의 '저격'은 이런 틈을 노린 것이었고, 본격적으로 한명회를 물고 뜯었다. 성종은 유자광을 직접 불러다가 말이 지나쳤다고 타이르기까지 했다. 하지만 유자광은 자신은 얼자 신분이건만 나라의 은혜를 입었으니 위험을 무릅쓰지 않는다며 완강하게 맞섰다.

한명회가 말실수를 한 것은 분명했다. 단종, 그리고 사육신의 문제는 찬탈자 세조의 자손들(이후의 모든 조선 왕들)에게 진정으로 아킬레스건이었다. 훗날의 선조는 선비들이 사육신을 찬양하는 풍조를 근절하려고 한 적도 있는데, 하물며 손자인 성종이라면 더욱 민감할 수밖에. 입 한번 잘못 놀렸다고 몰아세워진 한명회는 억울할지도 모르지만, 저 세상의 단종이나 사육신은 그와 다르게 생각했을 것이다. 결국 한명회는 성종과 논의한 끝에 퇴임하기로 결정했고, 이를 계기로 그의 권세는 차츰 내리막을 타게 된다.

잠깐 재미있는 이야기를 하자면, 사태의 초반에는 한명회가 직접 성종을 찾아가서 유자광의 탄핵을 맞받아쳤다는 것이다. 일단 형식적으로는 자신이 잘못했으니 사직하겠다고는 했지만, 내용을 열어 보면 자신이 이제까지 나라와 당신에게 쏟아 부은 노력과 고생을 과시하면서, 할 테면 해 보라는 식의 배짱으로 그득했다.

이렇게 보면 한명회와 유자광은 비슷한 점이 참 많았다. 원래대로라면 출세할 수 없을 비천한 직위나 신분이었고, 높은 사람 눈에 잘 든 덕에 고속으로 출세했으며, 그 와중에 쿠데타나 역모 고발 같은 비인간적인 일도 서슴지 않았다. 그런 두 사람의 대결은 서로 닮은 데가 있으면 있을수록 싫다는 동족혐오의 현장이었다.

어쨌든 한명회의 세력을 꺾었으니, 유자광의 저격은 성공한 것이긴 했다. 그런데 이것이 유자광 자신의 출세로 이어지지는 않았다. 이유는 간단하다. 지은 죄가 있기 때문이다. 오히려 왕의 앞에서 한명회 편을 들며, 유자광에게 거짓말쟁이라며 노골적으로 빈정댄 사람도 있었다. 다른 데도 아니고 왕과 당사자 앞에서 비난할 정도라면, 다른 곳에서는 더욱 극심했을 게 빤하지 않은가. 결국 이런저런 사안이 보이지 않는 문제가 되어 유자광은 파직되었다.

그래도 이 사건을 통해 '듣보잡' 신세를 탈출한 유자광은 바로 다음 해에 다시 도총부를 총괄하는 관직인 도총관으로 임명되었다. 이때 다른 신하들은 첩의 자식이니 아무리 공적이 있어도 안 된다며 극력 반대했다. 이때 대사헌 김영유가 한 반대는 서얼 차별의 역사에 길이 남을 문제 발언이었다.

> 중국에서는 사람을 쓰는 데 족류族類를 따지지 않지만, 우리나라에서 사람을 쓰는 데는 반드시 문벌〔門地〕을 택합니다.

이 말인즉슨, 중국에서는 인재를 등용할 때 서얼을 차별하지 않지만, 이 순간만큼은 사대주의를 버리고 조선 고유의 전통적인 차별주의를 굳건히 지켜야 한다는 것이다. 이런 주장은 개그라 치고 넘어간다고 해도, 또 다른 반대의 이유는 당시 양반들이 느끼고 있던 위기의식을 드러낸다. 후에 서얼로서 유자광보다 능력이 못한 사람이 유자광같이 높은 자리를 원하게 될 것이라는 데 있다. 한마디로 적자와 서자 간의 신분제도가 붕괴할 수도 있다고 본 것이다.

특히 적극적으로 반대했던 대사헌 김영유가 들었던 다섯 가지 이유를 보면 다음과 같다.

1. 미천한 신분 때문에 병사들이 복종하지 않을 것이다.
2. 다른 도총관들이 유자광을 깔볼 것이다.
3. 귀하고 천한 것의 구별이 없으면 기강이 흐트러진다.
4. 서자가 적자를 업신여기게 될 것이다.
5. 본인에게 열등감이 있으니 유자광이 기가 꺾이고 창피해할 것이다.

다른 건 몰라도 5번은 하늘이 두세 번 뒤집어져도 절대로 있을 리 없는 일이겠지만, 아무튼 양반들은 쥐의 내일을 걱정해 주는 고양이 다운 이유를 들어 반대했다. 이에 성종은 유자광은 적서차별법을 명문화한 《경국대전》이 만들어지기 전에 서임되었으니 괜찮지 않느냐고 응수하며 임명을 강행했다.

하지만 얼마 지나지 않은 성종 9년, 유자광은 임사홍 등과 붕당을 짓고 남을 모함했다는 이유로 공신적을 빼앗기고, 동래로 귀양까지 보내졌다. 이걸 통쾌해하는 사람들도 많았던 모양이다. 행사맹行司猛 자리에 있던 임운이 성종에게 유자광의 간사스러움을 (새삼스럽게) 아뢰면서, "반란을 일으키려는 신하는 먼저 임금의 총신을 배척한 다음에 간사한 계책을 이룰 수 있습니다"라고 말했다. 또다시 유자광에게 역모혐의를 뒤집어씌우려 한 것이다.

하지만 성종은 임운의 말을 받아들이기는커녕, 헛소리를 했다는 이유로 곤장 100대를 때리고 귀양을 보냈으며, 직첩을 회수하고 강제노동 3년까지 더했다.

이로써 위기를 넘기긴 했으나, 유자광은 많은 사람들에게 미움의 대상이 되어 있었다. 그로부터 1년 뒤, 성종은 유자광에게 공신전을 돌려주려고 했으나 신하들이 극력 반대했기에 늦춰졌다.

하지만 승부사 유자광은 이런 중앙 정치계의 미묘한 동향을 놓치지 않고 부활의 기회를 노리고 있었다. 그해 7월 12일, 한 통의 투서가 승정원에 도착한다. 동래로 유배 갔던 유자광이 써서 보낸 것인데, 상소가 봉인되어 있었기에 도승지들조차도 내용을 읽을 수 없었다.

이때 유자광은 귀양을 가 있는 몸이었다. 만약 상소의 내용이 자기 억울함을 호소하려는 것이라면 번지수를 잘못 보낸 것이고, 죄인이다 보니 나랏일을 말할 처지가 아니었다. 하지만 무슨 수를 썼는지 이미 승정원에 도착했고, 승지들이 탐탁지 않아도 유자광의 편지를 없애거나 되돌릴 수가 없었다. 결국 봉인된 편지는 성종의 손 안에 무사히 들어갔다.

상소 내용을 간단히 정리하면, 요점은 세 가지였다. 그의 귀양지에서 가까운 기장機張현감이 백성들을 괴롭히고 있다는 사실, 군부대 기강의 심각한 해이, 일본 배에 비해 조선 배가 허약하다는 사실이었다. 첫 부분의 인사말에는 성종이 자신의 공신적을 회복시켜 주려고 시도했다는 사실에 감사를 표했으며, 그 외에는 자신의 억울함을 호소하거나, 처벌을 경감시켜 달라는 말은 조금도 없었다. 단지 자신의 위치에서 볼 수 있는 나라의 문제점을 기술하고, 백성들을 돌보며 나라를 잘 다스려 달라는 충의로 불타는 상소문이었다.

첫 번째 문제는 물론 중요한 일이지만, 이후 조선을 어지럽힐 삼포왜란과 임진왜란을 생각하면 두 번째, 세 번째 문제는 소름이 돋는다. 특히 당시 항구를 드나드는 일본 배들의 상황과 숫자, 배의 견고함을 따진 부분에서는 다시 한 번 눈을 뜨고 상소를 읽게 될 정도로 치밀하고 자세하다. 유자광은 왜란을 예측한 걸까? 그건 아니리라. 그는 어떻게든 자신의 쓸모 있음을 어필해서 귀양 기간을 단축하고 싶었을 테고, 마침 귀양 간 곳이 동래였던 것이다. 만약 북쪽으로 귀양 갔다면 누루하치의 여진족을 경계하는 상소를 올렸으리라.

아무튼 놀라운 사람이다. 공신의 지위마저 잃고 귀양을 갔으니 좌절한 나머지 술독에 빠져도 이상하지 않거늘, 그런데도 나라를 걱정하고, 또 중앙에서는 잘 볼 수 없는 지방의 실태를 상소로 적어 올렸으니까. 그렇게까지 지독한 미움을 받으면서도 끝끝내 살아남은 이유가 바로 여기에 있는 듯하다.

이 상소가 성종의 마음을 움직인 것은 틀림없는 사실이다. 바로 그날로 기장현감의 비리를 조사하라는 명령이 떨어진 것이다. 성종 역시 정치 생리를 아는 자이니 유자광의 까만 속셈을 모를 리도 없지만.

결국 다음 해, 성종은 유자광의 유배지를 노모의 곁으로 옮기게 하고, 13년에는 공신직첩을 돌려주게 한다. 사직社稷에 공功이 있다는 이유에서였다. 재미있는 것은 이때 대신인 정창손 등이 유자광을 옹호하면서 한 말이었다.

> 신 등은 생각건대 다른 것은 말할 것이 없으나, 유자광은 죄가 비록 중할지라도, 공功이 또한 크니, 이도 쓸 만합니다.

지금은 물론이거니와, 유자광의 말년 및 죽은 이후의 평가와는 180도 다른 평가였다. 성종은 이에 유자광이 남이의 역모를 알린 사실을 거듭 칭찬하며 공신첩을 돌려주게 했다. 당연히 신하들의 반대가 쏟아졌지만, 성종은 하나하나 받아치며 강행했다. 이를 알았을 때 저 세상의 남이는 다시 한 번 무덤에서 벌떡 일어났겠지만.

이리하여 다시 공신이 된 유자광이 올린 글이 또 백미다. 세조와 예종에게 받은 은혜는 물론, 성종에게 받은 은혜도 닭살이 우두두둑 돋을 것 같은 감사의 말로 도배했는데, 말미에는 '앞으로 조심하겠습니다' 라는 사과문까지 있었다. 《성종실록》을 정리한 사관은 유자광더러 성질이 급해 툭하면 상소를 올렸으니 재주가 있어도 취할 데가 없다며 악평을 남기긴 했지만, 저격수로서 출세한 유자광은 계속 같은 방법을 이용해서 자신을 띄우고 왕의 눈에 드는 수밖에 없었다. 그에겐 당파도, 친구도, 집안도 없었으니까.

하지만 그간 쌓인 유자광의 악덕은 현실적으로 힘을 발휘하고 있었다. 이후 성종이 유자광에게 어떤 벼슬을 내리거나, 유자광이 어떤 발언을 할 때마다 심심찮게 '붕당을 일으킨 죄인이……' 라는 반대가 뭉게뭉게 일어났다.

그래도 성종은 18년 유자광을 중국으로 보내는 사신단의 부사로 파견했다. 이때 유자광은 북경에서 《역대명신법첩歷代名臣法帖》이라는 책을 사와 성종에게 바치기도 했다. 중국 역사에서 충성을 바쳤거나 정치를 잘했던 신하들의 이야기를 엮은 모음집인 셈인데, '이건 안 된다, 저것도 안 된다' 라고 잔소리하는 부하들 때문에 골치아파하는 CEO에게 '좋은' 부하직원들의 일화를 정리한 책을 선물한 것이다. 아마 성종이 가장 읽고 싶어 하는 책이었으리라. 본인이 읽어서 스트레스 해소도 되고, 신하들에게 너희들은 왜 이러지 못하느냐고 닦달할 수도 있는 책이니까. 이쯤 되면 유자광의 센스에는 탄복할 수밖에 없다.

이후로도 크고 작은 사건들이 벌어졌지만, 유자광은 꽤나 현명하게 헤쳐 나갔다. 윤여라는 사람이 사소한 일로 유자광의 여종을 구타하고 모욕한 사건이 벌어지자 "제 신분이 본래 미약하긴 하지만 그래도 재상인데……" 라는 식으로 탄원을 했다. 이것은 중요한 문제였다. 유자광의 타고난 신분은 서얼이지만, 이를 풀어 주고 벼슬을 내린 것은 바로 세조이고, 예종이었으며, 성종이었다. 즉 누군가가 유자광을 업신여긴다면 이는 곧 왕의 명령을 무시했다는 확대 해석이 가능했다. 이 사건이 유자광에게 유리하게 끝난 것은 두말할 것도 없다. 한편 유자광이 고향으로 돌아가 80세이신 어머니를 봉양하겠다고 하자, 성종은 이를 붙잡고 어머니를 서울로 데려와 모시라는 특혜를 베풀기도 했다(결국 남원에서 올라오진 않았다).

성종 20년, 유자광은 장악원 제조에 임명되었다. 장악원은 음악과 무용을 관장하는 게 주 업무로 요즘으로 말하면 문화부장관이었는데, 이번에도 사헌부는 벌떼같이 일어나 반대했다. 음악이란 나라와 세상의 질서를 상징하는 법인데, 유자광에게는 이 일을 맡을 만한 덕이 없다는 것이다. 여기에 대한 성종의 대답은 꽤나 쿨했다.

"이전에 장악원 제조가 된 사람들은 모두 덕망이 있었겠는가?"

그러면서 오히려 서얼 출신이란 걸 핑계 삼아 재주도 있고 흠도 없는 유자광을 배척하는 게 아니냐고 꼬집었다. (흠이야 있었지만) 이 문제로 격론이 벌어졌는데, 이때 쟁점이 된 것은 재주만 있고 덕이 없는 사람을 써도 되느냐는 것이다. 그 덕이라는 게 무엇인지를 분명하게 말하는 사람은 아무도 없었지만 말이다. 결국 유자광은 장악원의 책임을 맡게 되었고, 이를 통해 만들어진 것이 교과서에도 나오는《악학궤범》이다.

그렇다곤 해도 유자광은 성종 시대 내내 권력의 중심부에서 소외되어 있었다. 여진족 정벌에 의견을 제시하고 황해도 체찰사가 되어 북정을 다녀오는 등 각종 활약을 보였으나 언제나 신하들의 견제와 반대에 시달렸으니 제약을 받을 수밖에 없었고, 권력의 실세는 되지 못했다. 장악원 제조가 되고 나서 5년 뒤, 성종은 세상을 뜨고 새로운 시대가 찾아왔으니 바로 연산군의 치세였다.

## 유자광, 악명의 전성기

유자광이 악명을 가장 널리 떨친 시대가 연산군 때라는 것은 보편적인 상식이다. 게다가 폭군 연산군과 모함의 귀재 유자광이니 묘하게 궁합이 맞는다. 그리고 그 최고점으로 여겨지는 일은 역시나 무오사화이다.

보통 유자광이 김일손의 사초를 조작해서 모함하고, 이로써 사림파들을 대거 죽게 만들었다고 하며, 이 모든 원한의 시작이 된 것은 유자광이 함양에서 지은 시 현판을 함양군수가 된 김종직이 불태운 일이라던가. 이 사건은 《중종실록》에 적혀 있기까지 한 유명한 이야기이다. 하지만 이 사건이 정말로 있었던 일인지 확인할 길은 없고, 또 아예 근거 없다고 주장할 증거도 없다. 다만 연산군의 시대를, 그리고 무오사화라는 사건을 좀 더 자세히 보자. 솔직히 말해 김종직이 유자광의 시를 불태우는 대신 금칠을 해서 모셔놓는다고 해도, 유자광은 사림을 적으로 돌렸을 것이다. 그럴 수밖에 없었으니까.

본디 사림이란, 고려가 망했을 때 충신의 명분을 위해 조선을 버리고 시골에 파묻혔던 야은 길재로부터 시작했다. 처음 그들은 현실보다는 학문 연구에 치중했으나 이후 조선이 계속되면서 김종직을 비롯한 사림파는 성종 때부터 차츰 중앙정부로 진출했다.

그들의 성향을 굳이 비교한다면 요즘의 진보 세력이라고 할 수 있을까. 사회정의를 외치고 약자를 도와주며, 그것이 비현실적인 목표라도 포기하지 않고 더 나은 세상을 만들기 위한 개혁을 꿈꾸는, 사전적인 의미에서의 진보 말이다. 그래서 왕이나 권신의 뜻을 거스르는 한이 있더라도 옳다고 생각하는 바를 추진하는 용감한 이들이었다.

그런데 끝내 굽히지 않는 고결한 의지와 융통성 없는 쇠고집은 종이 한 장 차이인 법. 안타깝게도 이 시기의 사림들은 후자에 가까웠다. 성종 시대에는 대간들의 권한이 지나치게 비대해졌다. 본래 대간이란 왕이 독선을 부리지 않도록 잔소리하는 게 일이었는데, 이즈음에는 좋고 나쁨을 가리지 않고 무작정 반대하고 비난하는 성향이 나타났다. 무조건 물고 뜯으면서 이게 바로 바른 말을 하는 것이라며 우겨댄 것이다.

이런 사림과 대간들에게 유자광은 단골 술안주였다. 세상의 흔들림 없는 원칙을 주장하는 사림에게 서얼 출신이란 아무리 공이 있다 한들 벼슬을 해서는 안 되는 존재였다. 유자광이 어디에 임용되거나, 무슨 임무를 받기만 하면 대간과 선비들에게 집중포화를 받은 이유가 여기에도 있었다. 그중 하나를 예로 들어 보자. 연산군 3년 7월, 대간들은 조정의 간신들을 내쫓자고 입을 모았다.

"자광은 본시 호협한 종놈[隷孽]인데 지나치게 발탁이 되자, 제 붕당을 끌어들여 조정을 어지럽혔습니다. (……) 성종께서 죽이지 않는 것은 어찌 용서하려 것이겠습니까. 그런데 공이 중하다 해서 그 녹祿을 회복하게 했습니다만, 이러한 소인을 가까이 두어서는 안 됩니다."

사실 유자광 정도라면 이런 말 들어도 자기 업이긴 했는데, 문제는 유자광만 욕을 먹은 게 아니라는 데 있다. 당시 어느 정도 벼슬하는 사람치고 대간에게 이 정도로 심각한 매도를 들어 보지 않은 이가 없었다. 어느 정도로 분위기가 과열되었냐면, 사간이 조금이라도 망설이거나 봐 주면서 비판하면 참선비가 아니라며 다른 대간들에게 '까이는' 형국이었다. 조절이 전혀 안 되는 상황이었던 것이다.

게다가 미래의 폭군 연산군은 자신의 아버지처럼 인내심이 강한 사람이 아니었고, 왕을 우습게 보는(凌上) 건방진 신하들에게 본때를 보여 주고 싶어 안달이 나 있었다. 그리고 유자광은 물론 다른 대신들 역시 툭하면 자신들을 비난하는 사림파들(이들이 사간원과 선비들의 중심이었다) 에게 원한을 품고 있었다. 이제까지 그래 왔던 것처럼 유자광은 사림파를 저격했고, 이렇게 시작된 것이 무오사화였다.

연산군 4년 7월 1일, 갑자기 대신들이 궁궐로 모여들었다. 우의정인 한치형韓致亨과 윤필상尹弼商, 노사신盧思慎, 그리고 유자광이었다. 이들은 비밀스러운 일이라며 연산군에게 고했고, 도승지 신수근이 참여했다. 원래 여기에 참여해서 무슨 말이 오갔는지 기록해야 하는 사관들은 입실조차 허락받지 못했다. 그리고 그날로 의금부 도사들은 급보를 받고 경상도로 달려갔다. 대체 무슨 말이 오간 것일까? 며칠 후인 9일에는 꼭두새벽인 밤 3시에 궁궐을 지키는 군사들이 큰소리로 구령을 붙여 사람들이 놀란 일이 생겼다. 여기에서 다시 이틀이 지난 뒤, 연산군은 명령을 내렸다. 사관 김일손의 사초를 들여오라는 것이다.

당연히 궁궐 안팎이 발칵 뒤집혔다. 실록의 기초가 되는 사초를 임금이 보는 것은 금지되어 있었으니, 권력자가 역사를 자기 입맛에 맞게 바꾸는 것을 막고 공정한 역사를 기술하기 위해서였다. 반대가 잇달았지만, 연산군은 이를 묵살하고 사초를 거두어갔다. 이유는 김일손이 감히 세조의 흠을 실록에 실었다는 것이다.

잘 알려진 통설로는, 김종직의 제자이자 사관이었던 김일손이 《성종실록》을 정리하면서 이극돈의 비리를 기록하자, 이극돈이 여기에 앙심을 품고 유자광과 짜고 사화를 일으켰다고도 한다. 그러나 이런 문제가 없어도 김일손의 기록에는 사달이 날 여지가 꽤 많이 있었다. 먼저 '사육신들이 절개를 지키고 죽었다'라는 기술이 문제였다. 지금도 사육신은 충신의 대표격으로 여겨지니 그게 뭐 어떤가 하고 생각하겠지만, 원래 조선왕조에서 사육신은 공식적으로는 역신이되 비공식적으로는 충신이라는 복잡 미묘한 존재였다. 그도 그럴 것이 사육신을 처형한 세조의 후손들이 왕이 되었기 때문이다.

하지만 명분 중시파인 사림으로서는 당연히 단종을 동정했다. 게다가 김일손은 진실한 역사를 기록하겠다는 의욕에 넘쳤던 모양이다. 그래서 단종의 관이 파헤쳐져서 바닷가에 버려진 소문, 세조가 사육신들의 재주를 아까워해서 신숙주에게 설득하라고 했지만 끝내 받아들여지지 않았다는 이야기 등을 모두 사초에 적었다(이 소문들이 정말 사실인지는 알 수 없다).

가장 압권은 세조가 아들 덕종(의경세자)의 비를 손에 넣으려고 했다는 소문마저 적었다는 데 있다. 이 사실이 밝혀지자 당시 조선 정부는 당연하게도 충격과 공포에 휩싸였다.

여기에 더해진 것이 김일손의 스승 김종직이 지은 〈조의제문〉이었다. 김종직은 사건이 벌어졌을 당시 이미 저 세상 사람이었는데, 꿈속에서 초나라 회왕을 보고 그를 조상하는 글을 지은 적이 있었다. 초회왕은 《초한지》에 등장하는 인물인데 끝내 항우에게 살해당했으니 제 삼촌에게 왕위를 빼앗기고 죽임마저 당한 단종과 비슷한 처지였다. 그리고 김종직은 이전부터 사육신이 충신이라고 말하는 등 단종에게 호의적인 인물이었다. 〈조의제문〉을 보고 단종의 슬픈 운명을 떠올리는 건 자연스럽다. 하지만 이는 자칫하면 왕위를 찬탈한 세조를 비난하는 것으로 흐를 수도 있었다.

그렇게 조작해낸 사람이 유자광이라는 게 통설이다. 《연산군일기》 중에 무오사화의 전말을 다룬 기록은 유자광의 악행을 꽤나 자세하게 적고 있다. 기록을 적은 사람이 유자광에게 나쁜 감정을 품고 있는 것은 사실이지만, 유자광이 이 사화에 적극 참여한 것은 분명한 사실이다. 그중 하나가 〈조의제문〉을 한 구절 한 구절 해석하고 주석을 달아 임금에게 올린 일이었다. 그는 〈조의제문〉이 대단히 부도不道한 글이라며, 문집과 판본을 모두 불태우고 간행한 사람마저도 처벌하자고 주장했다.

여기에서 김종직이 태운 시판의 리턴매치를 떠올리는 독자들이 분명 있으리라. 정말로 그런 일이 있었다면 유자광은 되로 받은 것을 말로 갚아 주는 셈이랄까. 여기에 더해 유자광이 김종직의 시문을 모아다가 깡그리 불태웠다는 이야기까지 전한다.

게다가 또 하나 재미있는 이야기가 있으니, 〈조의제문〉이 워낙 난해한 글이었기 때문에, 다른 신하들은 읽기조차 어려워 쩔쩔 매다가 유자광이 쓴 해설본의 도움을 받았다고 한다. 다른 신하들이 무능하

넌 것일까, 유자광이 똑똑했던 것일까. 하지만 글이라는 건 본디 읽는 사람에 따라 '아' 다르고 '어' 달라지는 법이며, 텍스트를 악의적으로 읽는 것은 지금도 흔히 벌어지는 일이다. 그러니 유자광의 필터를 통해 역모의 혐의는 더욱 짙어졌을 것이다.

이것 외에도 유자광은 직접 김일손을 심문하고 전교마저 작성하려 들 정도로 열정적이었다. 마침내는 잔인한 형벌인 단근질(烙刑)을 태연하게 쓰고, 연좌법緣坐法을 예사로 썼다던가. 그럴싸하다. 이 정도라면 무오사화의 원흉으로 불려 부족함이 없다.

무오사화의 죄가 결정되는 날, 대낮부터 갑자기 캄캄해지더니 폭우가 내리고, 동남쪽에서 커다란 바람이 불어와 나무가 뽑히고 기왓장이 날아갔다. 갑작스런 천재지변에 백성들은 놀란 나머지 넘어지고 벌벌 떨었으며, 다른 신하들도 그랬다 한다. 그러나 유자광은 오히려 의기양양하게 집으로 돌아갔다고 한다. 과연 그 정도 배짱은 있어야 모함과 음모의 프로페셔널로 살 수 있다는 것인가. 이후로 유자광은 마치 세상에 제 것인 마냥 거리낌 없이 다녔고, 세상은 그를 독사毒蛇처럼 보았다고 한다.*

이로써 유자광은 그의 악업 리스트에 한 줄의 경력을 더했다. 허나 이후로도 그는 멈추는 일 없이 권력의 사냥개 노릇을 해가며 수상한 사건들의 먼지를 털어댔다. 그러면서도 왕의 비위를 맞추는 일에도

* 그런데 무오사화에서 죽은 사람은 김일손을 비롯해 고작 일곱 명뿐이었다. 사람이 덜 죽었으니 문제가 안 된다는 것은 아니다. 무오사화로 온 조정이 피로 물들지는 않았다는 말이다. 사림들이 본격적으로 죽어나간 것은 연산군이 '자신에게 불만을 가진 사람을 색출하기 위해' 사화에서 죽었던 사람들의 지인과 친지들을 쥐어짜면서부터였다. 시대의 비극은 언제나 인과관계의 톱니바퀴들이 착착 맞아 들어가면서 터져 나오는 법. 그래서 간신 하나둘이 없어진다고 해서 모든 악덕이 해결되지도 않는다.

열심이었으니, 출장을 다녀오면서 지방 관리들을 동원해서 생전복과 굴, 조개를 따서 역마에 실어다가 연산군에게 바치는 센스를 발휘하기도 했다. 이를 두고 대간은 유자광이 임금에게 아첨한다며 국문을 하라고 주장했지만, 간만의 신선한 해산물이 맛있었던지 연산군은 그를 감쌌다. 원래 연산군은 화려하고 특별한 것을 무진히도 좋아했으니 이런 선물을 싫어할 리 없었다. 어쨌든 이 해산물 사건은 근 두 달간 사간원과 연산군의 힘겨루기로 이어졌는데, 이때 유자광을 맹비난했던 서거정의 〈수직론守職論〉이라는 글이 있다.

> 근래 아무개는 미천한 신분에서 요행한 인연으로 공신이 되었고 관직이 1품에까지 올랐다. 그의 직책은 대간이 아닌데도 대간의 직분을 직으로 한다. 그는 상소로써 인물 탄격彈擊하기를 좋아한다. (……) 그는 싫증도 모르고, 또 상소하여 삼공과 육경을 차례로 비난하여 조정에 온전한 사람이 없었다. 그는 조정을 무시하고 진신搢紳을 치고는 계획이 이루어진다고 흡족해하였다.

말미에 사관이 붙인 설명이 없더라도, 여기에서 말하는 아무개가 유자광이라는 것은 틀림없다.

이 시기에 들어오면서 확실히 유자광에게 쏟아지는 반대와 비난은 그 색깔을 달리하게 된다. 성종 시기까진 '능력이 있긴 해도 서얼이니까' 라는 이유로 반대하는 것이었다면, 연산군 즈음에는 '능력도 없고 그냥 운만 좋아 출세한 게 남을 모함해서 사람 잡아 먹네' 라며 거품을 물고 달려드는 것으로 바뀌었다. 그게 바로 유자광이 쌓아온 업

보이다.

대간이 사직하면서까지 유자광의 처벌을 주장하자, 연산군은 신하들을 불러다놓고 그럴 시간에 딴 일이나 하라고 면박을 주고, 오히려 홍문관의 관원들을 국문하라는 명령을 의금부에 내리기까지 했다. 이렇게 유자광은 연산군 시대의 권신으로 단물을 쪽쪽 빨아먹는 듯하였으나……. 그는 생애 마지막 승부를 날리게 된다. 바로 중종반정에 참여한 것이다.

### 고단수 막차 갈아타기, 중종반정

연산군 때 온갖 횡포를 부렸던 유자광이 중종반정의 공신이 된 것은 아이러니를 넘어서 어이없는 일이다. 대체 어떻게 이런 일이 벌어질 수 있었을까. 유자광이 그만큼 교활했던 걸까, 아니면 연산군이 그만큼 못난 임금이었던 걸까. 확실히 연산군은 폭군이었고, 말년에 이르면 신하도 없고, 백성도 없고 오로지 왕을 위한 세상이었다. 사화를 두 번이나 일으키고 각종 가혹한 처벌을 통해 신민들을 겁박하여 강력한 왕권을 수립했건만, 정작 연산군은 신하들이 언제, 어떻게 반란을 일으킬까 두려워하고 또 걱정했다.

이렇게 연산군 자신이 갈팡질팡하고 신하들을 못 믿었으니, 이제까지 입안의 혀처럼 비위를 맞춰오던 측근들조차 불안함을 느꼈다. 특히 말년의 연산군은 사소한 일로 꼬투리를 잡아 잔인하게 처벌하고 또 심문했다. 한때 총애해 마지 않았던 임사홍, 그리고 유자광도 정말 별 것 아닌 일로 의금부 감옥에 처박힌 일이 있었다. 특히 연산군 10

년, 유자광은 정말 한심한 일로 국문을 당하게 된다. 바로 이런 말을 올렸기 때문이었다.

> 음식을 올리는 큰 소반이 매우 무거워 들기 어려우니, 두 소반에 나누어 차려 드리기 편하게 하소서.

노는 것을 좋아하는 연산군은 치세 동안 잔치를 자주 벌였다. 그가 폭군으로 몰락했기에 나쁘게 꾸민 이야기라고 생각할 수도 있겠지만, 시와 노래, 사냥을 좋아하는 풍류기질을 보건대 안 놀면 그게 더 이상하다. 이때 주안상을 차려내는데, 커다란 상에 모든 음식을 올리니 너무 무거웠다. 작은 상 두 개로 나누면 훨씬 쉽지 않을까? 그런 의도에서 나온 듯한 별 것 아닌 주청이다. 이 제안을 들었던 궁궐의 하인이나 궁녀들은 시큰거리는 어깨를 주무르며 한숨을 쉬었을지도 모르겠다. 하지만 연산군은 유자광을 국문하라는 명을 내렸다. 그러면서 했던 말은 실소가 절로 나올 만큼 어이없었다.

"신하로서 인군 앞에서 공경하고 조심한다면 어찌 들기 어려우랴?"

대체 공경하는 마음과 주안상의 무게가 무슨 상관이란 말인가. 연산군의 말대로라면, 임금을 공경하면 곰 같은 힘이 솟아나 궁궐 대들보라도 뽑아 휘두를 수 있단 말인가?

하여간 이런 일들이 점점 거듭되다 보니, 차츰 조선에서는 너나를 막론하고 공감대가 형성이 되었다. 바로 연산군이 계속 왕이라면 마침내는 모두가 죽게 되리라는 생각이다.

그렇다면 유자광이 중종반정에 참여한 것은 아주 뜬금없지만은 않다. 솔직히 중종반정에 참여했던 사람 중 일부는 원래부터 연산군의 반대파였다기보다는, 한때 총애를 받았지만 그의 변덕에 휘말려 고생한 사람들이었으니 바로 박원종과 성희안, 신윤무 등이었다. 이 중 박원종의 누이 박씨 부인이 연산군에게 겁탈당해 자결했다는 야사가 널리 퍼져 있다. 이 음모자들이 머리를 맞대고 논의하던 중에 유자광의 이름이 나왔다.

"유자광은 경험이 많고 지모가 뛰어나니 이 일을 알리지 않을 수 없다."

그러면서 거사가 임박해서 알렸다고 한다. 역시 그들 자신만으로 일을 치르기는 불안했던 걸까. 몇 번이고 역모를 일러바쳐 출세했던 경력을 가진 유자광에게까지 손을 내밀어야 할 정도로 절박했던 것일까.

유자광은 너무나도 간단하게 연산군을 저버리고 반정 쪽으로 몸을 싣는다. 그는 곧 군복을 갖춰 입고, 말을 타고 달려와 참여했다. 이미 그의 나이가 환갑이 넘어 고희에 육박하고 있었는데도 굉장한 행동력이었다. 마치 이런 일이 있으리라는 것을 오래 전부터 알아차리고 있었다는 듯이. 비록 나이는 들었어도 감은 사라지지 않은 것일까. 유자광은 더는 연산군에게 희망이 없다는 판단을 내린 것이다.

그리하여 반정은 성공하고, 임사홍 등은 처형당했다. 왕은 바뀌었어도 유자광은 여전히 공신으로 큰 목소리 떵떵 낼 수 있었다. 이 놀라운 '갈아타기'에는 이미 당대의 사람들부터가 혀를 내둘렀으니, 후대 사람들인 우리가 보기엔 신기의 경지다.

과연 유자광은 무슨 생각으로 반정에 참여했을까? 그냥 이쪽이 유리할 것 같으니까? 사실 천하의 간신 유자광조차 팔색조처럼 극심한 연산군의 변덕 앞에서는 속수무책이었다. 이러면 중종반정에 참여한 이유가 좀 더 분명해진다. 그는 선비도 사림파도 아니었다. 그러니 명분에 얽매이지 않았고, 자신을 보살펴 주고 자신에게 이익을 주는 왕을 섬겨왔다. 그렇다면 연산군을 저버리고 새로운 왕을 찾는 선택은 당연한 결과였다. 이렇게 생각해도 그의 탁월한 생존 본능에는 여전히 입이 딱 벌어진다.

해서 유자광은 다시 중종 시대에도 공신이 되었는데……. 당연히, 너무나도 당연하게도 사람들은 크게 반발했다. 비유는 좀 그렇지만 해방 이후에도 득세한 친일파를 보는 심정이었을 것이다. 실제로도 유자광은 이전 연산군 시절 때의 사람들을 처벌해서는 안 된다는 말을 했으니 (본인의 처지가 그랬으니 당연하지만) 미움을 받는 것도 세상의 이치다.

## 유배와 부관참시

중종 2년 4월 12일, 당시 여름에 우박이 쏟아지는 천재지변이 있었다. 이때 유자광은 연산군이 사냥터를 만들겠답시고 철거했던 마을들의 세금을 내려 주고, 관리들의 횡령을 금지하며 도적을 막자는 건설적인 제안을 했다. 그러면서 어느 백성이 자기네 수령이 잘 다스렸는데도 대간의 탄핵을 받아 파직되었다고 하소연한 이야기를 올렸다.

하지만 이 일을 계기로 사방에서 유자광을 비난하기 시작했다. 유자광이 '백성들에게 물어보면 정확하지 않겠느냐'라고 한 말이 문제였는데, 이는 선비들의 공론이 백성들의 말만 못하다고 깎아내렸다는 것이다. 조금 억지 트집이라는 생각도 들지만, 사실 비판하는 사람들은 유자광이 하는 말이 얼마나 옳은지, 그가 얼마나 억울한지를 문제삼는 게 아니었다. 그저 지금까지 가득하게 박혀 있던 미운털이 한번에 위력을 발휘했을 뿐이다.

실제로도 비난의 대열에 참여했던 지평 이사균은 이렇게 말했다. 이전부터 유자광이 잘못 말한 것이 많았는데, 해코지가 두려워 감히 반대하지 못했다고. 그래서 대간은 물론이거니와 홍문관, 예문관, 승정원, 심지어 성균관 생원들까지 한데 어우러져 유자광의 처벌, 심지어 극형을 한풀이처럼 요구했다. 당연하지 않은가. 무오사화를 비롯하여 이제까지 그가 저질렀던 악행을 하나하나 생각하면, 유자광도 참 뻔뻔하고 염치가 없는 사람이었다.

처음에 중종은 그냥 의견을 피력했을 뿐이고, 선대에 공을 세운 신하라며 유자광을 감쌌다. 그러나 들끓는 비난 여론은 잦아들 기색이 없이 더욱 격렬해졌다. 재미있는 것은 이때 유자광과 함께 중종반정에 참여했던 박원종의 반응이다. 사방팔방에서 비난과 공격을 받자 유자광은 박원종에게 은밀하게 편지를 보냈다.

입술이 없으면 이가 시리다는 옛말이 있다. 어찌하여 감싸주지 않는가?

순망치한脣亡齒寒. 입술이 없으면 이가 시리다는 말이다. 자신이 없어지면 결국 박원종에게도 비난의 화살이 쏠릴 테니, 자신을 보호해 달라는 말이 아닌가. 하지만 박원종의 대답은 유자광이 원하던 것이 아니었다.

> 사림이 너에게 이를 갈아온 지가 이미 오래인데, 어째서 일찌감치 물러가지 않는가?

어떻게든 빠져나가려고 발버둥치지 말고 여론에게 항복하라는 말이다. 이제 유자광이 쌓은 악업은 권력자 한두 사람이 막거나 보호해서 어떻게 할 수 있는 수준이 아니었다. 그야말로 세상의 공분을 사고 있었던 것이다. 솔직히 인심, 혹은 민심이 천심이라는 말은 바로 이런 식으로 드러나는 게 아닐까. 이는 당시 대간의 주장에서도 보이는데, 솔직히 수긍할 수밖에 없다.

"옛말에 '좌우 · 제대부諸大夫 · 국인이 모두 죽여야 한다고 말한 후에는 죽인다'라고 하였는데, 지금 대신 및 여러 재상과 대간臺諫 · 홍문관弘文館이 모두 (유자광을) 죽여야 한다 하고, 태학생에서 군졸에 이르기까지 말하는 바가 이와 같으니, 이는 국론國論이 이미 정해진 것입니다. 전하는 어찌 홀로 어렵게 여기시어 이렇게까지 주저하십니까?"

사실이 그렇다. 서얼 출신이라고 유자광의 처지와 입장을 이해하기에 그는 너무 멀리 갔다. 중종이 아니라 세조가 다시 살아난다고 해도 성난 사람들의 돌팔매질 앞에서 유자광을 보호해 주지는 못할 것이다. 중종은 유자광을 처벌하라는 간언을 모두 물리치는 등 초강수를 썼지만, 신하들은 물러서지 않았다. 심지어 유자광을 처벌하고 그 자손들을 천민으로 되돌려야 한다는 주장까지도 나왔다. 유자광을 처벌하라는 상소가 빗발치듯 쏟아지자, 중종은 마침내 유자광의 귀양을 결정한다. 장소는 광양이었고, 이때 그의 아들인 유진과 유방, 손자까지도 덤으로 귀양 가게 된다. 당시 그의 나이는 69세였다.

그렇지만 아직 공신의 지위는 완전히 없어지지는 않았다. 아직은 말이다. 미적지근한 처벌이다 보니 비난 여론은 쉽사리 가라앉지는 않았다. 귀양 보내느니 차라리 죽이자는 말, 지방에서 흉측한 일을 꾸밀지도 모른다는 말 등등. 사실 사림에게 유자광은 증오의 대상 이상으로 공포의 대상이었다. 그가 살아 있는 한, 목숨이 붙어 있는 한 어떻게든 재기해서 보복할지도 모른다. 이제까지 파란만장한 그의 일생이 이를 증명했으니.

사실 이 점에는 조정의 대신들까지도 공감하고 있었다. 이전에도 파직당하고 귀양 갔다가 영화의 한 장면처럼 부활해 돌아왔던 유자광이었다. 당장 유자광을 죽여야 한다는 분노 아래에는 또다시 유자광이 서용될지도 모른다는 공포가 분명히 있었다. 공신 신분을 삭탈하고 좀 더 먼 곳으로 귀양을 보내야 한다는 여론에는 다시는 유자광을 등용하지 않겠다는 증거를 요구하기까지 했다. 중종은 어느 정도 불만스러운 듯했지만, 결국 유자광의 정국공신靖國功臣을 삭제하고 평해平海로 귀양 보냈다.

하지만 조정의 유자광 공포증은 나아지기는커녕 오히려 도졌다. 이를테면 연산군 시절에 있었던 무오사화를 재조사하는 데 관련자였던 유자광에게서 사정을 청취해야 하는 상황이 생겼다. 그럼 귀양 가 있던 유자광을 소환해서 심문하면 그만이다. 하지만 신하들의 의견은 '유자광의 속임수가 헤아릴 수 없으며' 심문한다는 사실을 미리 알고 있으면 어떤 계획을 세울지 모르니 시간 여유를 주지 말고 당장 수사관을 보내자고 주장했다.

신하들이 얼마나 철저했냐 하면, 그렇게 유자광이 올린 초사가 도착하자, 내용이 횡설수설하고 틀린 데가 많다며 그의 글을 왕에게 직접 보이지 않고 내용만을 뽑아 따로 올렸다. 사건의 내막을 파헤치면서 어떻게 '요약 정리본'을 보인단 말인가. 중종이 그의 글을 보고 마음에 들어 할까 걱정한 것일까? 이렇게 신하들은 왕과 유자광이 직접 만나지 못하게 막았으니, 꼭 사람이 아닌 무슨 병균이라도 다루는 식이었다. 이후 중종 3년에 유자광과 그 자식들의 귀양을 풀어 주려고 했을 때도 공포는 여전히 잦아들 줄 몰랐다.

> 옛말에 이르기를, '풀을 뽑되 뿌리를 뽑지 않으면 마침내 다시 살아난다'라고 하였습니다. 유자광이 먼 곳에서 귀양살이를 하면서 밤낮으로 절치부심하며 권세를 잡아 보복할 것을 꾀하고 있는데, 지금 그 아들을 양이量移했다는 말을 들으면 그 마음속에 생각하기를, '죽기 전에 상은上恩을 입어 그 흉악한 계책을 마음대로 부릴 수 있을 것'이라고 여길 것입니다. 신등은 이 때문에 놀랍고 동요함을 참을 수 없습니다.

과민반응이라는 느낌이 들긴 하지만, 당시 조정 사람들은 유자광을 북쪽으로 귀양 보내면 오랑캐와 손잡고, 남쪽으로 귀양 보내면 왜구와 손잡아 나라를 뒤엎게 만들 것이라고 확신하고 있었다. 결국 중종은 이를 포기했고, 유자광은 죽을 때까지 유배지에서 살았다.

민담에 따르면, 말년의 유자광은 두 눈이 멀고 자식들이 불효자라서 대단히 불우했다고 한다. 정말인지는 알 수 없지만, 어쨌건 늘그막에 귀양 갔으니 행복한 말년은 아니었다.

그가 세상을 떠난 것은 중종 7년 6월이었는데, 이는 또다시 논란의 폭풍을 불러일으킨다. 그래도 공신이었는데 직위를 회복시켜 주고 잘 묻어 주자는 의견이 나오자, 벌떼처럼 반대 여론이 일어났다. 하루에도 몇 번씩 대간은 물론 홍문관들까지도 반대했기에 결국 공신권을 돌려주는 것을 보류하고 자식들을 귀양에서 풀어 주는 정도로 그쳤다.

다시 유자광의 공신 지위를 회복해 주자는 문제가 거론된 것은 중종 8년 11월의 일로, 오래전 그가 남이를 밀고했을 때 받았던 익대공신翊戴功臣호였다. 이번에도 홍문관, 사간원, 승정원은 합동으로 반대했다.

> 유자광은 간악한 생각을 품고 흉독을 부려 국맥國脈을 손상하였으니, 죄가 실로 하늘에 사무칩니다. 그 공과功過를 참작해서 단지 공신적을 삭제케 하는 것만도 다행한 일인데, 문득 죽었다 해서 그 공功을 되돌리시니, 나라를 그르친 죄가 어찌 생사生死에 따라서 가감될 수 있으리까!

말 그대로 죽은 유자광이 살아 있는 조선을 뒤흔들고 있었다. 어째서 이렇게까지 두려워한 걸까? 분명 사람들이 지나치게 반대한다는 느낌이 들지만, 한편으로 제2의 유자광이 나타나는 것을 경계한 게 아닐까? 왕의 마음을 정확히 꿰뚫어 보고, 조정을 제 손에 쥐고 흔들면서 옥사를 일으켰던 유자광이 다시 공신이 되면, 그를 본받고자 하는 또 다른 사람이 나타날 수도 있다. 그것은 서얼의 누군가일 수도 있고, 유자광의 친자식일 수도 있고, 누구도 모르는 어떤 이일지도 모른다. 이런 위험은 근절되야 마땅하다고 여겼을 터. 이렇게 생각하면 신하들이 그렇게 치열하게 결사반대를 외친 것도 당연하다. 압력솥 안처럼 지글거리는 논쟁은 결국 그해를 넘겨서까지 계속되었다. 결국 항복한 것은 중종 쪽이었다.

> 유자광은 죄악이 이를 데 없는 오국 간흉誤國奸凶이라, 조정의 공론이 이와 같으니, 다시 녹공錄功하지 말라.

이 명령이 내려진 것은 중종 9년 1월 16일의 일이었다.

그리고 그로부터 자그마치 19년 뒤, 유자광의 손자 유승건이 할아버지의 공신녹권을 돌려달라는 요청을 올렸다. 중종은 유자광이 이미 죽은 지 오래고 죄는 있어도 공을 무시할 수 없다며 직첩을 회복해 주려 했지만, 극심한 반대 앞에서 그만둘 수밖에 없었다. 이로써 유자광은 간신으로 역사에 이름을 남겼다.

죽은 유자광은 남원에 묻혔다. 공신적이 삭탈되고 유배지에서 죽었지만 묘소에는 문관석이 놓이는 등 그럭저럭 격식을 갖추고 있다. 그럼 여기에서 유자광이 죽은 이후 부관참시되었다는 민담을 기억해낼 독자들이 있을지도 모르겠다. 교활했던 유자광은 자신이 죽은 뒤에 부관참시당하리라는 것을 내다보고, 일부러 자신과 체격이 비슷한 종에게 자신의 옷을 입혀 자기 묏자리에 묻었다던가. 나중에 부관참시를 했을 때, 파헤쳐진 것은 유자광이 아닌 종의 무덤이었다던가. 그래서 그의 진짜 무덤이 어디 있는지는 아무도 모른다던가. 마지막의 마지막까지 교활했던 유자광의 면모를 드러내는 이야기라 하겠지만…….

뜻밖의 이야기일 수도 있는데, 민담을 제외하고는 유자광이 부관참시되었다는 기록은 없다. 그의 문제가 가장 뜨거운 감자였던 중종 시대에조차도 공신적을 돌려주지 말자는 등의 이야기만 나올 뿐, 부관참시의 말은 나오지 않았다.

같은 시기에 남곤이 유자광을 비난하기 위해 쓴《유자광전》에서도 마찬가지다. 정말 유자광을 부관참시했다면 이것이 기록되지 않을 리 있겠는가. 그에게 이를 갈고 있던 사림파를 비롯한 사관들이 죄다 버선발로 밥상 위에 올라가서 춤을 추었을 테니까. 그러니까 정말 유자광에게 부관참시가 시행된 건 아니고, 이미 그런 일을 당했던 김종직의 복수 삼아 만들어진 이야기가 아닐까 한다.

사실 여부는 둘째치고, 때로 민담이 더욱 역사다울 때가 있는데 이 이야기가 바로 그렇다. 마지막의 마지막까지 사람을 속이고 이득을 채워온 유자광의 이미지에 딱 맞아떨어진다.

끝으로 정리해 보자면 유자광의 인생은 '초특급 롤러코스터'였다.

몇 번이나 천국과 지옥을 오르락내리락했다. 타고난 신분 탓에 태어나면서부터 죽을 때까지 아웃사이더로 살 수밖에 없었지만, 대신 세상의 판도를 널리 보고 그에 따라 움직였다. 좋은 쪽으로든 나쁜 쪽으로든, 그는 정말로 뛰어난 생존본능을 가지고 있었다. 살아가며 만나는 선택의 순간에서 어느 쪽이 썩은 동아줄이고 어느 쪽이 진짜 동아줄인지를 직감할 수 있는 재능을 가졌다고 할까. 수많은 역모와 사화가 거듭되었던 세조에서부터 중종까지의 시기를 단 한 번도 삐끗하지 않고 살아왔다는 것은 단순히 운이 좋아서 그랬던 것은 아니었다. 과연 유자광에게 어떤 능력이 있었을까.

하늘은 유자광을 서얼로 태어나게 했지만, 그 대신 여러 재주를 내려 주었다. 우선 타고난 미모가 있었다. 우스갯소리 같지만 사람의 외모로 인한 첫인상이란 얼마나 강력한가. 아쉽게도 실록 등에서 유자광의 미모를 구체적으로 설명하진 않았지만, 그를 얄미워했던 사관들도 인정할 수밖에 없는 호남이었던 것 같다. 그리고 웬만한 사람을 뛰어넘는 완력과 체술이 있었다. 동물적인 직감과 행동력을 타고 난데다가, 훌륭한 화술도 가지고 있었다.

또한 실록 틈틈이 실린 그의 글이나 말도 미루어 보건대 독특한 관점에서 곧잘 핵심을 짚어내곤 했으며, 그래서 다른 신하들도 그의 말을 인용하곤 했다. 그럴 수 있었던 이유는 무엇일까? 왜냐하면 그는 서얼이었기 때문이다. 엘리트의 정규 코스를 밟아온 신하들은 위에서 내려다본다면, 유자광은 아래에서부터 봤다. 다른 신하들이 좋은 임금의 자질은 어떻고 공자님 말씀이 어떻고를 말하면, 유자광은 지금 경기도 어디 마을에서 제방이 무너져서 몇 사람이 다쳤고, 왜군의 배는 철못을 써서 조선의 배보다 단단하다고 말했다.

이것은 그의 독특한 경력, 그러니까 밑바닥에서 태어나고 현장을 뛰어온 삶 때문이리라. 비록 이것이 당시 선비들에게는 꼴사나워 보일지언정 다른 시각, 다른 목적으로 세상을 보는 희귀한 인재였다. 이러니 임금들이 온갖 반대를 무릅쓰고도 그를 임용한 게 아니었을까.

유자광은 평생에 걸쳐 다섯 명의 임금을 섬겼고, 이 중 거의 모두에게 총애를 받았다. 하지만 유자광은 왕에게 선택받은 것 이상으로, 섬길 왕을 자기가 골랐다. 기나긴 조선왕조의 역사에서 이렇게 상궤에서 벗어난 인물이 또 있을까.

이렇게나 많은 문제점이 있음에도 유자광은 서얼들을 비롯한 천민들에게 희망이 될 수밖에 없었다. 맨주먹으로 시작해서 임금님의 총애를 받고 높은 벼슬에 올라 신분에서 풀려났음은 물론, 어머니와 형제, 자식들까지 덕을 보았으니까.

앞서 잠깐 이야기했던 유자광의 부관참시 민담도 유자광의 교활한 꾀를 이야기해 주는 것이지만, 동시에 유자광이 부관참시되지 않았다는 사실을 믿고 싶어 하는 이들의 이야기가 아니겠는가. 당연하지 않은가? 유자광은 조선 시대의 모든 서얼들에게 결코 떳떳하지 않지만 어떻게든 본받고 싶은 어둠 속의 영웅이었으니까.

# 崔湑

우균의 외증손자. 성종이 개최한 특별과거에 장원급제했으나 서얼 출신이라는 혐의를 받아 주변의 시기와 방해에 시달렸고, 끝내 한미한 벼슬에 그쳤다.

庶孼

# 최서

## 장원급제를 해도 결국 서얼이구나

조선 시대의 서얼들도 성균관에 입학할 수 있었다. 하지만 들어갈 수 있다 뿐이지 적서의 차별은 심각했다. 서얼은 아무리 연차가 길고 나이가 많아도 적자의 뒤에 앉아야 했고, 과거 시험을 보는 것에도 많은 제약이 따랐다. 하지만 서자라고 언제나 못나다는 법 없듯이, 적자라고 뛰어나다는 보장은 없었다. 서자 중에서 가장 잘난 사람은 당연히 적자 중에서 가장 못난 사람보다는 훨씬 뛰어났을 터. 그럼에도 서자였기 때문에 뒤로 밀려날 수밖에 없었다. 정말 별 볼일 없는 관직이나 겨우 받아 지방을 전전하다가 끝나곤 했다.

서얼들은 이 모든 것을 그저 팔자로만 받아들이고 체념했을까? 신분의 페널티 없이 과거 시험에 도전해 보고 싶다는 생각을 하지 않았을까? 저렇게 모자란 적자보다는 자신이 훨씬 뛰어나고 높은 자리에 설 수 있으리라는 마음을 가지지 않았을 리 있겠는가? 가장 큰 장애물은 결국 서얼이라는 신분이었기에, 어떤 서자는 신분을 위조해서 출세의 문턱에 도전하기도 했다.

명종 3년, 반성위班城尉 강자순姜子順의 첩손, 그러니까 첩의 자식이 되 서손이던 강응주가 이름을 문우라고 바꾸고, 과거를 본 일이 발각되었다. 당사자가 처벌을 받은 것은 물론 그를 알아보지 못하고 등록한 관리조차도 함께 벌을 받았다. 강응주의 시험결과가 어땠는지는 기록에 없지만, 아예 떨어졌다면 이렇게 불거지지도 않았으리라. 좋은 성적으로 합격을 했으니 가문과 집안 조사를 하던 와중에 밝혀졌을 가능성이 높지 않을까? 공식적인 기록에 나타나는 서얼들의 신분위조 사건은 그리 많지 않지만, 훨씬 더 많은 시도가 벌어졌을 것이다. 어쩌면 아무도 모르게 성공한 이도 있었을 테고.

그리고 성종 때 최서(崔湑, 혹은 崔恕)의 사건이 있었다.

## 서얼이 장원급제하다

성종 11년의 일이었다. 성종은 신료들을 거느리고 성균관에 행차했다. 본래 목적은 공자에게 제사를 지내는 것이었는데, 갑자기 '기분을 내어' 과거를 보게 했다. 포부는 유교의 성군답게 젊고 활기찬 인재를 뽑겠다는 것인데……. 영의정 정창손은 어차피 정시 과거가 얼마 안 남은 시기이니 시험을 보되 한두 명만 뽑자고 건의했고, 성종은 이를 받아들였다. 그래서 영의정이 직접 시관을 맡아 간이 과거를 치렀는데, 이때 뽑힌 세 사람, 그중에서도 장원이 최서崔湑였다.

갑작스럽다고는 해도 임금이 친히 주최한 시험이었으며, 당대 최고의 문장가로 이름을 날리던 정창손의 안목을 누가 의심할까. 하지만 문제가 있었으니, 최서의 몸에는 천민의 피가 흐르고 있었다는 것이다. 본래 최서는 태종-세종 때의 관리 우균禹畇의 서손이었다고 한다. 그의 어머니가 우균의 비첩婢妾 소생이라고 하니, 굳이 말하자면 얼손이었다. 본래라면 제대로 과거를 보기도 어렵고 급제는 꿈도 꾸기 어려운 신분이었거늘, 최서는 이날 과거에서 당당하게 합격해서 그날로 성균관 전적成均館典籍에 제배된다.

어쩌다 최서는 과거를 볼 수 있었을까? 《조선왕조실록》이 밝히고 있는 사정은 재미있다. 이날의 과거는 워낙 갑자기 기획된 이벤트라서 운영이 엉망진창이었다. 그래서 급히 만들어진 과거장으로 수험자들이 우르르 쏟아져서 들어갔는데, 운영진이 미숙하다 보니 시험에 참여하는 사람들의 이름과 신분을 확인할 겨를이 없었다. 이 틈을 노려 최서는 살그머니 시험장으로 들어갔고 갑작스레 던져진 행운을 보기 좋게 거머쥐었다.

그래서 최서는 임금과 영의정의 축하를 받으며 꿈에 그리던 어사화를 꽂고, 임금이 내리는 술잔을 받았다. 이제 관직이 환히 열리고 출세의 탄탄대로가 펼쳐졌으리라 생각했겠지만, '누군가가' 최서의 신분이 천하다고 소송을 걸면서 일이 꼬이기 시작한다. 정확히는 최서의 외가가 서얼이고, 자기 조상이 물려준 천구賤口, 즉 종이라고 주장했다. 아마도 최서보다 집안은 좋되 실력은 떨어지는 누군가가 밀고한 게 아닐까. 한참 잘나가게 된 최서가 자기 집 종이라며 모욕을 주려는 심보가 환히 보인다. 소송 자체가 말이 안 되는 게, 서얼이란 너무 많은 천민이 생기는 것을 막기 위해 만들어진 신분이었으니 서얼=종이 되는 것은 아니었다.

이 소송은 사회에 일대 파란을 불러왔다. 왕이, 그리고 영의정이 친히 뽑은 과거의 장원이 사실은 천민 신분이라니! 지금이라면 사회나 다른 사람의 도움 없이 알아서 자기 앞길을 개척해낸 모범으로 프로파간다에 활용되었겠지만, 당시에는 천민 혈통이 과거를 보고 급제했다는 사실 자체가 신분을 뛰어넘은 주제넘은 짓일 뿐이었다.

일단 곤란해진 것은 정부였다. 만약 보통 시험에서 이런 일이 벌어지면 서얼 응시자를 알아보지 못했던 관리 및 시관들이 처벌받았을 것이다. 하지만 이번 시험의 주최자는 성종이요, 시험관은 영의정 정창손이었다. 이 일로 큰 소동이 벌어지면 왕과 영의정의 체면에 먹칠을 한다. 이때 인재가 아깝다거나 사회제도의 잘못이라는 생각을 한 사람은 없었다. 당시는 신분이 법이요 진리요 생명인 시기였으니까.

결국 조선 정부는 왕의 명예를 위해서 급제자에게 하자가 없다는 사실을 입증해야만 했고, 사헌부는 최서의 외가가 천하지 않다는 사실을 공표했다. 여기에 따르면, 최서의 외증조모는 우균의 세 번째 아내이고, 외할머니는 악공樂工의 딸이었다. 출신이 굉장히 한미하지만 서얼은 아니라는 것이다. 이렇게 공식적인 결정은 내려졌지만, 최서의 모든 문제가 해결된 것은 아니었다.

성종 13년 7월 6일, 최서는 자신이 결코 서얼이 아니라며 벼슬을 내려달라는 상소를 올렸다. 그냥 요청만이 아니라 그간 답답했던 사정의 하소연까지 담아가면서.

> 신은 초모草茅의 천한 선비로, 이름난 집안 출신이 아니고 가난하여 선조의 명망과 지금 조정에서 원조해 주는 세력이 없으니 세상에 이름

을 알리기가 어렵습니다.

최서의 주장에 따르면, 자신이 서얼이라는 허무맹랑한 소문이 돌자 사헌부는 최서의 벼슬을 막았으며, 여기에 항의하는 글을 올리자 이번엔 이걸로 트집을 잡았다. 엄연하게 장원으로 급제했거늘, 1년이 넘도록 관직을 받지도 못하고 사헌부는 이 핑계 저 핑계를 대니 억울함을 넘어서 너무나도 화가 나는 지경이 되었고, 참다못해 왕에게 직접 글을 올린 것이다.

최서가 밝힌 내력에 따르면, 그의 외증조모는 우균의 첫 번째와 두 번째 아내가 모두 죽은 뒤 정상적인 혼례를 통해 결혼했으니 자신은 절대로 서출이 아니라는 것이다. 그러면서 1년 전에 사헌부가 자신의 외가가 천하지 않다는 것을 입증하지 않았느냐며 억울한 처지를 호소했다.

> 돌이켜 보건대 자신에게 죄가 없으면 비록 백관百官의 열列에 참여하여도 불가함이 없는데, 지금까지 1급級의 벼슬도 받지 못하였습니다.

왕이 직접 치른 시험에서 장원으로 합격한 기쁨도 잠시, 지난 2년 동안은 그에게 지옥이었으리라. 왜 이렇게 된 것일까. 사헌부는 최서의 신분을 보장했지만, 모든 사람들이 이를 믿거나 받아들인 것은 아닌 듯하다. 그러니 할 수 있는 한 먼지를 털어내고, 핑계를 붙이고, 사정을 꼬아서 최서에게 벼슬을 주지 않은 것이리라.

이런 사정을 토로한 최서는 그래도 작은 벼슬이나마 받아 재주를 펼치고, 부모의 마음을 위로하고 나중에 은퇴해서 소박하게나마 살고 싶다며 간청했다. 실록에는 상소의 내용이 간략하게 축약되어 실려 있지만, 한 구절 한 구절에 깃든 지극한 억울함과 그것을 넘어선 출세의 열망을 확인할 수 있다. 급제한 이후 장장 2년에 걸쳐 계속된 신분 논란에 최서의 인내심도 한계에 이르렀던 게 아닐까. 그의 상소는 냉철한 항의나 반론이 아닌, 애타는 부르짖음에 가깝다.

## 최서는 정말 서얼이었을까

최서는 정말 서얼이었을까? 당사자가 펄쩍 뛰며 아니라고 주장하니까 확언은 할 수 없지만, 형편없이 집안이 몰락해 있었던 것은 틀림없다. 만약 그의 집안이 잘 나갔더라면 이런 사건은 애초에 벌어지지도 않았을 테니까.

성종은 신하들에게 최서의 임용 문제를 의논하라고 명을 내렸다. 이때 참여한 것은 그를 뽑아준 시관이었던 정창손을 비롯하여, 한명회, 심회, 윤사흔, 윤필상, 이극배 등이었다. 여러 대신들이 함께 모여 논의했고, 결정은 간단하게 내려졌다. 최서에게 벼슬길을 열어 주자는 것이다. 사헌부에서 최서의 외증조부 우균이 했던 혼인을 전처/후처로 가름했으니 조금도 문제가 없다는 것이다. 한편 홍응洪應과 노사신盧思愼은 비록 최서가 자신에게 벼슬을 달라고 추천하는 글을 올린 것이 그다지 보기 좋진 않지만, 사정을 생각하면 이해가 간다고 말했다. 과거에서 장원을 했고 신분 문제도 해결되었으니 벼슬을 내려주는 데 찬성했다.

이날 의논이 끝난 뒤 성종은 정창손 등에게 술을 하사했다. 기분을 낸 것일까? 아니면 그만큼 골치 아픈 일이라서 위로가 필요했던 것일까? 그렇게 술을 반쯤 마시다가 갑자기 소나기가 내렸다. 마침 뜨거운 한여름, 가뭄이 심해지던 때라 정창손 등은 비가 오니 다행이라며 축하하는 말을 올렸다. 이에 대한 성종의 대답은 이러했다.

"나도 기쁘다. 다만 금방 개어버리는 것이 한스럽구나."

이렇게 천신만고 끝에 벼슬길에 나아가게 된 최서였지만, 이미 너무 오래 많은 소동을 벌였고 온갖 나쁜 소문을 뒤집어쓰고 있었다. 그의 앞날은 그리 밝지 못해 보였고, 실제로도 그러했다. 최서는 이후로 별다른 활약을 보이지 못했고, 관직도 결국 군수郡守에 그쳤다. 그가 마지막으로 공식 기록에 언급된 것은 중종 10년의 일이다. 너무 늙어서 평안도, 함경도의 수령 역할에 적합하지 않다는 지적이었다.

슬픈 일이다. 장원급제라고 무조건 뛰어난 관리가 된다는 법은 없지만, 최서는 청운의 꿈을 이루지도 못하고 지방의 한직이나 뺑이를 치다가 속절없이 늙어간 것이다. 본인 능력이 부족했던 걸까, 아니면 주변의 편견이 몰아세운 탓이었을까?

이 모든 문제의 원인을 제공한 최서의 외증조부 우균은 태종과 세종 즈음에 목사 등 지방 관리들을 지내고 경기도관찰사에까지 올라갔던 인물이다. 지금도 단양의 향토 사적으로 우균의 후손이 만든 비석이 남아 있다. 그런데 여기 비석에는 우균이 세 번 결혼했다는 이야기가 없는 것은 물론, 자식으로는 우효충禹孝忠과 그의 아들들, 곧 손자들만을 기재하고 있으며 딸자식은 전혀 이야기하지 않았다. 게다가 이 비석은 최서의 시대로부터 백년은 훨씬 넘은 뒤인 조선 후기에 만들어진 것이다. 결국 최서가 정말 서얼인지 아닌지 밝혀낼 방법은 없다.

우균이 지낸 경기도관찰사는 요즘으로 말하면 경기도청장쯤이라고 할 수 있다. 수많은 위인들이 나타났다 사라져가는 역사에서 관찰사쯤이야 별 볼일 없는 관직이라고 생각할 수도 있지만, 당대의 사람들에게는 무시하지 못할 만큼 높은 직책이었다. 그런 사람의 딸이 당시로는 굉장히 천한 직업이었던 악공과 결혼했다니 확실히 이상하다. 서얼 출신이었다고 의심받아도 어쩔 수 없는 노릇이다. 마지막 가능성이라면 연애결혼을 했다는 것이지만, 이래서야 당시 조선 사람들이 사헌부의 공식발표를 믿지 않은 것도 당연하다.

아무튼 최서 본인의 노력에도 그의 신분은 서얼로 낙인찍힌 듯하다. 그로부터 2년 뒤인 중종 28년, 중종은 신하들에게 아버지 대에 있었던 최서의 합격을 거론했다. '지금 같으면' 파방(합격 취소)시켰겠지만, '그때'는 인재를 아꼈기 때문에 관리로 기용한 것이라면서. 게다가 이때 중종은 최서의 이름을 직접 언급하는 대신 오히려 노자奴子, 곧 노비의 자식이라는 가장 낮은 대명사를 쓰고 있다. 다른 누구도 아닌 왕이 최서의 신분이 얼자였다고 말하는데, 세상은 어찌 생각했겠는가. 결국 국가 공인으로 서자가 아니라곤 하지만, 나라 사람들은 모두 최서에게 얼자라고 손가락질을 해댔을 것이다. 그즈음 능력 없는 적자들의 '정모'라도 벌어졌다면, 최서는 오징어 안주 대신 질겅질겅 씹혔을 것이다. 어디 감히 얼자인 주제에 주제넘게 과거를 보았느냐며.

이후의 시대에도 아주 드물게, 정말로 가끔 최서의 이름이 언급되었다. 훌륭한 임금이 비천하기 짝이 없는 인재를 건져 올린 훌륭한 사례로 말이다. 물론 기용했다 뿐이지 애프터서비스가 영 형편없었지만. 결국 이 일은 적자보다 뛰어나도 서얼이라서 실력을 발휘할 수 없는 현실의 부조리함을 비판하는 대신, 성종의 탁월한 인재 수용을 칭찬하는 소재로 사용되었을 뿐, 그 시대를 살고 있는 또 다른 최서들에게 관심이나 도움을 내리는 조치로 이어지진 않았다.

분명히 최서는 과거에 급제했던 것만으로도 감지덕지해야 했을지도 모른다. 그가 정말 얼자의 후손이든 아니든, 그 자신이 말했던 대로 정말 별 볼일 없는 집안 출신이었다. 원래대로라면 좋은 집안 잘난 자제들에게 치이고 밟혀서 영영 빛 보는 날 없었을 텐데, 운 좋게 과거에 참여하고 그래서 장원한 것만 해도 어디인가. 말 그대로 '땡 잡은 것' 이고, 임금님의 망극한 은혜였을 것이다.

하지만 그것뿐이다. 아무것도 변하지 않았다. 행운이었지만, 행운은 능력이 되지 않았다. 능력을 발휘할 기회조차 주어지질 않았다.

그래서 임금의 은혜는 소낙비였다. 갑작스레 쏟아져서 바짝 마른 갈증을 해갈해 주었지만 금방 그쳤고, 가뭄을 근본적으로 해결하지는 못했다. 소낙비보다는 우물을 파고 관개시설을 만드는 것이 좋았을 텐데. 인재를 차별 없이 뽑는다고 해도, 제대로 활용하지 않으면 그게 다 무슨 소용인가. 기분 내어 서얼 인재 하나 뽑아놓고, 그걸로 태평, 공정한 시대라고 우려먹은 셈이다. 세상은 아무 것도 바뀌지 않았고, 많은 서얼들은 어둠 속에서 스러졌다.

# 楊士彦

1517~1584. 시인이자 서예가. 문과에 급제하였으나 서자이면서 신분을 위조했다는 소문이 돌았다.

庶孼

# 양사언

## 죽어도 좋다, 신분을 위조할 수 있다면

이제는 양사언이라고 하면 누군지 모르는 사람이 훨씬 많아진 것 같다. 안평대군, 한호, 김구金絿 등을 비롯한 조선의 4대 명필 중의 한 사람이라고 해도 들은 듯 만 듯 가물가물할 것이고, '태산이 높다 하되 하늘 아래 뫼이로다' 라는 시를 말하면 그게 그 사람이 지은 것이었냐는 반문이 돌아올 것 같다.

본디 양사언은 한국 서예사에서 빼놓을 수 없는 시인이자 문필가이다. 신선의 풍모라는 평을 들었고, 그래서인지 호마저 신선들이 사는 섬의 이름인 봉래蓬萊였다. 금강산을 워낙 좋아하다 보니 유람도 많이 다니고 바위에 글자를 새기기도 했는데, 그중 가장 유명한 것은 만폭동萬瀑洞의 바위에 새겼다는 '봉래풍악원화동천蓬萊楓岳元化洞天' 이라는 글씨이다.

정치적으로 그다지 활약하지 못했지만, 본질이 예술가인 인물이었으니 그쯤 어떠랴. 게다가 형 사준과 동생 사기까지 합쳐 삼형제가 모두 문과에 급제하는 기록마저 세웠다. 요즘 식으로 표현하자면 세 형제가 모두 사법고시나 외무고시를 통과한 것에 비견할 수 있을까. 이들은 글씨도 잘 쓰고 시도 잘 짓고, 사이도 좋아서 중국의 소순, 소식, 소철의 세 형제와 비견되기도 했다. 그런 양사언이 원래 서자 출신으로 신분을 위조했다는 소문을 듣는 것은 의외의 사실이기도 하다.

## 안변 소실의 희생

먼저 옛날 옛적의 이야기를 해야 할 것 같다. 양희수楊希洙라는 청주 양씨 양반이 있었다고 한다. 그는 아내를 잃고 아들 사준 내외와 함께 살고 있었는데, 영암(혹은 다른 곳이라고도 한다)군수로 임명되어 평안도의 안변安邊을 지나게 되었다. 그러다가 열두 살짜리 어린 소녀가 있는 양민의 집에 들러 쉬었는데, 양희수는 밥을 얻어먹은 답례로 소녀에게 붉은 색, 푸른 색 부채를 선물로 주었다.

그로부터 몇 년이 지난 뒤, 어느 농민이 양희수에게 찾아와서 자신의 딸이 어르신 말고는 결혼을 하지 않겠다고 고집을 부린다며 딸을 두고 떠났다. 그녀가 몇 년 전 부채를 받았던 소녀라는 것은 쉽게 짐작할 수 있으리라. 그래서 양희수는 본의 아니게 아들 부부보다도 나이가 어린 소실을 들이게 되는데……. 앗, 벌써부터 빈정대지 말자. 이것은 옛날이야기니까. 그렇다고 하면 그런 것이다.

하여간 이 안변 소실은 정말로 열심히 집안을 돌봤다. 꼭두새벽부터 일어나서 일하고, 아들 부부 역시 정성스럽게 모셨다. 이리하여 가족들은 나이와 신분의 차이를 넘어 화목하게 지냈으며, 그러다 소실은 아들 둘을 낳았으니 바로 사언과 사기였다.

그리고 또다시 시간이 흘러 임종을 앞둔 양희수는 아들 사준에게 소실 모자를 잘 돌봐달라고 부탁했고, 양사준은 그러마고 약속을 했다. 그런데 양희수가 세상을 떠난 후 안변 소실은 사준에게 이런 뜻을 전했다.

"이제 남편이 죽었으니 나와 아이들은 집 밖에 나가 살아야 하고, 그렇게 되면 천한 신분인 것이 드러나게 된다. 차라리 내가 지금 여기에서 죽으면 나는 정식 후처가 되고 아이들 역시 양반이 될 수 있다."

그리고 뒷일을 부탁한 후 자결했다. 그녀가 목을 매달았는지, 칼로 자진했는지, 연못에 뛰어들었는지는 전하지 않는다.

그런데 왜 자결해야 했을까? 양희수가 죽으면 집의 주인은 양사준이 된다. 그러면 안변 소실은, 그리고 그 소생의 두 아들은 집에서 나가 따로 살아야 했다. 그렇게 되면 안변 소실이 첩이고, 그 사이에서 태어난 아들들 역시 서자라는 게 세상에 드러난다는 것이다.

그렇다면 그전까지 안변 소실은 정식 후처 노릇을 했다는 것일까? 그리고 아직까지는 두 형제의 신분이 사람들에게 알려지지 않았던 것일까? 아무리 가족끼리 비밀로 삼았다고 한들 산골벽지도 아닌데 그런 걸 완벽하게 숨길 수 있었던 걸까. 이렇게 하나하나 말이 안 되는 것투성이지만, 원래 옛날이야기에서 세세하게 말이 되고 안 되고를 따지면 안 된다. 동화에서처럼 유리관 안에 병조림으로 보관된 죽은 공주에게 입맞춤을 한다고 해도 두 눈을 반짝 뜰 리 없는 것처럼.

하여간 적자 양사준은 서모, 그리고 두 서동생에게 굉장히 호의적이었던 모양이었다. 과연 소실이 그동안 들인 정성 덕분인지, 아니면 하루아침에 부모를 모두 잃은 어린 동생들이 귀엽고 안쓰러웠는지, 아니면 그냥 사람이 좋았는지는 알 수 없다. 아무튼 간에 양사준은 안변 소실의 시신을 거두어 '후처'로서 3년상을 치러 주었고, 동생들도 돌봐 주었다. 그래서 삼형제가 모두 과거에 급제하는 해피엔딩으로 끝난다.

이 야담은 출처에 따라 조금 다른 이야기가 포함되어 있기도 한다. 양사언, 사기 형제가 열 살 무렵이 되었을 때, 안변 소실은 남편에게 풍경 좋은 자하동에 집을 지어달라고 부탁했다. 이렇게 되자 세자 시절의 성종이 와서 또래의 양사언, 양사기와 어울렸고, 이 인연으로 나중에 출세할 수 있었다고 한다.

이걸 어떻게 읽어야 할까. 자식들을 위해 자신을 희생한 어머니의 가슴 찡한 이야기로 보아야 하나. 하지만 찬찬히 뜯어 보면 한없이 이상하고 말이 안 되는 것투성이다.

어떤 설화를 보든지, 안변 소실은 그저 헌신적이고 착한 여성이었던 것은 아니다. 처음에는 남편의 신임을 얻고, 다음에는 적자 큰아들을, 이야기의 판본에 따라서는 문중마저 설득한다. 심지어 훗날 임금이 되는 성종마저 잘 대접해서 자식의 출세길마저 틔웠다. 그로 인해 아들을 출세시켰으니 괜찮지 않느냐는 이야기가 나올 수도 있겠지만, 너무도 무책임한 말이다. 이러니 소실의 자결마저도 그냥 어머니의 훌륭한 희생이라고 받아들이기 어렵다. 철저한 계획에 따라 목적하던 바를 모두 이루었다는 인상까지 든다. 여기에서 감탄은 할 수 있겠지만 감동을 느낄 수는 없다.

양사언과 양사기는 과연 서자였을까? 이 야담들은 판본별로 내용이 꽤나 다양한데, 이를테면 적자라는 양사준이 형으로도 나오고, 다른 곳에서는 오히려 양사언 쪽이 형이라고도 한다. 그 외에도 소실의 고향이 안변이라는 말도 있지만, 다른 곳에서는 영암이라고 한다. 심지어 소실이 자결하지 않고 아들들의 봉양을 받으며 행복하게 늙어 죽었다는 내용도 있다. 이래서야 뭐가 진짜이고 가짜인지 구분이 가질 않는다.

## 어디까지가 전설이고 어디까지가 사실인가

그럼 실제 역사에서는 어떠했을까. 먼저 '형'으로 알려진 양사준은 언제 태어나고 죽었는지 알 수 없지만 중종 35년(1540)에 진사시에 합격했고 명종 1년(1546)에 문과에서 병과로 급제했다. 그리고 양사언은 1517년 출생했고, 명종 1년(1546)에 문과에 급제했다. 삼형제 중 막내인 양사기는 1531년 출생한 것으로 되어 있으며, 명종 7년(1552)에 진사시에 합격했다.

이렇게 보면 양사준 쪽이 장남일 것도 같지만, 막냇동생이 사언보다 무려 14살이나 어리다는 것은 좀 뜻밖이다. 만약 민담 내용이 사실이라면 나이 많은 적자 형이 자식뻘인 서동생들을 돌보고 있어야 한다. 그러면 아버지 양희수가 양사준이 장성해서 결혼한 다음 사언을 얻고, 다시 14년 뒤에 사기를 얻은 것이니 얼마나 오래 살았던 걸까.

게다가 성종과 사언 형제가 어릴 적에 같이 놀았다는 야담이 사실이라고 하면, 역사적 사실은 더욱 엉망진창이 된다. 성종은 세자였던 적이 없었다. 아버지 의경세자가 일찍 세상을 떠났기 때문에 그냥 왕손(자을산군)으로 궁궐 밖에서 살아야 했고, 삼촌 예종이 죽은 뒤에 갑작스레 왕이 되었으니까.

이렇게 따지니 이야기가 점점 더 재미없어진다. 그냥 어머니의 숭고한 희생으로 포장해서 끝냈으면 차라리 좋았을까. 하지만 그러자니 신발 속에 들어간 돌멩이처럼 껄끄러운 느낌이 남는다.

안변 소실은 무엇을 위해 살았던가. 10대 초반의 나이에 받은 부채 한 쌍에 자기 인생을 걸고, 평생 남 좋은 일만 해 주다가 아무것도 보답 받지 못하고 목숨을 끊었다. 결국 그렇게까지 얻어낸 행복은 (그것이 행복이라면) 누릴 기회도 없었다. 그런 게 무슨 가치가 있나. 이게 미덕이라면 얼마나 많은 어머니들이 자신의 자식을 위해 자살해야 한단 말인가.

하지만 그녀의 자결은 자식들만을 위한 것이 아니었고 본인을 위한 선택이기도 했다. 바로 지금 죽으면 정식 후처가 될 수 있다는 것이다. 당연하게도 첩에게는 삼년상을 치르지 않는 게 원칙이다. 하지만 남편이 죽은 지금 자신이 자결한다면, 남편의 상과 합쳐진다. 그러니까 이 안변 소실은 양민이었건만, 양반의 후처, 곧 양반이 되어 삼년상을 받는 것이다.

그깟 상례나 제사 받는 것이 뭐 그리 대단하냐고 생각한다면, 그건 현대인의 관점에서 생각한 것이다. 삼년상을 치러 준다는 것은 한가족이자 어머니라는 것을 정식으로 인정한다는 소리이다.

조선 사람들에게 제사란 정말 중요했다. 먼 훗날 안동 김씨 세력가의 첩으로 뇌물을 받고 벼슬청탁을 들어줬다 해서 비난을 받았던 나합부인 양씨는 흥선대원군에게 심문을 받으며 이런 말을 했다. 자신은 양씨라 안동 김씨 집의 제사에도 참여하지 못하는데 무슨 뇌물을 받았겠느냐는 것이다. 세도정치에 빌붙어 뇌물을 받아먹었던 악독한 여인이라는 인상의 그녀이지만, 남편의 집안일에도 참여하지 못하고, 앞으로도 영원히 함께 할 수 없는 첩의 신세에 한을 품고 있었던 건 아닐까.

안변 소실의 소원도 이와 비슷하지 않을까. 정식 처가 되어 남편의 집안 제사에 함께 하는 것, 보잘 것 없는 시골 양민의 딸이었던 자신을 위해 어엿한 양반인 큰아들이 3년 동안 상복을 입는 것은 엄청난 희열이었으리라.

결국 안변 소실의 죽음은 자식의 장래를 위한 희생으로 곱게 포장되었지만, 사실은 목숨을 담보로 자신과 아들들의 신분을 위조한 것이다. 그저 사람이 착해서, 혹은 사랑해서가 아니라 그녀의 일생과 평생을 건 프로젝트였다. 이렇게 생각할 수 있는 것도 필자가 현대의 사람이니까 가능한 것이겠지만.

그렇다곤 해도 이 설화가 진실이라는 증거는 없다.

지금도 양사언 형제의 공식적인 신분은 엄연한 적자이다. 그게 어쩌면 당연하기도 하다. 설령 그들이 정말 서얼이었다고 해도, 이것을 인정하지는 않았을 것이다. 당시에는 신분질서를 어지럽히는 것이 끔찍한 범죄이자 인생의 오점이었다. 아니, 지금도 다를 바 없는 것 같다. 자신의 조상 중에 서출의 피가 섞였다는 걸 자랑스럽게 말하는 사람은 아직까지 만나지 못했으니까.

하지만 양사언이 서얼이었다는 설화는 아주 널리 퍼져 있었다. 이익은 저서 《성호사설》에서 양사언의 신분이 미천했다는 소문이 있지만 현명한 사람들이 그의 재주를 칭찬했다는 기록을 남겼다. 그리고 박지원의 《연암집》에 실려 있는 서얼 허통을 주장하는 상소는 당연하다는 듯이 양사언을 서얼이라고 언급했다. 이러니 아니 땐 굴뚝에 연기 나겠냐는 말이 나올 것도 같지만, 앞서 살펴본 대로 야담의 내용은 얼기설기 뒤죽박죽이다. 《계서야담》이라던가 《청구야담》, 《해동야서》 같은 야담집에서 세부 내용이 조금씩 다른 설화들이 전해지고 있으니, 어느 이야기도 신빙성이 없다.

그러니까 사람은 사람으로 야담은 야담대로 따로 받아들이자. 양사언이 정말 서얼이든 아니든 실망할 필요는 없다.

다만 그의 야담은 조선 시대 당시 서얼들이 어떤 상황에 있었고, 신분의 굴레가 얼마나 끔찍하게 그들을 괴롭혔는지를 충분히 알려 준다. 하나뿐인 목숨을 끊어서 신분을 바꿀 정도로. 결국 자식들이 양반으로 신분을 위조했고 과거에도 급제한 해피엔딩으로 끝났으니까.

그러나 진정으로는 끝난 게 아니다. 어머니를 잃은 자식들은 어머니를 죽게 만든 적서차별이 여전히 남아 있는 세상에서 살아가야 했고, 죽는 날까지 위조된 신분이 들통 날까 두려워하면서 하루하루 보내어야 했으며, 어쩌면 그 자신도 자신이 낳은 서자 아들들을 보며 고통을 겪어야 했을 것이다. 그들은 운 좋게 피할 수 있었지만, 그 모든 비극을 만들어낸 근원은 고스란히 남았다. 아직 구원받지 못한 이들을 위해, 또 다른 어머니가 목숨을 끊어야 할까? 이래서야 끝이 없다.

이제 신분제도가 없어진 것이 얼마나 다행한 일인가. 덕분에 수많은 안변 소실들이 목숨 끊어가며 자식들과 생이별하지 않아도 되고, 그보다 더 많은 서자들이 울분을 품지 않아도 되니 말이다.

# 鄭蘭貞

?~1565. 서얼녀로 태어났으나 윤원형의 첩이 되었고, 이어 정경부인의 칭호를 받았다. 그러나 문정왕후 사후 탄핵을 받아 자결했다.

# 정난정

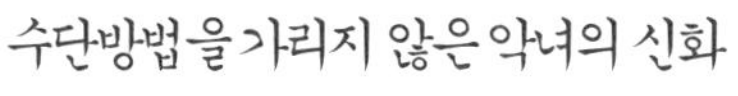


일전에 누군가가 물어온 적이 있다. 서얼 출신 남자들이 관직에 오르려고 애쓰거나 상소를 올렸다면 여자는 무얼 했냐고. 서얼로 태어난 남자들이 각종 제한을 받았던 것처럼, 딸들도 당연히 신분제도의 굴레에서 벗어날 수 없었다. 하지만 신분은 낮아도 자식은 자식인지라 서얼의 자식들끼리 혼인해서 집안 간의 다리가 되었으며, 특히 서얼녀들은 다른 양반의 첩으로 들어가곤 했다.

그중 정난정은 서얼녀 중에서는 거의 유일하게 세상에 자신의 자취를 남긴 인물이었다. 조선 후기에 악녀 장희빈이 있다면, 중기에는 정난정이 있다. 그녀는 악녀다. 여기엔 이론의 여지가 없다. 하지만 살아 있는 그녀를 만나 어째서 그런 악행을 저질렀느냐고 물어본다면? 아마도 정난정은 눈 하나 깜짝하지 않고 말하는 사람을 몰아세울 것이다. 네가 뭘 아느냐고, 내 입장에 있어 봤느냐고, 내가 이 지경까지 오느라 얼마나 고생했는지 아느냐고. 이런 식으로 물어본 사람의 말문이 막힐 만큼 따발총처럼 쏟아지는 말발로 밀어붙이리라.

정난정은 그런 여자였다. 자신이 원하는 바를 이루기 위해 어떤 수단이건 활용했다. 때로 그것이 세상 모두의 지탄을 받는 일이라 할지라도. 그리하여 첩의 신분에서 정실부인으로까지 올라갔고, 자신의 자식들에게도 적자의 지위를 내려줬다. (단 12년 동안 유지되었을 뿐이지만) 이런 예는 조선왕조에서는 이전에도 이후에도 없었던 일이다.

더군다나 몰락한 이후에도 자신이 저지른 악행에게 손톱만큼도 참회하는 제스처를 보이지 않으며, 아무도 자신에게 죄를 줄 수 없도록 독약을 삼켜 스스로 목숨을 끊었다. 이쯤 되면 완전한 악녀라고 해도 과언이 아니다.

어쩌다 이런 사람이 태어났을까? 여기서 정난정이 저지른 악행을 변명해 줄 생각은 없다. 어떻게 옹호할 수 있는 수준을 넘어섰으니까. 하지만 어쩌다 사람이 그 지경까지 가게 되었는지를 살펴보는 것은 어떤가. 또 악녀의 신화도 잘 뜯어 보면 참인 것과 부풀려진 것이 있으니까.

## 정난정의 어린 시절

정난정의 어린 시절은 그다지 알려져 있지 않다. 다만 그녀의 아버지는 무관으로 부총관까지 오른 정윤겸鄭允謙으로, 회령이나 전라도, 웅천이나 삼척 등등 전국을 돌아다녔던 인물이었다(몇 년 전에 유행한 사극 덕분에 그녀의 아버지가 실은 왕족이라는 잘못된 상식이 널리 퍼져 있지만, 해당 인물은 정난정이 태어나기도 전에 죽은 사람이다). 어머니는 관기였다고도 하고 관노였다고도 하는데, 정난정의 악녀 이미지 때문인지 관기일 가능성에 더욱 마음을 두게 된다. 실제로도 《조선왕조실록》의 기록에서는 정난정을 '총애받는 창녀愛娼' 라고 기록, 아니 비하하고 있다.

이런저런 기록을 조합해 보면 정난정의 어머니는 정식으로 첩이 된 모양이다. 선조 시대 정난정의 서조카인 정종영鄭宗榮의 졸기에는 윤원형이 그를 미워해서 죽이려고 하자, 정난정의 어머니가 '종손을 해치면 내가 죽겠다' 라고 막아서 무사했다는 말이 있다. 첩이 정종영을 종손이라고 일컬은 것은 곧 그 집안에 소속되었다는 말이니까. 한편 정난정의 자매(언니인지 동생인지 알 수 없으나)도 호조판서를 지낸 신거관愼居寬의 첩이었다.

정난정이 인생의 전기를 맞이한 계기는 파평 윤씨 윤원형의 첩으로 들어가면서부터였다. 그게 언제였는지는 분명하지 않지만, 윤원형의 누이인 문정왕후가 왕비의 자리에 오른 것은 중종 12년(1517)이었으며, 정난정의 아버지는 중종 31년(1536)에 세상을 떠났으니 그 중간쯤이 아닐까.

하지만 윤원형에게는 이미 정처 김씨가 있었으니, 정난정은 어디까지나 세컨드였다. 더욱이 파평 윤씨 족보에 따르면 김씨는 이미 아들마저 낳았으니 얼첩孼妾인 정난정이 끼어들 틈이라곤 전혀 없었다. 어머니가 그러했듯이 첩의 삶을 살게 된 것인데, 이것이 벗어날 수 없는 팔자라고 미리 포기했다면 그녀의 이름이 역사에 기록될 일은 없었을 것이다.

정난정은 아주 강한 성격이었다. 비록 그녀 스스로가 목소리를 남긴 적은 없지만, 한평생 사람들의 손가락질에 아랑곳하지 않고 사회의 장벽을 뚫고 나가는 여인이었다는 것은 금방 알 수 있다. 그런 그녀가 막내둥이이자 제멋대로였던 윤원형과 만나 사랑에 빠졌고, 찰떡궁합의 바퀴벌레 한 쌍이 되었다. 훗날 사람들은 윤원형의 눈이 삐었다며 지극하게 성토해댔지만, 원래 사랑이란 그런 것이다. 역사상 재미있는 커플 중에 '대박'을 들자면 드센 여자와 소심남의 조합이다. 성격이 반대인 사람들끼리 서로 죽고 못 사는 사랑을 했고 그 민폐는 역사에 기록되었으니 측천무후와 고종이 그랬고, 기황후와 순제가 그랬다.

하지만 이 두 사람보다 더 중요한 인물이 있었으니, 바로 정난정의 시누이이자 윤원형의 누나였던 문정왕후 윤씨다. 사실상 문정왕후가 없고서야 윤원형이 있지 않았고, 또 그런 윤원형이 없었더라면 정난정은 있지 않았을 것이다. 즉 그녀가 없었더라면 이 모든 연쇄는 시작하지 않았을 수도 있다. 마치 톱니바퀴 하나하나가 딱딱 맞아들어 '대체로 막장'인 명종의 시기가 탄생한 것이다.

문정왕후 윤씨는 정난정만큼이나 역사적인 인식이 그다지 좋지 않은 사람이다. 악독한 계모라서 전처의 아이였던 인종이 즉위하자 아들 경원대군을 데리고 자기 모자는 언제 죽일 거냐고 노골적으로 물어 인종의 가슴에 대못, 아니 대륙간 탄도 미사일을 박아 넣었다던가. 그 스트레스 덕분인지 인종은 즉위한 지 채 1년을 버티지 못하고 세상을 떠났다. 이후로 어린 아들을 대신해 수렴청정을 하고 나라를 자기 마음대로 주물럭대다 보니, 당대 조선에서는 여자 임금女主이라는 뒷

말까지 나돌았다.

더군다나 워낙 극성인 치맛바람 덕에 명종은 내내 기를 못 펴고 살았다. 아들이 조금이라도 반항하려 하면 지금 네 자리가 누구 덕분이냐고 힐문하고, 여기에 더해 종아리를 치거나 뺨을 때리는 체벌마저 강행했다던가. 덕분에 명종은 극도의 여성혐오증에 걸렸는지, 자식으로는 외아들뿐이었고(그나마 요절했다) 내시 한 명과 함께 노닐며 울분을 풀어야 했다.

여기에다 문정왕후는 조선왕조의 가장 큰 금기였던 불교 진흥정책을 펼쳐 선비들의 공분을 불렀으며, 동시에 조선 불교사에는 훌륭한 떡밥을 마련해 주었다. 좋은 쪽으로든 나쁜 쪽으로든 굉장한 여인이었다는 것만큼은 이론의 여지가 없다.

그런데 재미있는 것은 문정왕후와 정난정이 역사는 물론 현실에서 보기 드문 사이좋은 시누이와 올케였다는 것이다. 신기하지만 뒷 사정을 따져 보면 그녀들이 친구, 혹은 정치적 동반자가 되었던 것도 나름 당연하게 여겨진다.

정난정이 세컨드였다면, 문정왕후는 서드였다. 중종의 세 번째 부인. 원래대로라면 그저 구색 맞추기 왕후로 머물러야 했던 것이 그녀의 팔자였다.

## 가장 큰 후원자, 문정왕후

중종에게는 세 명의 왕비가 있었다. 조강지처였지만 중종반정 이후 쫓겨난 단경왕후 신씨가 있고, 두 번째로 왕비가 된 것은 인종을 낳은

지 엿새 만에 세상을 떠난 장경왕후 윤씨다. 마지막이 문정왕후로, 중종 12년(1517)에 17세의 나이로 세 번째 왕비가 되었다.

왕조 시대의 왕과 왕비는 가족이기 이전에 나라를 상징하는 한 쌍이었다. 임금이 양이면 왕비는 음이고, 조정(외명부)을 다스리는 게 임금이라면 내명부를 다스리는 게 왕비다. 그러니 조화를 위해 왕비의 자리는 공석이 되어서는 안 되었다. 결국 문정왕후는 비어 있는 국모의 자리를 채워 넣기 위한 장식에 불과했다.

후처로 들어간 왕비들은 대체로 불행했다. 인조에게는 계비 장렬왕후가 있었다. 자의대비라는 이름으로 더 잘 알려진 그녀는 슬하에 자식도 없고 권력도 없이 목소리 한 번 내지 못하고 살았건만, 예송논쟁이라는 '골 때리는' 사태를 두 번이나 일으켰다.

선조에게는 인목왕후, 보통 인목대비로 잘 알려진 계비가 있다. 그녀의 삶이 얼마나 기구했는지는 설명을 생략하겠다. 또 영조에게는 정순왕후가 있었다. 흔히 정조의 정적으로 악의 화신처럼 묘사되는 그녀이지만, 15세의 나이로 66세의 영조에게 시집가서 17년 뒤 과부가 되고, 남은 평생 기댈 곳 없이 살았다.

앞에서 예로 든 왕비들은 대부분 그리 좋은 성격이 아니었지만, 만약 평범하게 그녀들 나이 또래의 남편을 맞고, 아이를 가지고, 자유롭게 살았다면 그래도 그러했을까?

문정왕후는 달리기를 시작하기 전부터 1등을 할 수 없도록 정해진 처지였다. 남편 중종의 사랑에 대해서라면 단경왕후 신씨와 치마바위의 전설이 있다. 쫓겨난 단경왕후가 인왕산 바위에 자기 치마를 둘러 중종에게 보게 했다던 야담은 유명하다. 하지만 중종이 정말 첫 번째 부인을 사랑했는지는 알 수 없다. 실록에서는 참으로 가차없이 폐위시키니까. 또 단경왕후야 수절하며 헤어진 지아비를 평생 그리워할 수밖에 없었지만, 중종은 그럴 필요가 없었다. 새장가를 들어 번듯한 후계자(인종)도 보았으며, 여러 후궁들도 있었다. 장경왕후의 사망은 신씨를 복위시킬 기회였음에도 새로운 왕비 문정왕후를 들였다. 이러니 치마바위의 전설은 버림받은 여인 혼자만의 슬픈 이야기일 공산이 크다.

자, 이쯤에서 중종이 참 나쁜 사람이라는 말이 나올 법한데, 솔직히 그런 말을 들어도 싸다. 중종은 그를 믿은 사람의 뒤통수를 치는 데 전문이었고, 대표적인 피해 사례가 조광조였다. 그러니 아내라고 버리지 못하겠는가. 씁쓸해지지만 워낙 현실은 시궁창인 법. 하지만 사람들은 로맨스를 좋아하니까 중종이 신씨를 그리워한다는 헛소문은 꽤나 널리 퍼진 것 같다.

두 번째 부인인 장경왕후는 적장자인 인종을 남겼다. 그 외에도 후궁에게서 얻은 아들만 7명이었다. 이래서야 문정왕후가 비집고 들어갈 틈이 없다. 자신보다 나이도 많고 자식도 많은 후궁들 사이에서 어린 왕비는 숨죽이고 살면서 나이를 먹어갔다. 그러다가 1534년 중종의 (적서 합쳐서) 막내아들로 경원대군(훗날의 명종)이 태어난다. 이는 기쁨 이상으로 공포의 시작이었다.

문정왕후와 인종과의 사이가 처음부터 나쁘지는 않았던 것 같다. 중종 때는 '중전이 세자를 친아들처럼 아낀다'라는 말이 나올 정도였다. 정말 그랬을 수도 있다. 후궁들 틈에 낀 어린 중전이 자신의 입지를 세울 수 있는 일이란 원자를 키우는 일뿐이었으니까. 하지만 그녀가 아들을 낳자 이제까지 단 하나뿐이던 적자가 둘이 되었다.

왕의 형제는 가까운 가족인 동시에 왕위 계승의 라이벌이었다. 이미 중종 자신이 형 연산군을 밀어내고 왕이 된 경우가 아니었던가. 만약 인종이 부처님 가운데 토막이라서 동생을 살리려고 애쓴다고 해도, 그것이 안 되는 때가 온다. 처음부터 이방원이 동생 방석을 죽이려 했던 것은 아니고, 또 광해군 역시 영창대군을 죽이고 싶었겠는가. 다만 살다 보니 그리된 것이다. 문정왕후가 인종에게 "우리 모자를 언제 죽일 것이냐"라고 물었던 것은 지독한 일이지만, 문정왕후의 입장에서는 단순히 '전처 자식 괴롭히기'가 아닌 눈앞에 닥친 끔찍한 현실일 수도 있다. 이름뿐인 왕비로 수십 년을 산 그녀로서는 정치가 얼마나 비정한지를 충분히 피부로 느꼈을 것이다.

이런 문정왕후의 처지는 정난정과 어딘지 닮았다. 정난정은 천민의 몸에서 태어난 얼첩孼妾이었고, 본처 김씨와 윤원형의 사이에는 아들이 넷이나 있었다. 이러니저러니 해도 자기가 끼어들 구석이라고는 없는 상황이었다. 문정왕후와 정난정은 서로의 처지를 동감하고 친해졌으리라.

여기에 한 가지 양념이 더 있으니 바로 본처인 김씨 흉을 보는 것이다. 세컨드였던 정난정이 김씨를 미워하는 거야 당연하고, 시누이 문정왕후로서는 올케 김씨가 예뻐 보일 리 없다. 그럼 왜 작은 올케(정난정)와는 사이가 좋았느냐는 의문이 생길 법도 하지만, 여기엔 그럴싸한 추정이 있다.

쫓겨난 김씨의 자세한 내력은 전하지 않는다. 아버지인 김안수金安遂는 고작 현감벼슬을 했을 뿐이다. 문제가 있었다면 연안 김씨였다는 것이다. 중종 시절, 김안로라는 연안 김씨의 권신이 있었다. 세자를 저주했다며 경빈 박씨와 복성군을 죽게 했고, 무자비한 공포정치를 벌인 인물이다. 여기서 그 이야기를 다 했다간 삼천포가 아닌 에티오피아까지 갈 테니 과감하게 생략하고, 아무튼 김안로와 문정왕후는 정적으로 대립했으니, 중종 32년 윤씨 형제들이 "김안로가 국모를 폐하려 한다!"라고 선제공격을 날려 조선이 발칵 뒤집어졌다. 중종은 윤씨 형제들을 귀양 보냈지만, 이를 기회로 미운털이던 김안로 일파를 신속하게 제거했다.

결말이야 어쨌든, 당시 문정왕후나 윤씨 형제들은 김안로에게 폐비 및 숙청의 위협을 느낄 만큼 극하게 대립하고 있었다는 것은 사실이다. 이쯤이면 대충 짐작이 갈 텐데, 김안수는 김안로의 사촌형으로, 김씨는 김안로의 5촌 조카가 된다.

그냥 이유 없이도 미워지는 시누이인데, 정적의 친척이라면 통상 3배쯤 얄미울 것이다. 곰 같은 큰 올케보다는 여우같이 곱살한 작은 올케가 예쁜 법. 결국 정난정은 정실의 자리에 올라 정경부인으로 봉해진다. 그리고 김씨는 정처의 자리에서 쫓겨나 비참하게 죽는다(독살의 소문이 있긴 하지만 이건 나중에 이야기하자). 이것은 아무리 윤원형이 정난정을 사랑한다고 해도 쉽게 해결할 수 있는 문제가 아니었다. 명종이 즉위한 이래, 윤원형의 서자 자식들의 신분 제한을 철폐해 주고, 본처 김씨를 쫓아내고, 정난정을 본처 지위에 올린 후 정경부인 자리에 봉하는 일련의 조치들은 결국 실질적인 집권자인 문정왕후의 입김이 통한 바였다.

이런 뒷사정이 있다 한들, 쫓겨나 죽은 김씨의 처지는 참으로 불쌍하다. 결국 윤원형과 정난정은 물론이거니와, 문정왕후는 매일 저녁

주부들이 주먹 쥐게 만드는 막장 드라마의 악역들이었다. 결국 그들은 권선징악의 결말을 맞게 된다. 진짜 드라마처럼.

그렇지만 정난정의 이야기를 계속하자니 알려진 바가 너무 없다. 상상한 대로 마구 메우자니 이건 소설이 아니다. 그러니 대신 문정왕후의 이야기를 할 수밖에. 그녀가 다스린 조선은 분명 특별한 시기였고, 그러했기에 정난정이 존재할 수 있었으니까.

문정왕후는 그저 운 좋게 굴러들어온 권력을 잡은 것은 아니다. 치열한 싸움을 겪고 가장 마지막까지 살아남아 승리한 결과였다. 중종의 마지막 시기는 왕비들의 친척들끼리 치열하게 싸움을 벌였다. 두 번째 왕비의 친정오빠인 윤임과 세 번째 왕비의 친정가족인 윤원로와 윤원형. 본래 이들은 같은 파평 윤씨 집안이었지만, 권력 앞에서는 친부모형제도 철천지원수가 되는 법이다. 그래서 윤임을 일러 대윤이라고 했고, 윤원형 일파를 소윤이라고 했다.

갈등의 이유는 간단했다. 다음 왕으로 지지한 인물이 서로 다른 것이다. 윤임은 세자(훗날의 인종)를 조선의 다음 왕으로 밀었고, 경원대군의 외삼촌들은 경원대군을 지지했다. 이로써 벌어진 다툼은 아주 추잡했다.

가장 먼저 뜬소문이 돌았다. 모든 동화책에 나오는 계모들이 그러하듯 문정왕후가 세자를 구박한다는 것이다(훗날 문정왕후는 이 소문이 윤임이 퍼뜨린 것이라고 주장했다).

하지만 문정왕후와 세자의 관계는 그저 계모의 구박이라는 귀여운 말로 표현할 수 있는 정도가 아니었다. 단순한 집안싸움의 차원이 아닌, 당시 조선 조정을 둘로 가르고 있는 파벌의 대리전이자 다음 왕의 결정전이기도 했으니 말이다.

중종도 그 대립의 위험함을 인지한 듯, 말년에는 윤임과 윤원로가 나란히 처벌을 받기도 했다. 허나 대립은 심해지면 심해졌지 잦아들지 않았다. 중종 38년(1543)에는 인종이 머물던 세자궁에서 불이 났다. 야사에 따르면 이 불은 문정왕후가 낸 것이라던가. 세자 인종은 어머니께 효도하겠다며(이 무슨 궤변인가) 피하지 않고 스스로 불에 타 죽으려다가, 자신을 애타게 부르는 아버지 중종의 목소리를 듣고 뛰쳐나왔다 한다.

그렇다고 어머니의 '실드'가 있는 경원대군의 팔자가 좋았냐고 하면, 그건 또 아니다. 어릴 때부터 경호원들과 함께 지냈어야 했고 암살자가 습격해 올까 하는 우려 때문에 한밤중에 잠자리를 허다하게 바꿔야 했다. 잠 한숨 마음대로 못 자는 피가 마르는 생활이다.

이건 그저 한두 사람의 욕심 때문이 아니다. 왕의 아들들, 즉 형과 동생은 서로가 서로에게 치명적인 위협이었기 때문이다. 중종이 어린 경원대군을 무릎 위에 앉혀 놓고 "네가 만약 공주로 태어났더라면 좋았을 걸" 하고 한탄했다던가. 정말 그랬을지도 모른다.

사실 이쯤 되면 인종과 명종의 의사와는 아무 상관없었다. 인종이 아무리 동생을 사랑한다고 해도, 또 경원대군이 형을 사랑한다고 해도 그들은 각자의 세력을 대표하는 상징이자 적이었으니까.

그러다 중종이 세상을 떠나고, 인종이 즉위하면서 윤씨들 간의 싸움은 대윤의 승리로 여겨졌으나……. 인종이 채 1년도 되지 않아 세상을 떠난다.

인종의 갑작스러운 죽음을 놓고 문정왕후에게 독살당했다는 설이 있지만, 인종 승하를 앞뒤로 한 기록을 읽다 보면 자연사 쪽에 무게를 두게 된다. 인종은 아버지 중종이 병에 들었을 때부터 밤잠을 잊고 간호했고, 슬픔으로 묽은 죽만 먹고 간장과 소금은 입에 대지도 않았다. 필사적으로 다이어트를 하는 사람도 이렇게까지 하지는 않을 것이다. 건강이 망가지는 것은 당연한 수순이 아닌가. 신하들이 여윈 왕의 모습에 충격을 받고 밥을 좀 먹으라고 애원했지만, 인종은 알겠다고 말만 했을 뿐 끝내 따르지를 않았다. 마침내 승하하는 순간까지.

아무튼 인종은 유일한 적자이던 동생 경원대군을 후계자로 지목하고 세상을 떠났다.

나름 자연스러운 승계였지만, 후폭풍마저 깔끔했던 것은 아니다. 숨이 넘어가고 있는 인종과 달리, 아직 살아 있는 대윤과 소윤은 치열한 물밑싸움을 벌였다. 속이 시커멓게 타들어간 것은 대윤 쪽이었다. 윤임의 권력욕은 결코 문정왕후 못지않았다. 가까스로 얻은 권력이 경원대군과 소윤의 손으로 넘어가는 꼴을 쉽게 받아들일 사람이 아니었다.

특히 인종이 위태로울 당시, 윤임이 인종 비에게 보낸 편지가 우연히 발견되기도 했다. 이는 소윤의 정치적 조작이라고도 하지만, 대윤으로서는 갖은 수를 쓰지 않으면 안 될 상황이었다. 궁궐에서 우연히 발견된 윤임의 편지가 사실 소윤의 조작이라고 한들, 최소한 경원대군 대신 계림군桂林君, 봉성군鳳城君 등 다른 후계자를 다음 왕으로 하려 했다거나, 수렴청정의 주체를 문정왕후가 아닌 인종의 비로 대신하려고 했던 시도는 분명히 있었던 것 같다.

한편 소윤 쪽에서도 필사적이 될 수밖에 없었다. 만약 인종이 조금 만 더 오래 살았더라면, 그의 의사와 아무 상관없이 문정왕후나 경원대군은 인목대비와 영창대군의 꼴이 되었을지도 모른다. 여기에 지난 동안 싸워온 원한까지 있다.

결국 이것은 먹느냐 먹히느냐의 전쟁이었으니, 가장 추악한 인간상이 드러나는 것도 당연한 노릇. 암살보다도 더한 짓이 벌어졌다고 해도 놀랍지 않다. 문정왕후가 명종을 두고 "너는 내가 아니면 어떻게 이 자리를 소유할 수 있었으랴" 하고 호통을 쳤던 것은 틀린 말이 아니었다. 그렇다고 자랑스러워 할 일도 아니긴 했지만.

다행인지 불행인지는 알 수 없지만, 문정왕후는 아주 뛰어난 정치가였다. 인종의 승하 및 명종의 즉위 즈음하여, 문정왕후가 벌인 일련의 행동들을 보면 혀가 내둘러질 만큼 영악하고, 그 이상으로 사악하다. 인종의 건강이 걱정된다며 두 번이나 궁궐을 나가려는 '쇼'를 벌였으며, 인종이 승하한 직후에는 자신 대신 인종 비에게 수렴청정을 맡기려는 윤임의 계략을 깨뜨리고 정권의 실세를 장악한다.

윤원형은 그런 누나의 심복으로 일을 거들었다. 그가 한 일은 내시를 비롯한 궁궐의 일꾼들을 구워삶는 일이었다. 궁의 사람들에게 이것저것 베풀어 환심을 샀고, 덕분에 왕의 일거수일투족을 환히 알았다고 했다. 그런 정보는 누이 문정왕후에게 유용했을 것이다.

참으로 잔인한 일이거늘, 권력은 그처럼 사람을 미치게 한다. 문정왕후는 확실히 악독한 계모였을지도 모른다. 자기 아들을 지키고, 자기 친정을 지키고, 자신을 위해 인종의 목을 졸라대는. 여기에 당연하게도 경원대군의 의사는 별로, 아니 전혀 상관이 없었다. 당시 고작 열두 살의 아이였으니 세상의 복잡하고도 비정한 섭리를 알기 어려우리라. 하지만 명종이 평생을 앓아온 심화열心火熱의 원인은 여기에서부터 시작했다고 본다.

인종의 갑작스러운 승하로 신하들이 당황하고 있던 와중 기습적으로 수렴청정을 선언한 문정왕후의 작전 덕분에, 마침내 권력은 소윤의 손아귀로 들어가게 된다. 이후 채 몇 년이 지나지 않아 역모를 명분으로 대윤의 씨를 말리고 문정왕후의 권력은 조선 최고가 되었다. 그녀는 자신이 원하는 일이든 무엇이든 이룰 수 있었으니, 첩을 부인으로, 서자를 적자로 만들 수 있었다. 그리고 그 대상은 바로 정난정이었다.

## 서얼녀, 정경부인이 되다

가장 먼저 내려진 '선물'은 정난정이 낳은 서출 자식들을 적자로 올린 것이다. 명종 4년 9월, 이런 전교가 내려졌다.

> 서원군瑞原君 윤원형은 종사에 큰 공로가 있는데도 자신이 스스로 사양해서 1등공에 참여하지 않았다. 근래 윤인서가 말한 것을 보면 나라에 공이 있다는 것을 사람들이 다 모르는 모양이다. 아무리 생각하여도 그 막대한 공에 대하여 다른 갚을 길이 없기에 그의 양첩良妾 자녀를 적嫡으로 만들어 허통하게 하고자 한다.

전교를 내린 주축은 명종이 아닌 문정왕후였을 것이다. 이렇게 문제가 가득한 조치를 내렸음에도 조정은 온통 축하의 물결이었다. 영의정 이기부터 시작해서 우의정 심연원, 예조판서 윤개, 좌찬성 신광한, 밀성군 박한종, 그리고 당사자인 윤원형에 이르기까지 상의 분부가 지당하다고 쌍수를 들어 환영했다. 심지어 그것만으로 부족하다며 좀 더 상을 줘야 한다는 말까지 나왔다. 이미 사전에 합의가 끝난 일을 공식적으로 인증한 것뿐이다. 이날을 기록한 사신은 한두 명의 정직한 사람이 있었겠지만, 화를 입을까 두려워 말하지 못했으리라고 적었다.

여기에서 한 발 더 나아가, 명종 6년 2월 윤원형은 자신의 아내 김씨를 쫓아낼 수 있게 해달라고 임금에게 청했다. 그녀의 악행을 극력 진달해서 이혼을 허락받았다고 한다. 어떤 악행인지는 설명이 없긴 하지만 말이다.

> 윤원형은 폐첩嬖妾에게 현혹되어 적처嫡妻의 자리를 빼앗아 주려고 은밀히 계획하더니 마침내 조강지처를 버렸다. 그것이 차마 할 짓인가?

이것은 실록의 사관이 이 조치를 비난하며 남긴 기록이다. 《명종실록》의 사관들은 틈만 나면 윤원형이 처를 버리고 첩으로 부인을 삼은 것을 구구절절이 욕하고 있다.

명종 20년의 기록은 '윤원형이 첩을 처로 삼고자 은밀히 문정왕후에게 부탁하여 정난정을 부인夫人으로 명했다'라고 적고 있다. 이렇게 김씨는 부인의 자리에서 쫓겨나는데, 그 이후로 오래 살지도 못했다. 가난과 구박 속에서 힘겹게 살다가 갑자기 정난정이 준 음식을 먹고 죽었다. 그녀의 초라한 죽음은 누구의 관심도 끌지 못하고 있었다가, 문정왕후가 죽은 다음에야 새로이 주목을 받게 된다.

아무튼 처를 몰아내고 첩을 부인으로 삼는 일이란 대단히 비상식적이었다. 훗날 숙종이 비슷한 짓을 했다가 나라가 두세 번 뒤집어지는 사달이 벌어지지 않았던가. 하지만 문정왕후의 특혜는 여기에서 그치지 않았다.

명종 8년(1553) 3월, 정난정은 정식으로 직첩에 봉해져서 정경부인이 된다. 이는 윤원형을 1등공신에 봉하는 일과 나란히 벌어졌다. 윤원형이 종사가 위태로울 때 공을 세웠지만 애써 사양해서 2등공신만 줬는데, 이 조치가 잘못되었다는 이유에서였다. 잠깐 오해의 여지가 있을 것 같아 설명을 붙이자면, 여기에서 말한 윤원형의 공은 윤임을 비롯한 대윤을 때려잡을 때 세운 공이다. 그리고 여기에 더해 정난정 역시 본처의 자리를 '공식적으로' 차지하게 된다.

"그 첩의 자식을 이미 벼슬길에 오르도록 윤허하였으나 그 첩에게는 아직까지 직첩職牒을 주지 않았으니 오늘 직첩을 만들어 주도록 하라."

비록 온갖 속임수와 치사한 수법과 피가 묻어 있건만, 서얼녀로 태어났으면서 왕족이 아닌 여인이 오를 수 있는 가장 높은 고지인 정경부인이 된 것은 정말 굉장한 일이다. 좋고 나쁨을 떠나서 말이다. 여기에 토를 달아야 마땅한 사간원은 꿀 먹은 벙어리처럼 있었고, 모든 것은 순조롭게 진행되고 결정되었다.

비록 실록은 이 일의 앞뒤로 별 일이 없었다는 듯이 조용하지만, 이 사건은 많은 사람들에게 엄청난 충격을 주었을 것이다. 앞 장에서 거론한 유자광의 일만 봐도 분명하지 않은가. 얼녀 출신이면서 부인의 자리를 빼앗고 정경부인까지 되었다! '남자' 양반들이 받은 충격도 크겠지만, 본부인의 자리를 지키고 있으나 남편의 첩들 때문에 속을 끓여야 하는 '여자' 양반들은 모골이 송연해지는 공포를 맛보았으리라. 자신의 집에도 첩이 있었고, 그녀들이 정난정이 그랬던 것처럼 본처의 자리를 빼앗으려 들지 모르는 일이니까.

그런 의미에서 정난정은 질서의 파괴자이자 위협자였다. 그런 이질적인 서얼녀 정경부인이 오래 갈 리 없었다. 어디까지나 권력이 유지되는 한, 좀 더 정확히는 문정왕후가 살아 있는 한이었다.

## 빠른 몰락

이후 명종이 장성할 때까지 조선은 문정왕후가 다스렸고, 여기에 윤원형은 권신의 지위를 톡톡히 누리며 영의정의 자리에까지 올랐다.

그동안 윤원형-정난정 부부의 권세는 어마어마했다. 이미 정난정은 어엿한 정경부인이었고, 딸과 아들들은 다른 양반의 적자-적녀들과 결혼시켰다. 여기에 서울에만 저택 10여 채를 짓고 온갖 재산을 채워 넣었으며, 옷과 가마를 호화롭게 꾸미는 것은 당연한 일이었다. 이곳저곳에서 수많은 뇌물을 받고 청탁을 받았다던가. 병이 생겼다는 핑계로 광주廣州의 온천으로 목욕하러 가며 수많은 종들을 이끌고 가서 주변 백성들에게 굉장한 민폐를 끼쳤다던가.

독특한 일이 있다면, 수많은 노비들이 정난정의 집에 찾아와 억울함을 호소했다는 것이다. 노비들이 정난정에게 찾아온 이유는 뻔하다. 그녀는 천민의 딸이었으니까, (그다지 긍정적이지는 않지만) 롤모델이자 낮은 신분의 설움을 겪었으니 자신들의 편에 서 주리라고 기대했으리라. 하지만 양반에게는 당연히 탐탁한 일일 리 없었다.

문제는 또 있었다. 야담집인 《패관잡기》에 따르면, 정난정은 유난히 독실한 불교신자였다고 한다. 두어 섬의 밥을 지어 말 두 필에 싣고 나가 강물에 던져 물고기에게 먹여 복을 빌었다고 한다. 불교도들이 흔히 덕을 쌓기 위해 행하는 보시다. 이것을 1년에 무려 두세 차례나 해서 사람들이 비난해 마지 않았다는 것이다. 백성의 밥을 빼앗아 물고기에게 먹인다고.

훗날 윤원형의 죄목을 보면, 문정왕후가 병에 걸렸을 때 정난정은 궁궐을 마음대로 드나들며 간호를 하고 의사들에게 이러쿵저러쿵 명령하고, 잡스러운 약을 먹이기까지 했다고 한다. 안하무인이었다는 말이다. 하지만 적어도 문정왕후를 간호한 마음만큼은 진심이었으리라.

마침내 정난정의 날이 끝나는 순간이 오고야 말았으니, 명종 20년 4월 6일, 마침내 문정왕후가 승하한 것이다.

실록의 사관은 문정왕후에게 그다지 좋지 않은 평가를 했다. 그녀의 천성을 두고 강한剛狠 또는 엄의嚴毅라는 표현을 쓰고 있고, '윤비尹妃는 사직의 죄인이다'라는 꽤나 강한 비판을 남기고 있다. 그래도 문정왕후는 중종의 왕비였고, 명종의 어머니였다. 어엿한 조선의 왕비로서 다소간의 욕은 먹을지언정 그 지위가 변하거나 없어지진 않는다. 그러나 윤원형과 정난정은 그렇지 않았다.

이제 비로소 조선의 왕은 명종이 되었다. 이미 성년이 되면서 문정왕후는 수렴청정을 거두었지만, 그래도 어머니의 눈치를 보지 않을 수는 없었다. 하지만 이제 그 제한마저도 풀린 것이다. 명종이 이제까지 눈엣가시였던 외삼촌 윤원형의 제거에 착수한 것은 당연한 수순이었다.

문정왕후가 승하하고 나서 넉 달이 지난 8월 14일, 대사헌 이탁과 대사간 박순은 윤원형의 죄악을 26조목으로 정리해 올렸다. 자기 맘대로 횡포를 부린 일, 호화와 사치가 지극했던 일 등등으로 분류된 이 죄목에서 가장 먼저 들어진 것은 역시나 정난정의 일이었다. 가장 첫 번째 죄는 관비의 딸을 올려 부인으로 삼아 기강을 어지럽혔다는 것이다. 그 두 번째는 정난정의 딸을 중종의 손자인 덕홍군의 아들과 결혼시키려 했다는 것이다. 이 혼담은 비록 성사되지는 못했지만, 서녀를 왕족과 정식으로 결혼시키려 했으니 엄청난 사건이었다. 명종이 끝내 자식 없이 세상을 떠나고, 덕홍군의 셋째 아들이 다음의 조선 임금인 선조가 되었다는 역사적인 사실을 생각하면 좀 더 무서워진다. 그들 부부는 훗날 조선의 왕위가 덕홍군의 후손들에게 돌아갈 것을 예상했던 것일까?

윤원형은 물론이거니와 정난정 본인도 자신들의 권력을 좀 더 분명한 것으로 만들려고 했을 것이다. 특히 정난정은 문정왕후나 윤원형이 세상을 떠나면 자신의 직첩 따위는 신기루처럼 사라질 수 있다는 사실을 직감했을 터, 그렇지 않게 하기 위해 자식과 왕족과의 결혼을 추진한 것이리라.

그 외에도 정처 김씨의 재산을 모두 빼앗아 굶어죽게 했다는 것(훗날 정난정에게 독살당한 것이라는 주장이 득세했다), 그리고 죄를 짓고 달아난 노비들이 정난정의 집에 대단히 많이 모여들었다는 것 역시 죄목의 한 자락을 차지하고 있었다.

마침내 명종 20년 8월에는 정난정의 부인첩이 박탈된다. 처음 명종은 "전 영상의 첩에 대한 일은 문정왕후가 부인으로 올리는 것을 허락하였고 지금 벌써 여러 해가 되었으니 자주 고칠 수가 없으므로 윤허하지 않는다"라며 버텼지만, 한 달이나 끈질기게 신하들이 요청하자 마침내 받아들였다.

9월에는 정난정의 가장 큰 죄라고 할 수 있는 본처 김씨의 일이 불거지게 된다. 상소를 올린 것은 김안수의 후처, 즉 김씨의 계모인 강씨姜氏였다. 그에 따르면 윤원형과 정난정이 임금을 속여 김씨를 내쫓고, 김씨의 여자종 구슬이仇瑟伊, 가이加伊 등과 남자종 향년香年, 복년福年 등을 돌려주지 않았고(당시 노비는 곧 재산이었다), 여기에 더해 그 노비들을 시켜 김씨에게 모욕을 주기까지 했다는 것이다.

재산을 빼앗긴 김씨는 극도의 가난에 시달리게 되었고, 굶주리다 못해 정난정에게 먹을 것을 구했다고 한다. 자신을 쫓아낸 사람에게 손을 벌려야 할 정도로 극한 지경에 이르렀다는 말이다. 그런데 정난정이 음식 속에 독약을 집어넣었기에, 김씨가 먹자마자 죽었다. 그래서 온 집안이 원통해했지만 윤원형의 위세가 두려워서 이제야 상소를 올렸다는 것이다.

이 사실이 알려진 당일, 사간원은 자신들이 윤원형의 죄를 고했을 때, 김씨가 굶어 죽은 줄만 알았다며 제대로 알지 못한 잘못이 있으니 체직해달라고 요청하기까지 했다. 사실 굶어 죽은 것도 충분한 가혹한 일이건만……. 어쨌든 이로써 정난정을 체포하여 심문하라는 목소리에는 한층 더 힘이 더해졌다.

하지만 명종은 어물쩍거렸다. 윤원형에게서 권력을 빼앗는 것까지는 그 역시 바라던 바였을 터. 하지만 외삼촌은 물론, 어머니의 여인이었던 정난정을 처벌하기는 부담스러웠으리라.

> 근년에 인심이 완악하고 거짓스럽다. 구슬이 등이 비록 정난정에게 핑계를 대고 있으나, 정난정이 어찌 직접 김씨를 죽였겠으며 또 어찌 아랫것들을 교사하기까지 하였겠는가.

하지만 구슬이를 비롯한 윤씨 집안의 종들은 모두 끌려와 심문을 받았다. 이들은 정난정이 김씨를 독살하고 자신들이 이를 도왔다는 사실을 고백했다.

헌데 그로부터 한 달 즈음이 지난 10월 22일, 심문을 받았던 사람 중에서 살아남은 것은 단 하나 주거리注巨里라는 사람뿐이었다. 이상한 일이다. 조선 시대를 비롯한 옛날의 심문은 곧 고문이었고, 사건의 수사는 내막을 파헤치기보다는 죄를 인정하게 하기 위해 벌어졌다. 냉큼 정난정의 죄를 인정하면 더 이상 고문을 받을 필요도 없거늘, 어째서 종들은 한 명만 빼놓고 모두 죽었을까. 결국 종들은 정난정의 죄를 입증하는 용도로만 필요했던 것이다. 사실 이는 심문을 담당했던 위관 이명이 가장 잘 알았을 것이다. 그는 정난정이 김씨를 독살한 일을 여종들이 고백했으니 정난정을 잡아들여 옥사를 끝내라고 주장했다.

아무리 그래도 심문을 받은 사람이 모조리 죽은 결과는 충격적이다. 명종이 이렇게 말을 내린 것도 이해가 간다.

> 이 옥사의 내용을 보니 원한에서 나온 것 같다. 여종들이 이제 다 죽었으니 여기에서 그쳐야 한다. 정난정을 잡아다 추고할 필요가 없다.

하지만 김씨를 독살한 정난정을 잡아다 문초하라는 목소리가 근 한 달이 넘게 계속되었다. 증거가 분명하니 정범을 잡아 심문해야 한다는 것이다. 비록 몸종들이 모두 죽었지만 자백은 처음 일반 심문을 할 때 모두 끝난 것이지 고문 때문에 억지로 실토한 게 아니라는 말도 나왔다(정말 그랬다면 그녀들은 왜 다 죽었을까).

윤원형의 몰락은 그보다 먼저 있었다. 이미 8월 21일 윤원형은 파직되었고, 엿새 뒤에는 방귀전리放歸田里되었다. 정난정도 함께 시골로 내려갔다. 이제 정경부인의 직첩은 박탈되었으니 다시금 첩의 신분으로 돌아간 것이다.

관직을 삭탈당한 윤원형은 지금의 황해도黃海道 금천군인 강음江陰의 시골집으로 옮겨갔다. 하지만 단번에 옮겨간 것은 아니고, 며칠이고 교외에서 미적거렸다. 아무렴 외조카인 명종이 자신을 도와주리라는 기대를 실낱같이 하고 있었던 게 아닐까. 하지만 비난여론이 들끓어 오르고 명종이 외면하자 시골로 내려갈 수밖에 없었다.

그로부터 몇 달이 지난 11월 13일, 정난정은 자살했다. 조정에서는 정난정을 처벌하라는 목소리가 나날이 높아졌고, 이미 모든 직첩과 재산을 잃었다. 이리되자 정난정은 항상 독약을 가지고 다녔다고 한다.

"사세가 여기에 이르렀으니 반드시 나를 잡으러 올 것이다. 그러면 나는 약을 먹고 죽겠다."

이때 마침 평안도를 거쳐 가던 금부도사가 있었는데, 종이 이것을 보고 윤원형에게 오는 것으로 착각하고 알렸다던가. 그렇다면 최소한 정난정을 끌고 가겠다는 말이고, 아니면 사약을 내린다는 징조일 수 있었다. 마지막 순간이 왔다고 생각한 윤원형은 소리 내어 울며 어쩔 줄 몰라 하는데, 정난정은 거침없이 독약을 삼켰다.

"남에게 벌을 받느니 스스로 죽는 게 낫다."

이 이야기를 보면 정난정은 솥뚜껑 보고 놀라 지레 자결한 것이니 그녀가 우스꽝스럽게 느껴질 수도 있다. 하지만 일찍 죽건 늦게 죽건 언제 죽느냐의 문제일 뿐이다. 그녀로서는 더 살아야 몰락만이 남아 있을 뿐 더 이상 기사회생할 방도는 없다. 결국 김씨의 독살범으로 끌려가 국문을 받고 마침내 죽임당하리라. 정난정은 그리 되느니 차라리 자살하는 게 낫다고 결정을 내린 것이리라.

그로부터 고작 5일이 지난 다음 윤원형도 세상을 떠난다. 정난정이 죽은 뒤 슬픔에 겨워 그 뒤를 따라가듯이 세상을 떠난 것인가. 어떤 의미에서 두 사람은 진정한 바퀴벌레 한 쌍이요, 완벽한 부부였다. 문정왕후가 승하하고 나서 채 1년도 지나지 않아 윤원형과 정난정의 모든 권세는 사라졌다.

지금 경기도 파주시에는 윤원형과 정난정의 묘가 있다. 비록 처형당하지는 않았지만 명예롭게 세상을 떠난 것은 아니기에 무덤은 초라하기 짝이 없다. 간신히 문인석 몇 개가 놓여 있긴 하지만 말이다. 정난정의 무덤은 윤원형의 뒤쪽에 마련되어 있는데, 남편의 것보다 훨씬 작고 허랑하다. 그녀의 묘비에는 '초계정씨난정지묘草溪鄭氏蘭貞之墓' 라고 간단한 글이 적혀 있을 뿐.

여기에는 지독한 아이러니가 있으니, 1997년에 파평 윤씨 종중이 세운 윤원형의 비석에는 김씨가 부인으로 기재되어 있되 정난정의 이름은 없다는 것이다. 그렇게 살아 있는 동안 신분의 굴레를 벗고 정식 부인이 되고 싶어 발버둥쳤건만, 결국 그렇게 끝났다.

## 불여우 정난정

정난정을 이야기하기 어려운 가장 큰 이유는 기록이 없기 때문이다. 그녀의 행적, 심지어 악행이 드러나는 것은 문정왕후가 죽거나 윤원형이 몰락하면서 언급된 게 전부이고, 하물며 야사에서조차도 별로 드러나질 않는다.

분명 역사를 쓰면서, 증거가 없는데도 주장하는 것은 위험하고도 어쩌면 잘못이겠지만, 이것이 전혀 역사적이지 않다는 전제하에 마음껏 상상해 보자. 정난정은 과연 어떤 여자였을까? 그리고 본처였던 김씨는? 보통 가엾이 죽은 전처는 굉장히 좋게 평가되고, 후처나 첩은 악독하다고 말해지기 마련인데, 한번 이 편견을 벗고 객관적인 사항들을 나열해 보자.

처음부터 윤원형과 김씨의 사이는 그리 나쁘지 않았을 수도 있다. 그렇다고 해서 좋지도 않았을 것이다. 윤원형은 중종의 세 번째 왕비인 문정왕후의 동생이고, 김씨는 중종의 사돈이자 권신이었던 김안로의 5촌 조카다. 의심의 여지없는 집안 간의 정략결혼이다. 조선 시대의 결혼은 연애보다는 부모의 결정과 집안의 이해당락에 따라 이루어졌다. 훗날의 여행가 이사벨라 버드 비숍은 "조선 남자들은 처와 결혼하고 첩과 사랑을 한다"라고 했으니까.

그런데 윤원형과 결혼할 당시에는 갓 중전이 된 문정왕후의 윤씨 가문보다 오랫동안 권신이던 김씨 가문의 세력이 기세등등했다. 김씨는 귀한 집 규수였으니 자존심도 강하고, 어쩌면 그것이 주변 사람들을 깔보는 것으로 받아들여질 수도 있다. 이래저리 껄끄러울 수밖에.

여기에 비하면 정난정은 어떠했을까. 한때 기생이었던 첩의 소생이라는 점도 있고, 처가 역시 내세울 건 전혀 없다. 아무것도 가지지 않았으니 그녀 자신이 가진 것을 전부 내어줄 수밖에 없는 여우였을 것이다.

상상해 보자. 정난정은 애교 많고, 싹싹하고, 남 잘 챙겨 주고, 얼굴도 꽤나 반반하지 않았을까. 요즘도 이런 여성이 있다. 학교나 사회에서 가끔 보이는, 예쁘게 굴고 예쁜 목소리 내고 눈치가 빨라 사람들 가려운 데 삭삭 긁어 주는 사랑받는 여우 말이다. 윤원형은 자존심 강하고 완고한 본처 김씨보다 애교 넘치는 첩 정난정에게 마음이 기울게 될 테니, 남은 건 문정왕후다. 불편한 김씨와 달리 정난정은 살갑고 비위도 잘 맞춘다. 특별한 재능이나 정치 능력이 있든지 없든지 일단 '김씨보다는' 편한 것이다.

확실히 이 관계를 단순히 시누이-올케 간의 갈등으로만 볼 게 아닌 게, 처와 첩이 있는 이상 시누이-올케 사이라고 해서 다 싫은 것만이 아니고, '케이스 바이 케이스'이다. 두 여자는 공동의 적 김씨를 상대로 연합하고, 김씨를 비난하며 한통속이 될 수 있다.

여기에 더해 실제적인 공도 있을 것이다. 앞서 윤원형은 궁궐의 내시나 하인들에게 후하게 인심을 베풀었고, 그들을 통해 궁 안의 사정을 속속들이 알았다고 했다. 그걸 담당한 게 바로 정난정이 아니었겠는가. 그렇게 되면 문정왕후가 그녀에게 포상을 내린 것도 당연한 일이다. 대윤과의 정쟁에서 승리하는 데 크나큰 기여를 했으니까. 뿐만 아니라 김씨의 몸종들마저도 정난정의 편이 되었다. 정난정이 권력을 잡았으니 사람들이 이쪽으로 돌아서는 게 세상의 생리라고 해도, 그녀가 몰락한 이후로도 몸종들이 배신하지 않았던 것은 아무래도 이상하다. 정난정이 좋은 상전이었던가? 남을 잘 챙겨주고 살갑게 대했기에 몸종들마저 정난정의 편으로 돌아선 것일까? 하지만 그녀가 주변 사람들에게 베푼 호의는 그녀 자신을 위한 것이기도 했다.

정난정은 슬하에 두 아들과 두 딸을 두었는데, 아들의 이름은 윤효원尹孝源, 윤충원尹忠源이었다. 또 그녀는 정식으로 처벌을 받지 않고 자결했다. 그래서 그녀의 자식들은 공식적으로는 죄인의 자식이 아니었고, 다시 서얼의 신분으로 돌아가지 않았다.

이 중 윤충원은 광해군 때 이이첨이 발탁해서 시학교수詩學敎授의 자리에 오르고, 현감에 제수되었다. 하지만 이때 사헌부가 반대했으니, 아버지의 과거와 어머니의 천한 신분 때문이었다.

"그의 아비가 어떠한 아비이며 그의 어미가 어떠한 어미입니까."

출신이 비천한 게 이렇게 분명한데 어떻게 직임을 감당할 수 있겠느냐고 격심한 반대가 들어왔지만, 광해군은 듣지 않았다. 앞 장에서 말했던 양사언의 어머니 이야기가 연상되는 것은 어째서일까?

이렇게나 영악하고 교활한 정난정은 불여우라는 별명이 가장 잘 어울리는 여자였다.

# 宋翼弼

1534~1599. 조선 8문장가의 한 사람으로 성리학과 예학에 능통했으나 출신 때문에 관직에 나가지 못했다.

庶孽

# 송익필

## 누가 피해자이고 누가 가해자인가

한 사람에게 죄가 있었다. 오랜 신세를 졌던 사람에게 은혜를 갚기는커녕 누명을 씌워 죽게까지 한 끔찍한 잘못이었다. 그로부터 세월이 흘러 그 사람은 죽고 자식이 남았다. 과연 자식에게 그 부모가 지은 죄의 책임을 지워야 할까?

답하기가 참으로 어려운 질문이다. 연좌제가 옳다 나쁘다 단정짓기 어렵게 하는 많은 변수가 있기 때문이다. 가장 먼저 누구의 입장에서 생각하느냐에 따라 달라지며, 아버지가 어떤 사람인가도 문제가 된다. 또 자식이 아버지의 덕으로 떵떵거리고 살았다면 마냥 억울한 피해자라고 하기에도 좀 그렇다. 이렇게 딱 잘라 답하기에는 너무 복잡하다. 이제부터 이야기하는 송익필이란 인물은 더더군다나 그렇다.

## 주인을 배신한 하인

중종 16년(1521), 신사무옥이라는 사건이 있었다. 안처겸이라는 사림파 인물이 역모를 꾸몄다 해서 관련자들이 체포, 처형당한 옥사였다. 하지만 조작된 옥사[誣獄]라는 명칭 그대로, 안처겸은 그저 지인들과 나랏일에의 불만을 말했던 것뿐이었다. 하지만 이것이 역모라고 밀고되어 당사자와 가족들은 죽임당했으며, 많은 사람들이 여기에 연루되었다는 이유로 죽거나 다쳤다. 이를테면 술 마시다가 대통령 욕을 했더니 남산으로 끌려 가서 돌아오지 않게 되었다는 '막걸리 보안법' 이었다.

이 사건은 웃지 못할 해프닝이 아니라, 당시 정국에서 대립하고 있던 훈구와 사림의 갈등에서 기인한 것이었다. 공신으로 오랫동안 특권을 누려온 훈구파는 그만큼 부패해 있었고, 사림파는 이를 비판하며 개혁을 꿈꾸었다. 비록 조광조가 사약을 마신 뒤 사림의 기세는 크게 꺾였지만, 그렇다고 완전히 사라진 것은 아니었다. 그리고 훈구는 이들을 고깝게 여겼다. 이런 와중 벌어진 신사무옥은 훈구파의 중심이었던 남곤과 신정이 사림파를 일소하기 위해 꾸민 음모라는 게 정설이다.

그런데 이 음모에 결정적인 기여를 한 사람이 있으니, 바로 안처겸의 하인이었다. 주인집 사람들이 주고받은 말을 역모를 꾸민다며 일러바친 것이다.

하인의 이름은 송사련이었다. 헌데 그냥 하인이 아니라 안씨 집안과의 사이는 친척이면서 동시에 서얼 자손이라는 복잡한 관계였다. 이들의 인연은 안처겸의 할아버지인 안돈후가 늘그막에 노비 여인을 첩으로 들이면서 시작되었다. 그 첩은 이미 다른 사람과의 사이에서 얻은 딸이 있었는데, 안돈후는 이 딸이 버릇없다며 발가락이 몇 개 부러지도록 때린 뒤 외가에 보냈다. 당시 그 딸의 나이는 14살이었고, 그녀가 시집가서 낳은 자식이 송사련이었다. 그러니까 안씨 집안과 송사련은 친척이라면 친척이고 남이라면 남이었으며, 굳이 말하자면 이성숙질異姓叔姪사이였다(양반 집안 사람들은 노비 첩의 자손들을 친척이라고 생각했을 것 같진 않지만). 어쨌든 안씨 집안은 송사련에게 집안일을 맡기고 있었다.

송사련이 무슨 이유로 안씨 집안을 모함해서 파멸로 몰아넣었는지는 알 수 없다. 다만 야담에는 이런 이야기가 있다. 원래 송사련은 사주를 잘 보았는데, 자기 사주를 보니 좋은 괘가 나왔고, 반대로 안씨 가문은 망할 팔자였다고 한다. 그래서 밀고했다고 한다. 정말로 고작 그런 이유만으로 집안 하나를 망하게 했을까. 설령 어떤 이유가 있다 해도, 이런 일은 사람이 할 짓이 아니다.

신사무옥 당시의 심문 내용을 보면 송사련은 반쯤은 일손이고 반쯤은 친척의 입장으로, 안씨 집안사람들과 친하게 지내고 많은 것을 알고 있었다. 뭔가 숨겨진 사연이나 원한이 있었던 것일까? 어쩌면 가깝다고 생각했기에 오히려 더 많은 상처를 주고도 알아차리지 못하는 일도 가끔 있다. 그렇다 해도 누군가를 배신하고 멸문을 시킨 행위를 정당화할 순 없겠지만.

결국 그 벌을 받았는지, 송사련은 신분이 양인으로 승격되었지만 그뿐, 더 이상 출세는 못하고 고만고만하게 살다가 세상을 떠났다. 그에게는 아들 다섯에 딸 하나가 있었고, 그중 한 사람이 이번 장의 주인공인 고봉 송익필이다. 그가 태어난 것은 신사무옥으로부터 한참 뒤인 중종 29년(1534)이었다.

## 타고난 재능이 오히려 독이 되다

어떻게 보면 비극이고 다른 한편으로는 희극적인 일이지만, 송익필을 비롯한 송사련의 자식들은 어쩌면 지나칠 정도로 뛰어났다. 차라리 그만그만한 인물이었다면 훗날의 고초를 겪지 않았을지도 모른다. 하지만 송익필을 비롯하여 한필, 부필 삼형제는 뛰어난 재능 덕분에 남들보다 훨씬 우울한 삶을 살아야 했다.

물론 서얼 출신인데다가 평생 동안 제대로 관직생활도 못한 송익필이다 보니, 정사에는 별로 기록되어 있지 않다. 하지만 그의 문집과 일화, 야사를 토대로 살펴보면 송익필은 뛰어난 성리학자였다. 특히 전문 분야는 예학으로, 예절, 관혼상례를 비롯한 예식을 치르는 이론과 원리에 해박했다. 하지만 그는 이론보다는 실천을 중시하는 타입이었다. 또한 문장에도 뛰어나서 시와 글을 잘 지어 당대 8문장가 중 한 사람으로 꼽힐 정도였다.

허나 아버지의 죄는 태어난 순간부터 그와 형제들을 단단히 옭아매고 있었다. (어쨌든) 아버지의 공적으로 양인이 되었으니만큼, 송익필 형제들은 법적으로는 과거에 응시할 자격이 있었다. 그래서 송익필과 동생 송한필 등은 향시에 지원해서 합격했지만, 다음 단계의 과거에 응시할 수 없었다. 시험관이 그의 아버지의 일을 이유로 아예 응시를 금지한 것이다.

그리하여 송익필은 20대 때 과거를 포기하고 고양 근처의 구봉산에서 머물면서 학문을 연구하고 제자들을 가르쳤다. 이것은 오히려 송익필에게 다행한 일이었다. 이 때문에 학문적으로도 성숙한 것은 물론 그의 파란만장한 생애에서 휴식처가 되어 줄 친구와 제자들을 만나게 되었다.

송익필과 두터운 친교를 나눴던 대표적인 인물은 바로 율곡 이이였다. 그가 언제부터 송익필과 교우를 가졌는지는 알 수 없지만, 명종 13년(1548) 즈음에 이미 친한 친구였던 것 같다.

그해 겨울 이이는 〈천도책天道策〉이라는 고난이도의 정치철학 논문을 써서 과거에 장원급제했는데, 이때 수험자들이 질문을 해왔다. 학술적인 질문이었을까, 아니면 과거에 9번이나 급제한 구도장원공九度壯元公에게 입시의 비결을 물어본 것일까. 그러자 이이는 "송익필이 박학다식하니까 그에게 물어보라"라고 권했다고 한다.

그런데 왜 자기 시험답안에 대한 문답을 남에게 맡긴 것일까? 이이가 송익필을 높이 평가했기 때문이라는 것이 정답이겠지만, 어쨌든 이이의 말이 떨어지자마자 시험장에 있던 사람이 물결처럼 송익필에게 몰려갔다고 하니 수많은 사람들을 하나하나 상대하기 귀찮아서였을 것도 같다.

졸지에 남의 시험답안에 대해 질문을 받았지만, 송익필은 조금도 흔들림 없이 잘 대답했다고 한다. 당시 이이가 13살이고, 송익필이 15

살이었다. 그렇다면 둘은 어릴 때부터 함께 학술과 정치 문제를 토론하는 친구 사이였으리라.

그런데 송익필은 대체 누구에게 학문을 배웠을까. 그는 분명 서출이었고, 아버지 일까지 생각하면 과연 누가 학문을 가르쳐 줬을지 의문이다. 조선 성리학의 일가를 독학으로 깨우친 이이와 친구였다는 것을 생각해 보건대, 두 사람은 서로가 서로를 가르치며 배워나간 게 아닐까. 뛰어난 학자는 자신의 의견을 가다듬고 날카롭게 갈아줄 숫돌과 같은 친구를 필요로 한다. 칼날이 단단하고 예리할수록, 숫돌 역시 견고하고 치밀해야 하는 법이니. 두 사람은 때로는 경쟁하고, 논쟁하며 아이디어를 공유하고, 그래서 서로의 실력을 향상시켰으며 학문 세계를 잘 알았던 게 아닐까. 그게 아니라면 송익필이 아무리 똑똑하다고 한들 남의 시험답안을 설명할 수 없었을 것이다.

어엿한 양반인 이이가 송익필과 친해진 게 불가사의하게 여겨질 수도 있지만, 원래 신분이나 집안 등 사소한 일에 집착하는 건 모자라고 자신이 없는 사람들일수록 그렇다. 이이가 그럴 리 없지 않은가. 그래서 송익필의 어머니가 세상을 떠났을 때, 이이는 직접 신주를 써 줬을 만큼 스스럼없이 친한 사이였다.*

그 외에도 송익필은 성혼이나 이산해, 정철 같은 익숙한 이름의 사람들과 어깨를 나란히 하고 학문을 논했으며, 동시에 친구이기도 했다. 참 잘도 사람들과 사귀었다는 생각이 든다. 물론 모든 사람에게

* 야담에는 송익필이 이이에게 서로의 자식을 결혼시킬 것을 제안하자 이이가 거절했다는 이야기가 있다. 이것이 정말 있었던 일인지는 확인할 수 없지만, 어차피 이이에게는 정실 자식이 한 명도 없었다.

환영을 받은 것은 아니었고, 당연히 그를 못마땅하게 여기는 사람들도 많았다.

임진왜란 당시 이몽학의 난을 진압했던 홍가신洪可臣은 원래부터 송익필과 친하게 지냈는데, 동생 홍경신洪慶臣은 여기에 불만을 품고 형에게 이렇게 말했다고 한다.

"어째서 송익필과 친하게 지내십니까. 그가 오는 대로 크게 망신을 주겠습니다."

단단히 벼르는 동생에게 돌아온 형님의 대답은 대단히 명료했다.

"못할걸."

그리하여 송익필이 찾아왔는데, 망신 주겠다는 사람은 어디로 갔는지 정중하게 맞절을 하고 있더란다. 해서 홍경신이 나중에 형에게 변명하기를, 본인이 그러려던 게 아니라 저절로 무릎이 굽혀졌다는 '씨알도 안 먹히는 말'을 해댔다.

몇 가지 야사만으로 그 사람을 평가하기는 어려운 일이다. 그럼에도 송익필은 얼굴을 마주한 것만으로도 상대방을 압도하는, 그리고 설득할 수 있는 힘을 가진 사람이었던 것 같다. 그것도 큰 목소리와 권세와 집안의 도움을 빌 필요도 없이, 그저 자기가 가진 것만으로도 가능했던 것 같다.

송익필이 지은 글을 보면, 군더더기가 없으면서 깔끔하다. 단어 하나하나를 고를 때 정확하게 지칭하는 말을 쓰고, 돌려 말하거나 장식하는 것 없이 단출하게 직설적이고 깔끔하다. 글을 쓰는 사람의 성격도 그렇지 않았을까. 허례허식을 싫어하고 솔직 담박한, 그러면서도 고집이 있는 사람이었던 것 같다.

다른 야담에서는 친구들이 송익필의 처사에 때로 불만을 가지면서도 계속 친구로 남았다고 한다. 독자들의 주변에 혹시 그런 친구나 아는 사람이 있는가? 화를 내거나 윽박지르는 것도 아니고, 때로 멋대로 고집을 부리기도 하지만 결국엔 내가 숙이게 되는 별난 친구 말이다. 그게 매력일 수도 있고 어쩌면 카리스마인지도 모르겠다.

사실 송익필에게 아버지의 일을 들먹이며 모욕 주려는 사람은 길거리의 돌처럼 널렸을 것이고, 서얼 출신이라 얕잡아 보는 사람은 가을날 가로수길의 낙엽만큼 많았으리라. 그럼에도 학자 및 문장가로 이름을 날리고 많은 친구와 제자들을 두었다는 것은 정말이지 굉장한 일이었다. 하지만 이런 재주는 송익필의 일생을 평안하게 해 주지는 못했다.

## 파란만장한 일생

송익필의 삶에 먹구름이 끼게 된 것은 율곡 이이가 경세의 꿈을 이루지 못한 채 실의 속에서 세상을 떠난 다음부터였다. 이이의 반대파는 가장 먼저 송익필을 공격 목표로 삼아 물어뜯기 시작했는데, 여기에는 극심해진 당쟁이 배경으로 깔려 있었다.

사실 송익필이 젊었던 시절만 해도 당파싸움이 그렇게까지 심각하진 않았다. 그의 친구들이 서인, 북인 등 당파를 막론하고 고르게 분포한 것도 그 때문이다. 하지만 시간이 흐르면서 어제의 친구들이 철천지원수가 되었다.

특히 이이에게 불만을 가진 사람들은 그의 친구였던 송익필마저 공격 목표로 삼았으니, 바로 동인들이었다. 이 때문에 송익필은 안씨 집안의 원한뿐 만이 아니라 이이를 못마땅하게 여기던 사람들에게도 미움을 사게 되었다. 상황이 너무 극단적이다 보니 친구 이산해는 차라리 이이를 욕하라고 권유하기까지 했다.

"너도 지금 당하는 곤욕의 이유가 율곡 때문인 걸 알고 있지 않은가. 다른 사람이 그러하듯 율곡을 비방하면 피할 수 있겠지."

하지만 송익필은 이를 거절했다고 한다. 설령 죽는 한이 있더라도 어떻게 그럴 수 있겠느냐고 말하면서. 이거야 야담이지만, 실제로 송익필은 의리에 목숨을 거는 사람이었고, 주변의 사람들과도 인연도 그러했다.

하지만 그의 인생에서 피해갈 수 없는 커다란 시련이 찾아왔으니, 마침내 아버지의 죄가 수면 위로 떠오른 것이다.

앞서 신사무옥 때문에 안씨 집안의 사람들은 많이 죽임당했지만, 완전히 멸족된 것은 아니었다. 역모의 혐의가 부족하다고 여겨진 형제나 자식들은 유배를 가거나 천민으로 신분이 깎였으나 시일이 흐른 후 양반 신분을 회복했다. 하지만 집안이 크게 쇠퇴해서 남은 후손들은 이렇다 할 벼슬도 못했는데, 단 한 사람의 얼손孼孫이 실동지實同知라는 작은 벼슬을 하고 있었다.

1586년 그 얼손은 신사무옥이 조작된 음모라며 소송을 걸었고, 이것이 승소하여 안씨 집안의 명예가 회복되었다. 이는 곧 송사련의 공적이 무효라는 말로, 이로써 그의 후손인 송익필을 비롯한 송씨 집안 70여 명이 단번에 천민의 신분으로 굴러 떨어졌다.

이 사실은 송익필 당사자는 물론이거니와, 그 친구와 제자들에게도 큰 충격을 주었다. 친구인 성혼은 안씨 집안이 복수를 위해 송익필을 노비로 만들려 한 것이니, 아무리 돈을 줘도 '노비' 송익필을 팔지 않을 것 같다며 걱정하는 편지를 남기기도 했다. 훗날 송익필을 옹호했던 사람들 주장에 따르면, 이 환천은 법의 시효가 지난 다음에 벌어졌으니 비합법적인 조치였다던가. 그렇다 해도 애초에 신사무옥 자체가 조작된 누명이었으니만큼 송씨 일가로서는 뭐라 변명할 말이 없었다. 게다가 원한에 불타고 있었던 안씨 집안은 저들은 원래 우리의 노비이니 법대로 부려서 원수를 갚겠다고 나섰다.

상황이 이렇게 되니 송익필과 그 형제들은 존경받는 학자이자 문인이었다가 하루아침에 천민이 된 것도 모자라, 옛 주인 집의 하인이 되었다. 안씨 집안의 원한은 당연하다고 하겠지만, 당대 학자로 이름을 날리고 있는 이들 형제를 노비로 데려다가 대체 어떻게 부리려고 했던 걸까. 어쩐지 프롤레타리아의 세계를 잘 모른다며 모든 학자와 지식인들을 끌어내어 소처럼 쟁기를 지고 밭을 갈게 하고, 인민재판을 통해 욕하고 비난했던 문화대혁명의 기억이 스친다. 아무리 아버지의 죄가 깊다곤 해도, 글 잘 짓고 총명한 인재들을 데려다가 노비의 일을 시키겠다니 아름드리 삼나무를 베어다가 이쑤시개를 만드는 광경을 보는 기분이다.

게다가 안씨 집안이 피해자니까 감정적이 되는 것도 어쩔 수 없다고 이해하기에는 찜찜한 구석이 남는다. 신사무옥에서 송사련이 음모에 가담한 것은 사실이지만, 그 근본은 훈구파의 모략, 그리고 사림파를 미워했던 중종이다. 그렇다면 말이야 바른 말로 진짜 원흉은 그들이 아니던가?

하지만 안씨 집안은 오로지 송씨 집안만을 물고 늘어졌다. 이유는 간단히 두 가지였다. 가장 먼저는 배신감이다. 나름대로 은혜를 내려 주고 친근하게 지내던 사이인데 뒤통수를 호되게 쳤으니 원한과 울분을 가질 수밖에 없다. 하지만 또 다른 이유는 그들이 만만해서였다. 똑같은 양반 출신인 훈구파나 왕에게 복수를 하느니 옛 노비 출신에게 보복하는 게 안전하고 후환이 없기 때문이다. 이 얼마나 현실적인 복수인가.

송익필과 그 형제들은 순순히 노비가 되기보다는 달아나는 길을 선택했다. 불행 중 다행으로 그동안 가르침을 받았던 제자들과 아는 사람들이 팔을 걷고 쫓기는 송익필을 숨겨 주고 도와주었다. 특히 제자 김장생의 삼촌인 김은휘는 무려 10여 년 동안이나 숨어 사는 송익필 일가를 먹여 살렸다.

안씨 집안은 송씨 형제들이 달아나자, 송사련의 무덤을 파헤쳐서 죄를 하나하나 낱낱이 말하고 시체를 난도질했다. 통쾌한 복수라고 말하기에는 참으로 끔찍한, 그러나 어쩔 수 없는 보복의 현장이었다. 이 소식을 들었을 때 송익필은 어떤 생각을 했을까. 설령 아버지에게 죄가 있었다 해도 그 자신에게는 하나뿐인 부모였다. 그런 참혹한 일을 당하고도 원한이 생기지 않는다면 그게 더 이상하지 않은가. 그래서 어떤 사람은 송익필이 이때의 일로 원한을 품고 마침내 새로운 옥사를 꾸며냈다고도 하는데, 그것이 기축옥사였다.

1589년, 정여립의 난이 벌어지면서 동인들은 역모에 동참했다는 이유로 대거 처형당한다. 이는 신사무옥 때와 다를 바 없이 반대파의 척결을 위해 활용된 정치적인 공작이었는데, 이 옥사의 처벌을 주도한 것은 서인의 대표적인 인물인 송강 정철이었다.

이 사건을 계기로 송익필에게 주어진 평가는 완전히 두 개로 갈라진다. 한쪽에서는 억울한 피해자라고, 다른 한쪽에서는 옥사의 배후조종자라고 주장한다. 송익필이 정철을 배후조종해서 정여립의 난, 기축옥사를 일으켜서 많은 사람을 죽게 만들었다는 것이다. 정말 그럴까? 과연 현실적으로 가능한 일일까?

당시 송익필은 살 집도 없어 이리저리 떠돌아다니고 있었다. 당시에는 당연히 인터넷이나 전화기도 없고, 인편으로 오가는 편지가 전부였다. 이런 와중에 옥사를 배후조종한다니. 송익필이 정말로 수천 리 떨어진 곳에서 정철을 손발처럼 조종할 수 있었다면, 가장 먼저 정철의 지독한 술버릇부터 고쳐 놓았을 것이다. 결국 이것이 계기가 되어 정철은 몰락하고 송익필은 더욱 궁지에 몰리게 되었으니까 말이다.

한편 어떤 야사에서는 송익필이 점쟁이로 변장하고 전라도로 가서 정여립을 충동질해서 역모를 일으키게 하고, 이것을 또 빌미로 옥사를 일으키는 대활약(?)을 했다는 말까지 있다. 꽤나 흥미진진한 이야기지만 사실이라기엔 너무 허무맹랑하다. 송익필이 젊었을 때 제갈공명이란 별명을 (친한 친구에게) 들었던 것은 사실이지만, 그렇다고 하늘을 날아다니거나 동에 번쩍, 서에 번쩍하는 재주가 있는 것은 아니다. 그리고 정철이란 사람은 워낙 제멋대로라서 누군가의 조종을 받을 만큼 순진한 인물은 아니었다.

더군다나 정여립의 난을 통해 서인들이 동인에게 타격을 입힌 것은 사실이지만, 가장 큰 덕을 본 것이 선조라는 사실을 잊어서는 안 된다. 그는 신하들끼리 서로 싸움을 붙여 죽고 죽이게 함으로써 그들의 힘을 약화시켰고, 이를 통해 왕권을 강화했으니까 말이다. 결국 송익필이 만만했기에 모든 죄를 둘러쓴 희생양이 된 건 아닐까.

그가 기축옥사의 배후조종자로 일컬어지게 된 데에는 역시나 아버지의 원죄가 작용한 것이리라. 아버지가 그러했으니 아들도 그렇겠지 하고. 여기에다가 율곡 이이의 친구라는 편견에서, 정철의 친구라는 점에서 미운털이 콕콕 박힌 것 같다. '나쁜 사람의 친구이니 너 역시 나쁜 사람이다' 라는 도매금 취급과 함께, 비단 송익필이 아니더라도 당파와는 전혀 상관없던 오성 이항복마저도 정철과 친교가 있었다는 이유만으로 죽어 마땅하다는 소리를 들었던 것이 당시 조선의 상황이었다.

스승의 거듭된 불행에 '뚜껑이 열린' 사람이 있었으니, 바로 조선의 열혈한 조헌이었다. 스승의 친구인 성혼이 '다른 사람이 송익필을 도와줄 테니 너는 나서지 마라' 라는 편지를 남겼건만, 조헌은 비분강개한 나머지 선조 21년, 당시의 관리들을 싸잡아 비난하고 스승을 옹호하는 상소를 올렸다. 선조는 이를 받아들이기는커녕, 오히려 머리끝까지 화가 나서 송씨 형제들을 체포하라는 명령을 내렸으니 이게 바로 긁어 부스럼이다.

사노私奴 송익필 · 한필 형제가 조정에 대한 원망이 쌓였으니, 반드시 일을 내고야 말 것이다. 간귀 조헌의 상소가 모두 그의 사주였다 하니, 통분할 일이다. 더욱이 노복으로서 주인을 배반하고 도망해 숨었다니 죄가 더욱 해괴하다. 체포해서 심문하라.

그러자 송익필을 미워하던 세상 사람들은 얼씨구나 장단을 맞췄다. 당시의 세상은 송익필에게 노비의 낙인을 찍었고, 그의 모든 행동을 주제넘었다고 비난했다. 그래서 이런 주장마저 있었다. 송익필 형제들은 사대부의 집에 드나들며 나라가 하는 일에 옳으니 그르니 토를 달았고 나쁜 여론을 선동하는 등 그간 여론이 나뉘고 조정이 시끌벅적했던 것은 모두 이들이 어지럽혔다는 것이다(그렇게까지 훌륭한 교란 전술을 벌일 수 있는 인재가 조선에 있다면야 왜군이 벌떼같이 몰려든다 해도 무서울 것이 없었겠다).

실록에서는 아주 대놓고 송익필 형제를 두고 사노私奴, 혹은 반노叛奴라고 적고 있다. 송익필로서는 억울하긴 억울한 일이다. 주인을 배신했던 것은 그 자신이 아닌 아버지의 죄였으니까. 이 장의 첫머리에서 했던 질문을 다시 곱씹어 보자. 과연 부모의 잘못은 자식들에게 책임이 있을까?

어쨌든 반대파들의 주장으로는, 주인에게 죄를 짓고 도망갔고 세상을 뒤엎어서 옛 주인에게 보복하려고 했던 게 모조리 송익필의 잘못이었다. 선조는 사헌부의 제안을 받아들여 이들 형제들을 체포하여 법대로 다스리게 했다.

동인들의 이러한 주장이 아귀가 맞지 않는다는 것쯤은 선조도 알고 있었으리라. 하지만 왕이 이를 받아들인 것은 조헌이 올린 상소에 속이 뒤집어졌기 때문이었다. 속이 좁기로는 조선 왕들 중에서도 세 손가락에 꼽힐 만한 임금이 바로 선조였다. 자신을 비판하며 세태를 논하는 조헌의 강경한 상소에 화가 난 나머지 조헌을 귀양 보낸 것만으로 풀리지 않아, 조헌의 스승인 송익필마저 화풀이 삼아 잡아오게 한 것이다.

송익필의 친구와 제자들은 구원 운동을 펼쳤지만, 선조는 이를 용서하지 않았다. 추적을 피해 떠돌아다니던 형제들은 마침내 관아에 자수했고, 발목에 차꼬가 채워진 중죄인으로 형조로 압송되었다. 하지만 국문을 심하게 하지는 않았다. 이유인즉슨, 고문을 하면 틀림없이 죽을 텐데 죽으면 과중하다는 것이다. 배려를 해 주는 걸까, 아니면 살려서 오래오래 괴롭히겠다는 걸까. 그리하여 송익필은 환갑이 다 된 나이로 희천으로 유배되었는데, 그로부터 1년 남짓이 지나자 이번에는 임진왜란이 시작되었다.

송익필은 다시 피난을 떠났는데, 이것이 또 고생길이었다. 그런 와중 제자 조헌은 왜군과 싸우다가 전사했고, 송익필의 생활은 점점 더 곤궁해졌다. 유배에서는 풀려났지만 갈 곳은 없었다. 송익필은 이곳저곳으로 떠돌다가, 결국 어느 곳에도 정착하지도 못하고 66세의 나이로 남의 집에서 눈을 감았다.

여기까지 보면 굉장히 허무해지지만, 모든 일이 끝난 것은 당사자들이 모두 죽고 난 다음이었다. 이후로 제자들은 스승의 신분을 되돌리기 위해 노력했고, 인조 시절에도 송익필이 억울한 일을 당했다는 상소가 올라왔다. 그러나 인조는 이미 선대에 정한 일이니 어쩔 수 없다며 내버려 두었다.

결국 송익필의 제자들도 모두 죽은 이후인 1751년, 홍계희는 영조에게 송익필에게 벼슬을 내리자고 청했다. 영조는 사정을 듣고(이때는 아버지의 잘못이라던가, 정여립의 난이던가 하는 이야기는 모두 쏙 빠지고 송익필이 학문에 뛰어났으며 이이와 친구였다는 사실만이 말해졌다), 송익필을 '통덕랑사헌부지평通德郎司憲府持平' 자리에 추증했다.

## 이루지 못한 차도경세지계借刀經世之計의 꿈

송익필은 어떤 사람이었을까.

참으로 운이 없는 사람이었다. 그가 겪었던 수난은 그 자신의 잘못이나 혹은 부모의 죄 이전에 당시 시대를 뜨겁게 달구고 있던 당파싸움의 대리전 양상이 된 탓도 있었다. 그냥 안씨 집안과 송씨 집안의 원한이 문제였다면 이렇게 치열해지진 않았을지도 모른다. 그러나 아버지 대는 훈구와 사림, 아들 대는 동인과 서인, 그리고 남인과 북인까지 뒤얽힌 난장판이 펼쳐졌다.

송익필은 세상의 모든 사람들에게 좋은 소리만을 들었던 것은 아니다. 그리고 아무 죄 없는 희생자였던 것도 아니다. 정확히는 아버지의 죄에게서 자유로울 수 없었다. 그래서였을까? 송익필은 자신의 학문을 과신하거나 친구들과 대등한 위치에 서려고 '오버' 하는 기미가 있었다고 한다. 재주는 있지만 덕德이 부족하고 남을 억누르려 한다는 세간의 평가는 바로 그렇게 여유 없는 면모를 보여 주는 듯하다.

때때로 의견이 충돌하거나 타인의 주장을 묵살하는 일도 있었다. 이건 그래도 사소한 일이었다. 송익필은 상대가 아무리 정승이나 높은 사람이라도 한 번 친구가 되면 모두 자字로 부르지 관직으로 부르지 않았다. 그러니까 병조판서든 영의정이든 한 번 친구는 영원한 친구이지, 받들어 뫼시지 않았다는 말이다. 그걸 좋아하는 사람이 있을지도 모르지만 싫어하는 사람도 많았다. 예나 지금이나 자리에 자부심을 느끼는 사람들은 꽤 많았으니까. 송익필은 왜 그랬을까? 관직의 이름은 권위와 오만이 된다. 이것을 경계한 것이리라. 또 한편으로 벼슬에 나갈 수 없는 자기 처지에의 섭섭함도 없지는 않았으리라. 자신은 여전히 무직의 사람이건만 오늘의 친구가 내일은 정승이고 참판이 되었으니까.

결국 송익필을 옭죄고 있는 것은 아버지의 죄뿐만이 아니라, 서얼 출신이요 천민이라는 신분이었다. 그런데 신분제도는 조선이라는 사회의 근간이었으며, 송익필이 배운 학문은 조선의 또 다른 근간인 성리학이었다. 송익필은 자신을 불우하게 만든 원칙의 전문가였다는 말이다. 점점 더 복잡해진다. 세상일이란 이렇게 좋은 것과 나쁜 것이 뒤죽박죽 섞여 있는 법이다.

과연 송익필이 정여립의 난을 배후 조종했을까? 대답은 '글쎄올시다' 이다. 그가 여론을 형성한 한 가지 힘이라는 것은 분명하지만, 그런 여론만으로 조정을 손바닥처럼 주무르고, 이로 인해 천 명이 넘는 사람이 마구 죽임당하는 광기의 옥사를 만들어낼 수 있었을까. 송익필이 이 모든 것을 총괄할 만큼 유능했다면, 차라리 그에게 신분을 위조하는 쪽을 권하고 싶어진다. 그렇다면 송익필의 처지를 동정했던 사람들이 동인들을 못마땅하게 여긴 것이 옥사로 번졌다고 보는 쪽이 자연스럽지 않은가. 그러니 송익필에게 아주 책임이 없다고는 못하겠지만, 그렇다고 기축옥사의 음모자라고 하기엔 너무 큰 모함인 것 같다.

몇 번을 고민해 보고 사료를 읽고, 필자 나름으로 송익필이라는 사람과 그 시대를 재구성한 끝에 내린 결론은 이런 것이다. 그는 학자이지 정치가는 아니었으며, 친구를 많이 사귀고 의리에 목숨을 걸던 인물이었다. 하지만 통제를 할 수 없게 폭주하고 있던 당파싸움의 한가운데 살았던 것이 문제였다.

젊었을 적에는 친구로 지낸 이들이 당파싸움을 통해 원수가 되었다. 그냥 미움보다도 애정이 바닥에 깔린 미움이 더욱 깊고 강렬한 법. 한때 신뢰를 주었던 사람이 자신에게 거스르니 미움은 몇 배가 된다. 송익필과 친구들의 사이도 그렇지 않았을까. 아니, 어쩌면 아버지 대의 안씨 집안과의 사이에 그러했고, 이후 당파싸움에서도 그랬다. 처음에는 오히려 호감을 가졌건만 상황이 뒤틀리고, 원한이 겹쳐 누군가를 증오하고 죽여 없애야 한다고까지 말한다. 또 이것이 한 번 두 번 거듭되다 보니 피해자인 동시에 가해자가 되고, 가해자이면서 피해자가 되었다.

결국 시대가 만들어낸 뒤틀림에 휩쓸린 것이니. 이렇게 말할 수 있는 것도 필자가 수백 년 후의 사람이기에 가능하리라. 당시에 당파싸움이고 뭐고 해서 싸우던 사람들을 마냥 어리석다고 할 수 없다. 본디 싸움이란 당사자에게는 골이 빠개질 정도로 중요해도 제3자가 보면 참으로 쓸데없는 짓인 법.

왜 송익필은 계속해서 세상을 논하고 이로 인해 화를 자초했을까.

그냥 관심을 끊었더라면, 아예 공부를 하지 않아도 되었을 것을. 왜 학자가 되고 계속 세상에게 관심을 가졌을까.

젊은 시절의 송익필도 세상에 욕심이 있었을 것이다. 과거에 도전했던 것은 그 때문이었을 터. 그러나 아버지의 일과 신분이 발목을 잡았기에 포기해야만 했다. 하지만 욕심이 완전히 사라진 것은 아니었고, 경기도 고양의 구봉산 아래에서 제자들을 가르치면서도 여전했을 것이다. 어떤 욕심이냐고? 그냥 출세하는 데에서 그치는 게 아니다. 자신이 사는 세상을 좀 더 좋게 바꾸고 싶다는 욕구, 이른바 경세經世의 꿈이다. 그것이 금지된 서얼 출신이었건만, 그랬기에 더욱 강렬하게 원했으리라.

그리고 송익필에게는 이런 욕구를 완전히 버릴 수 없게 했던 친구가 있었다. 바로 율곡 이이다. 어린 시절부터 함께 지내온 친구는 차츰 노쇠해 가는 조선을 되살려야 한다며 갱장更張을 주장했고, 당파싸움 등 사회의 폐해를 없애기 위해 한평생을 노력했다. 마음은 있으나 손쓸 방법이 전혀 없던 송익필과 달리, 이이는 벼슬을 얻고 현장에서 직접 뛰고 있었다. 송익필은 이이를 통해 자신의 꿈을 이룰 수 있겠다고 기대했던 게 아닐까. 송익필이 그저 교육자가 아닌 여론을 형성하는 축이 되어갔던 것도, 정치 현장의 이이를 지원하면서 이루지 못할 경세의 꿈을 간접적으로나마 실현시키기 위해서였을 터. 둘은 친구인 동시에 정치적 동지였던 것이다.

그러다 이이가 좌절하고 먼저 세상을 떠난 이후로도 송익필은 꿈을 포기하지 않았다. 오히려 살아남은 자신이라도 꿈을 이뤄줘야 한다고 마음먹었기에 계속해서 세상일에 관심을 가지고 발언했던 것이리라. 이 때문에 적이 늘어나고 미움을 받게 되었지만, 송익필로서는 결코 그만둘 수 없었을 것이다. 그게 자신과 죽은 친구의 꿈을 실현할 수 있는 유일한 방법이었으니 말이다.

송익필은 평생 세상을 향해 손을 내미려고 했건만, 서얼의 신분이 그렇지 못하게 막았다. 결코 잡을 수 없는 꿈을 평생 좇으면서도 포기하지 못한 사람인 것이다. 송익필이 얼마나 훌륭한 경세가였을지, 또 그의 개혁이 얼마나 통용되었을지는 자신할 수 없다. 그래도 아쉬움이 드는 건 어쩔 수 없다. 만약 그가 번듯한 양반 가문에서 태어났다거나, 하다못해 아버지의 죄가 없었다면 어느 정도까지 성장할 수 있었을까.

지금도 그가 선인인지 악인인지의 논란은 계속되고 있으니, 그는 조선 시대 서얼들의 절망이었다.

헛된 명성이 비방을 일으켜 虛名增謗毁
없는 것도 나에게 있다 하고 以無謂我有
하지 않은 것도 내가 했다 하네 不爲謂我爲

길이 있다 한들 나는 어디로 가나 有路吾何適
집이 없으니 꿈에서조차 갈 곳이 없네 無家夢未歸
사람을 피하는 것이 세상에서 은둔하는 것은 아니며 避人非遯世
뜻을 말하는 것이 어떻게 시가 되겠는가 言志豈爲詩
도가 있지만 재주는 시험해 보기 어렵고 道在才難試

위태로운 시대를 만났으니 마음먹은 것은 더 뒤틀어지는구나 時危計轉違

상서로운 징조가 나와도 탄식이 나올 뿐이니 出圖嗟已矣

바다로 떠나려 했던 공자님을 사모하네 浮海慕先師

# 劉克良

?~1592. 서얼이거나 혹은 한미한 가문 출신의 무장. 널리 유능함을 인정받고 임진왜란 때 활약했다.

庶
孽

# 유극량

## 정직한 사람이 손해 보는 세상

이번에도 옛날이야기부터 먼저 해야겠다. 언제나 늘 그러했듯이 증거는 아무것도 없고 연도도 불확실하며 구체적인 장소도 나와 있지 않고, 어디서부터 역사이고 어디까지가 꾸며낸 이야기인지 알 수도 없다.

### 호랑이가 맺어준 부부의 인연

선조 시대에 영의정을 지낸 홍섬이라는 사람이 있었다. 어느 날인가 그 집의 열여섯 먹은 여자종이 집안의 보물이던 옥잔을 깼다.* 워낙 주인이 아끼던 귀한 보물이었기에, 크게 야단맞을까 걱정한 여자

* 물론 이 야담도 출처에 따라 내용이 조금씩 달라진다. 어떤 책에서는 유극량이 자기와 같은 동네에서 살고 있는 정 모 씨 집안 노비의 자식이었다고 적고 있는데, 가장 널리 알려진 이야기는 홍섬이 데리고 있던 하녀의 아들이라는 버전이니, 일단 여기에서는 이를 따르도록 하겠다.

종은 짐을 싸들고 달아났다.

그렇게 정처 없이 헤매면서 산을 넘어가던 차에 웬 호랑이가 나타났다. 혼비백산한 여자종은 그 자리에서 기절했는데, 이 호랑이는 여자를 잡아먹는 대신 들쳐 업고 한참을 달려 황해도까지 갔다. 앞에서도 몇 번 말했지만, 왜 맹수가 사람을 잡아먹지 않고 '운송서비스'를 해 주었는지를 따져서는 안 된다. 이건 옛날이야기이니까.

한편 황해도 연안에 유좌수劉座首라는 시골양반이 일찍 부인을 잃고 홀로 살고 있었다. 그가 우연히 밤늦게 산길을 지나가고 있었는데, 호랑이와 마주쳤다. 깜짝 놀랄 틈도 없이 호랑이는 기절한 젊은 여인을 두고 홀연히 사라졌다. 뜻밖의 일이었지만 맹수가 나다니는 늦은 밤에 여인을 두고 가는 것도 사람이 할 짓이 아니었으니, 유좌수는 여인을 데리고 자신의 집으로 돌아왔다.

이제 이후의 전개는 짐작할 수 있을 것이다. 두 사람은 여차저차해서 부부의 연을 맺게 되었고, 이렇게 태어나게 된 것이 바로 유극량이었다고 한다. 어쩌다가 여자종이 양반의 아내가 되었을까? 호랑이의 이야기까지 들어가면 너무 지어낸 것 같아서 정말 있었던 일 같지 않다. 게다가 '좌수'라는 것부터가 사람의 이름이 아니라, 요즘으로 치면 동사무소 직원 정도의 관직 이름이니, 더욱 신빙성이 떨어진다. 그래도 어쩌겠는가, 이건 야담이다.

다시 이야기로 돌아가 보자. 어찌 된 일인지 결혼한 뒤로 여자종의 신분이 밝혀지지 않았던 모양이다. 그리하여 여자종은 양반의 정식

아내가 되었으며, 아들인 유극량의 신분도 양반이었다. 훗날 유씨네는 개경으로 이사했고, 무럭무럭 자라난 유극량은 마침내 무과에 급제했다.

그러자 어머니가 아들을 불러놓고 그동안의 비밀을 고백했다. 널 낳은 어미는 사실 양반이 아니라 어느 집의 노비였다고. 그러니 아들인 유극량의 신분도 양반이 아닌 서얼이라고. 조선 시대에도 공식적으로는 양민도 과거를 볼 수 있긴 했다. 그러나 사실상 합격이 어려웠고, 붙는다 한들 임용에서 차별을 받아 하찮은 벼슬만 하다가 늙어가는 것이 현실이었다.

그러나 그보다 더 큰 문제였던 것은 유극량의 어머니가 그냥 노비도 아니고, 주인에게서 도망친 노비였다는 사실이다. 조선 시대에는 천인들의 인권은 보호받지 못했지만, 달아난 노비는 더 가혹한 처우를 받았다. 노비라 해도 함부로 죽이지 못하는 것이 나랏법이었건만, 도망한 노비는 함부로 죽이거나 매질을 해도 문제가 되지 않았다. 게다가 본의는 아니라 해도 유극량은 신분을 속이고 국가고시를 보았으니 이것만으로도 처벌을 받을 수 있었다.

자신이 애써 노력해서 쌓아올린 모든 것을 송두리째 날릴 수 있는 엄청난 사실을 알게 된 유극량은 어떤 결정을 내렸을까? 몰래 숨기고 무덤까지 비밀을 가져가겠다고 생각하는 게 일반적이지 않을까. 하지만 그가 선택한 것은 전혀 다른 길이었다.

유극량은 당장 서울로 가서 어머니가 노비로 있었던 정승의 집으로 찾아갔다. 그리고 홍섬을 만나 사정을 이야기하고 임금에게 상소를 올려서 자신의 과거 합격을 취소하고 노비의 신분으로 돌아가겠다는 뜻을 밝혔다. 꼭 그럴 것까지야 없지 않나 하는 생각이 들 정도로 고지식한 행동이었으니, 홍섬이 웬 뜬금없는 소리냐는 반응을 보인 것도 이해가 간다.

"네가 내 종이 아닌데 어째서 이런 말을 하는 거냐?"

하지만 유극량은 자신의 뜻을 꺾지 않았다.

"어머니께서 이미 말씀하셨는데, 어떻게 감히 법을 어기고 상전을 배신하며 임금을 속이겠습니까?"

만약 유극량이 홍섬을 찾아간 일이 실제라면 굉장히 재미있었을 것이다. 이야말로 아닌 밤중의 홍두깨였다. 얼마 전 무과에 급제한 인재가 불쑥 찾아와서 자기가 오래 전 도망간 노비의 자식이라며 어머니의 죗값을 갚고 노비가 되겠다고 하니 얼마나 황당했을까. 정말 다행한 사실은 홍섬이 대단히 너그럽고 재물과 사람 중에서 무엇이 더 중요한지를 아는 사람이었다는 것이다.

깨진 옥잔은 홍섬에게도 귀중한 보물이었을 것이다. 하지만 이미 이삼십 년은 지난 일이다. 잃어버린 보물이 안타깝다는 생각도, 달아난 노비에게의 분노도 풍화되고도 남았다. 그런데도 달아난 노비의 멀쩡한 자식이, 그것도 무과에까지 급제한 사람이 자청해서 노비가 되겠다고 하니, 부서진 옥잔보다도 사람이 더 귀한 법. 그는 신체 건강한 노비지망생보다도 정직하고 성실한 무과 급제자를 얻는 쪽이 한 사람의 미래와 더 나아가 나라에게 도움이 되리라고 판단했다.

그래서 홍섬은 유극량을 위하여 방역放役의 문서를 써 주었으니, 이는 곧 노비의 신분에서 풀어 주는 문서였다. 물론 유극량의 신분은 여전히 서얼에서 벗어나지 못하는 것이지만 (어머니의 신분이 노비에서 양인이 되었을 뿐 양반은 아니기 때문이다), 이로써 홍섬은 여전히 너그러운 정승으로, 그리고 유극량은 노비가 아닌 조정의 장군으로 일하게 되었다고 한다.

아무리 그래도 사회의 신분을 속이고 과거에 통과한 것인데 당사자들끼리 합의한 것만으로 해결이 되는 걸까, 이래도 정말 괜찮은 건지 알 수 없지만, 어쨌든 그런 이후로도 유극량은 홍섬에게 하인의 예를 지켰다. 이를테면 이런 일이 있었다고 한다.

유극량이 무장으로서 한참 정무를 보고 있었는데, 궁궐에서 숙직하고 있던 홍섬이 쪽지를 한 장 보냈다. 그러자 유극량은 일을 팽개치고 당장 달려가려고 했다. 그런데 마침 군대를 나누어 파견하는 중이었기에, 병조와 다른 도총부의 신하들이 소매를 붙잡고 지금 한참 나라의 큰일을 치르는 중인데 어딜 가느냐고 말렸다.

"이전의 주인께서 부르니 어떻게 감히 머뭇거리겠는가."

유극량은 이렇게 말하고 홍섬에게 달려갔다. 그러자 같이 있는 사람들이 모두 놀라 감탄했다고 하는데, 과연 주인과의 충의를 지키는데 탄복한 건지, 아니면 공무를 땡땡이치는 담력에 탄복한 것인지…….

이 야담에서는 유극량의 직위가 무엇인지 분명하지 않지만 요즘으로 치면, 군대 재배치 중에 연대장이 자리를 박차고 나간 셈이니 굉장하기는 했다. 홍섬이 쪽지를 보낸 것을 보면 유극량이 그리 바쁘지 않은 줄 알고 사소한 부탁을 한 것일지도 모르지만, 아무튼 조선 시대에는 유극량의 행동이 칭찬받을 만한 일이었나 보다.

그 외에도 유극량은 정승 집으로 인사갈 때마다 직접 선물을 들고 말에서 내려 걸어갈 정도로 극진했다고 한다. 이리하여 유극량도 행복하고 정승 집도 행복하고 모두가 좋았으며, 이야기는 여기에서 끝난다.

짧은 이야기이지만, 유극량의 사람됨을 잘 보여 준다. 이를 보면서 유극량의 선택에 고개를 갸우뚱하는 사람도 적지 않으리라. 왜 굳이 자신의 신분의 비밀을 밝혔을까? 손해 볼 것이 뻔한 데 말이다. 유극량이라고 해도 모르진 않았을 것이다. 그라고 해서 양반이라는 신분을 버리고 노비가 되기를 원하겠는가. 그렇게 고생해서 붙은 과거를 포기하는 일을 하고 싶었겠는가. 하지만 유극량은 자기를 속인 채 살아가기에는 그 자신의 양심이 용납할 수 없었던 것이리라.

유극량은 그런 사람이었다. 너무 솔직하고 올곧은데다가 열심히 노력했다. 더구나 원칙에서 어긋난 잘못을 저지르기는커녕 아예 시도하지도 못했다. 그 결과 자신에게 어떤 불이익이 생기더라도, 심지어 자신의 모든 것을 잃는다고 해도. 유극량은 자신의 죽음으로써 이를 증명했다.

## 유극량에 대한 의문

몇 가지 의문이 남기는 한다. 유극량이 그렇게 솔직했던 사람이라면 어째서 신분을 속였던 것일까? 그리고 어떻게 신분의 변조가 가능했을까?

우선 유극량은 어머니가 고백하기 전까지는 자신에게 천민의 피가 흐른다는 것을 전혀 몰랐다고 한다. 전 장의 이야기를 떠올려 보면, 부모가 자식의 미래를 위해 신분을 위조했을 수도 있다.

실제로 유극량의 내력에는 특이한 점이 하나 있는데, 원래 연안에서 태어났지만 개성으로 옮긴 것이다. 어쩌면 그의 부모는 이사를 통해 신분의 변조를 완전하게 하려 했던 것인지도 모른다. 먼 옛날이니 호적이고 주민등록이고 지금보다는 허술한 구석이 있을 테니 조작하는 것은 크게 어렵지 않았을 수도 있겠다.

어차피 유극량의 신분이 서얼이든 아니든 변하지 않는 사실이 하나 있으니, 그가 집안의 '빽'을 전혀 기대할 수 없을 만큼 한미한 출신이라는 것이다. 그래도 무과에 급제했으니 문과보단 낫지 않겠느냐고 생각할지도 모르지만, 사실 조선의 무반들은 문반에 못지않을 만큼 몇 개의 명문가들이 독점하고 있었다. 하지만 유극량은 그 어느 집안의 출신도 아니었다. 그래서 그가 무과에 급제하고, 더 나아가 전라좌수영의 수사와 부원수의 자리에까지 오른 것은 굉장히 놀라운 출세였다. 뼈를 깎는 노력도 했겠고 능력도 충분했다는 것이니, 홍섬은 물론 유극량의 부모는 나라에 정말 큰 기여를 한 것이다.

하지만 여전히 궁금해진다. 유극량은 정말로 서얼의 신분이되, 그걸 숨기고 관직에 나아간 것일까? 이게 과연 진실인가? 혹시 꾸며낸 이야기가 아닐까? 만약 사실이라면 왜 유극량은 자신의 비밀을 숨기기는커녕 스스로 고백했을까?

조금 속된 이유를 생각해 볼까. 본디 유극량은 (그의 신분이 정말 서얼이든 아니든) 개경의 한미한 가문 출신이었다. 과거에 급제했다고 한들, 관운이나 장래를 보장받으려면 강력한 스폰서를 필요로 한다. 유극량은 홍섬을 자신의 후원자로 삼기 위해 일부러 접근한 것이 아닐까?

그런 생각도 충분히 할 법하다. 특히나 홍섬이 신하로서는 가장 높이 올라갈 수 있는 자리였던 영의정에 있었다는 사실 역시 수상하다면 수상하다. 혹시 멀쩡한 양반이되 집안의 지원을 기대할 수 없었던 유극량은 노비 신분을 가장하고 대신 영의정과 만나 면식이라도 트려고 했던 게 아니었을까 하는.

하지만 그럴 가능성은 접어두어도 될 것 같다. 그때에는 아무리 한미한 집안 출신이라고 해도, 그래도 서얼보다 양반이 나았다. 또 당시는 선조 시대였으니 신분제도의 붕괴가 그렇게까지 심각하지 않았고. 자신의 신분을 알았을 당시 유극량은 이미 과거에 급제해 있었다. 그런데 다시 종을 자처하면서 영의정에게 줄을 설 필요가 있었을까? 설령 잘 보인다 한들 신분은 낮춰지고 나랏법을 기만한 죄로 가족 모두가 처벌을 받았을 테니까.

이렇게 저렇게 머리를 굴려 봤지만 그저 상상에 지나지 않는다. 정말 그가 천민인 어머니를 두고 있는지, 그럼에도 관직을 얻을 수 있었던 이유는 무엇인지 공식적으로(?) 확인된 것이 없다. 비슷한 경우인 장영실은 세종이 그를 유난히 총애하여 보호하며 신하들에게 PR했기 때문에 내력이 밝혀졌지만, 선조는 유극량에게 별 관심이 없었던 것 같다. 그래도 유극량이 '미천하다'라는 표현을 들을 만한 처지였던 것은 분명하며, 그 문제는 앞서 양사언의 경우와 달리 당대부터 꽤나 공공연하게 언급되었던 것 같다.

그렇게 하자가 있었지만 유극량은 무사히 벼슬을 하고 부원수의 자리에까지 올랐다. 왜였을까? 아마 명백한 잘못이긴 하지만 이제 와서 뜯어고치자니 귀찮았던 게 아닐까. 한마디로 절차는 위법이었지만 효력은 합법이라는 것이니, 무책임한 평이긴 하지만 이것 말고는 다른 적절한 설명이 없다.

## 지나친 겸손이 탈

《조선왕조실록》은 유극량을 놓고 두 가지 사실을 언급하고 있다. 하나는 그의 신분이 비천하다는 것이고, 다른 하나는 (그럼에도) 그가 유능하다는 말이다.

선조 16년, 쓸 만한 인재를 추천하라는 왕의 명령에 영의정을 포함한 17명 중 무려 6명이 유극량을 추천했다. 이렇게 보면 유극량은 모두에게 인정받는 인재였고, 많은 덕을 보았을 것도 같지만 현실은 또 달랐다.

그로부터 수년이 흐른, 선조 24년 사헌부가 유극량을 직위에서 해임시켜야 한다는 의견을 선조에게 올렸다. 사헌부의 주장에 따르면,

그가 근무하는 곳은 바로 적과 마주하는 아주 중요한 요지이므로 지휘하는 주장主將을 잘 골라야 한다는 것이다. 옳은 말이긴 한데, 유극량을 해임해야 하는 이유는 참으로 비루하다 못해 엉뚱하다.

> 새 수사水使 유극량劉克良은 인물은 쓸 만하나 가문이 한미하기 때문에 지나치게 겸손합니다. 그리하여 군관軍官이나 무뢰배들과도 서로 너니 내니 하는 사이여서 체통이 문란하고 호령이 시행되지 않습니다. 비단 위급한 변을 당했을 때에만 대비하기 어려울 뿐 아니라 방어하는 군졸을 각 고을에 보낼 때에도 틀림없이 착오가 생길 것이니, 곤외閫外의 일을 맡기는 것이 매우 염려스럽습니다. 체차시키소서.

이 상소를 올린 사람은 아마 춘추전국 시대의 이름난 무장이었던 오기吳起의 이야기를 모르는 게 틀림없다. 아니면 알고서도 잊어버렸다거나. 오기는 장군이었지만 병사들과 한솥밥을 먹고 같은 막사에서 잤으며, 어떤 병사가 종기를 앓자 직접 입으로 빨아내기까지 했다. 그래서 오기가 이끄는 병사들은 그를 위해 목숨을 바쳐 싸웠다. 그냥 장군이라서, 높은 사람이라서가 아니라 병사들의 마음을 얻어서 가장 용감한 군대를 만들어낸 것이다.

그런데도 사헌부는 부하들과 스스럼없이 친한 유극량에게 체통이 없으니 명령이 제대로 시행되지 않을 것이라며 엉뚱한 걱정을 했다. 권위만 휘두를 줄 알고 사람의 마음을 얻는 게 얼마나 가치 있는 것인지 모르는 게 아닌가. 불과 몇 년 후에 부하들과 함께 술을 마시며 갑판에서 구르다 잠든 이씨 성을 가진 같은 근무지의 장군을 보고도 똑

같은 말을 할 사람들이다. 유극량의 근무지가 어디였느냐고? 바로 전라좌수영이었다. 우리나라 사람이라면 당연하게 귀가 솔깃해질, 바로 그 전라도 좌수영. 좀 더 알아듣기 쉽게 이야기하자면 성웅 이순신의 근무지였다.

솔직히 권위 운운은 핑계다. 그의 낮은 신분이 못마땅해서 당상관인 수사 자리를 줄 수 없다고 생각하는 것은 아니었겠는가. 그렇지 않다면 조선 시대는 겸손한 것이 해임의 사유가 될 만큼 치명적인 잘못이라는 거니까.

결국 유극량은 전라 좌수영 수사에서 해임되었는데, 그것은 임진왜란 발발하기 3년 전의 일이었다.* 고작 이런 이유로 능력이 있는 장군을 해임하다니 참 얼토당토않은 일이지만, 그의 평생을 통틀어 이런 일이 어디 한 번만 있었겠는가?

## 전쟁 발발

임진왜란이 시작되면서 조선 팔도는 온통 전란에 휩싸였다. 부산과 동래가 순식간에 점령되고, 왜군은 서울로 빠르게 진군하고 있었다. 조선은 갑작스러운 침공에 당황했지만 서울을 지키기 위한 방어진을 펼쳤다.

이미 나이가 많아 백발이 다 된 유극량이었지만, 나라의 명을 받고

* 재미있는 이야기를 하자면, 유극량이 전라 좌수영에서 해임된 것이 선조 24년 2월 8일이었다. 이 아무개 장군이 전라좌도수군절도사로 부임한 것은 같은 해 같은 달이며, 여수에 도착한 것은 13일이었다. 두 사람은 서로 만난 일이 있었을까?

병사들과 함께 왜군에 맞서 싸웠다. 하지만 주장主將은 아니었다. 어디까지나 조방장이라는 부장의 자리였다. 주장은 누구였을까? 기록이 없어 분명하지 않다. 하지만 이런 위급한 때야말로 임금의 곁에 있어야 한다며 잽싸게 전선을 이탈한, 그 이후 어디로 갔는지 알 수 없는 전라도 병사 성응길이 아니냐는 의견이 있다.

어쨌든 임진왜란 초기 조선의 전황은 민망해질 만큼 처참한 패퇴의 연속이었다. 처음 침공한 이래, 파죽지세로 올라온 왜군이 서울을 점령하기까지 고작 한 달이 걸렸을 뿐이다.

처음에는 조선이 불리할 수밖에 없었다. 전쟁이 벌어질 가능성을 전혀 생각하고 있지 않다가 뒤통수를 맞았으니까. 또 당시 일본은 전국 시대의 난장판을 거쳐 잔뼈가 굵은 장군과 병사들이 득시글댔던 데 비해, 조선은 여진족과 때때로 연례행사를 벌이는 게 전쟁의 전부일 정도로 평화로운 시대를 지냈다. 속된 말로 해서 '짬밥을 먹은 횟수'가 달랐다. 그러니 전장을 운영하는 장수들의 경험에도 큰 차이가 있었다. 즉 조선 장군들의 거듭된 전략 미스가 거듭된 패전의 원인이었다.

임진왜란이 벌어지자, 유극량은 병사를 이끌고 죽령을 지켰다. 그리고 당시 조선 군대를 총괄하고 있던 신립에게 험난한 조령을 막고 올라오는 왜군과 맞서 싸우자고 주장했다. 하지만 신립은 고집을 꺾지 않고 활짝 열려 있는 탄금대에 배수진을 치고 왜군과 맞서 싸웠고, 처참하게 패배한 뒤 스스로 목숨을 끊었다.

이 패전은 그냥 한 번의 패전으로 끝나지 않고 조선 군대가 속절없이 무너지는 계기가 되었다. 원래 신립을 도우려 진군하던 이광의 5만

군대는 이 소식을 듣고 싸워 보지도 않은 채 날름 달아났던 것이다. 이렇게 전선이 형편없이 무너지니 유극량도 죽령을 지켜낼 재간이 없었고, 결국 후퇴했다.

조선군의 후퇴, 왜군의 전진. 새로운 전선은 임진강에 만들어졌고, 강물을 사이에 두고 두 군대는 대치하게 된다. 이때 총 지휘관은 김명원이고, 부원수는 신할이었다. 문제는 신할도 앞서 죽은 신립만큼이나 꽉 막힌 사람이었다는 데 있다.

먼저 김명원의 명령대로 신할과 유극량을 비롯한 이천, 이빈 등의 장수가 임진강의 중요한 길목 요소요소에 방비를 튼튼히 했다. 그래서 왜군이 도착했을 때 이미 견고한 방어진이 완성되었고, 열흘이 다 되도록 대치상태가 계속되었다. 즉 왜군의 발목을 붙잡은 형국이었다. 왜군 지휘관인 고니시 유키나가는 임진강의 전세가 진전이 없자, 군대를 매복시킨 후 일부러 허약한 척하며 달아나서 조선군을 유인했다. 이에 냉큼 낚인 신할은 강을 건너가 일본군을 공격하려고 했고, 여기에 반대하는 사람을 겁쟁이라는 이유로 즉결 처형하기까지 했다. 이렇게 살벌한 상황에서도 굳건하게 반대한 사람이 있었으니 바로 유극량이었다.

그는 왜군이 함정을 팠다는 것을 간파하고 강을 건너지 말자고 주장했다. 하지만 신할은 오히려 유극량을 늙은 겁쟁이라고 욕하고, 그것도 모자라 군법으로 처형하고자 했다. 그러자 유극량은 이렇게 대꾸했다.

"내가 상투 틀고 나서부터 종군했으니 어찌 죽음을 피하려고 하는 말이겠습니까? 나랏일을 그르칠까 염려되기 때문입니다."

그러면서 당장 군사를 이끌고 나가 왜군의 순찰병 두어 사람을 베고 돌아왔다고 한다. 하지만 신할은 자신의 고집을 억지로 밀고 나갔다.

결과는 더 말할 게 있겠는가. 5월 18일, 임진강에서 조선군과 왜군이 격돌했다. 신할은 병사를 이끌고 강을 건너갔다. 고니시는 내심 쾌재를 올리면서도 조선군이 함정 가장 깊은 곳에 도달할 때까지 기다렸다. 강을 건너온 신할과 병사들이 왜군의 진지 근처에까지 오자, 비로소 숲과 그늘 속에 숨어 있던 매복 병사들이 모습을 드러냈다.

기세등등하게 진격했던 조선군은 일시에 혼란에 빠져 처참하게 무너져갔다. 총과 칼에 맞아 다치거나 죽어가는 병사들이 늘어나는 와중 신할을 부른 것은 유극량이었다. 강을 건너가는 것에 가장 반대하는 인물이었건만 함께 왔던 것이다. 그는 신할에게 빨리 진을 거두고 퇴각하자고 외쳤지만, 신할은 끝내 허락하지 않고 고집을 부렸다. 그리고 죽었다.

부원수가 죽는 것을 보자, 유극량은 이제까지 타고 있던 말에서 내리고 땅에 앉아 활을 집어 들었다.

"여기가 내가 죽을 곳이다."

그리고 사방에서 몰려드는 왜군을 향해 화살을 날렸다. 화살통에 화살이 얼마나 많이 들어 있었겠는가? 마지막 화살이 떨어졌을 때, 유극량 역시 이 세상 사람이 아니었다. 이렇게 부원수와 장수가 패사한 후 달아난 조선 병사들은 왜군의 칼 아래에 스러지거나, 아니면 임진강물 속으로 몸을 던졌다. 그 모습은 마치 낙엽이 바람에 휘날리는 것 같았다고 한다.

고작 800명 남짓한 유극량의 군대가 왜군과 맞서 싸우고 있었건만, 이를 도와주지 않고 달아난 장수들의 처벌 문제가 훗날 논의되었다. 그리고 죽은 유극량에게는 예조참판의 자리가 추증되었으며, 숭절사에 위패가 모셔졌고 시호는 무의武毅라고 했다.

## 이순신의 전임자

과연 유극량은 얼마나 유능한 군인이었을까? 그건 잘 모르겠다. 당시 많은 사람들이 유극량의 뛰어남을 칭찬했지만 그리 분명한 증거가 없다. 천한 신분의 무장에게 큰일을 맡기기는커녕 오히려 해직시킨 탓도 있겠고, 그가 한참 활약할 나이에 커다란 전쟁이 없었던 탓도 있겠다. 하지만 유극량이 전라 좌수영에서 근무했던 사실에 주목해 보자.

언젠가 이런 이야기를 들은 적이 있다. 아무리 천하의 이순신이라 하더라도 부임한 지 고작 1년여 만에 전라 좌수영의 병사들을 정예로 키워낼 수는 없다. 그렇다면 바로 그전에 전라 좌수영에서 근무했던, 낮은 신분임에도 유능한 장수로 일컬어졌던 유극량의 숨은 공헌이 있지 않았겠느냐고. 그럴싸한 이야기라고 생각한다. 기적이라고 보이는 일도, 때로는 그 아래 그것이 있기 위한 많은 준비가 되어 있곤 하니까.

그렇지만 그에 관해 조금 쓴웃음을 지을 만한 이야기가 있으니, 유극량의 일화는《임하필기林下筆記》에서 '자신의 분수를 알았던' 사례로 전해지고 있다. 분수? 무슨 분수인가. 자신이 양반인 줄 알고 자라나 과거에까지 급제했지만 출생의 비밀을 알자 다시 천민으로 돌아가려 했다는 그것인가? 애초에 천인의 출생인 서얼이었으니까, 서얼의 분수를 알고 살아야 한다는 것인가?

유극량은 차라리 신분을 숨기고 살았으면 더 좋았을 것이다. 정직했다가 손해만 본 것이 아닌가. 임진왜란 당시 수많은 양반 적자들이 이 핑계 저 핑계를 대고 임금을 버리고 달아났던 와중 서얼 신분이라고 천대받던 이가 목숨을 던져 싸웠다는 것은 감동적이지만 그 이상으로 씁쓸해진다. 누가 서얼이 외가의 천한 신분 때문에 뒤떨어진다고 말했던가. 못난 것이 서얼의 증거라면, 나라와 왕을 버리고 달아난 이들이야말로 진정한 서얼일 것이다.

유극량의 이야기를 보고 정직하니까 훌륭하다고 마냥 칭찬만 할 수 없는 것도 이 때문이다. 그가 나쁘다는 게 아니라, 그런 미덕을 가진 이가 손해 볼 수밖에 없는 이놈의 세상 때문에. 조선 시대는, 아니 어쩌면 지금까지도 솔직한 사람이 행복해지기보다는 더 불행해진다는 것이 참으로 슬프다.

## 宋儒眞

?~1594. 서울 출신 서얼로 충청도에서 난을 일으켰다. 이로 인해 같은 서얼 출신 이산겸이 억울하게 누명을 쓰고 죽었다.

## 李夢鶴

?~1596. 충청도에서 체계적이고 준비된 반란을 일으켜 승승장구했으나 부하들에 의해 목이 떨어졌다.

庶孽

# 송유진, 이몽학의 난

## 무너뜨리려는 자, 지키려는 자, 희생당한 자

7년이나 계속된 임진왜란은 조선의 질서를 송두리째 뒤흔들었다. 조선만이 아니라 일본, 명나라까지 뒤엉켜서 때로 싸우고 때로는 휴전하는 등 엎치락뒤치락했고, 수많은 사람이 전쟁에 휘말렸다. 처음에는 일방적으로 왜군에게 밀려난 조선이었지만, 수군에서의 거듭된 승전과 명군의 파견에 힘입어 서울을 수복했고, 또한 심유경과 고니시 유키나가 등의 휴전 협상으로 전세는 소강상태로 접어들었다.

하지만 오랜 전쟁으로 조선 전토는 피폐해졌고, 그중에서 특히 충청도를 비롯한 호서 지역은 엉망진창이었다. 백성들은 각종 수탈과 전쟁에 시달려 굶주렸다. 그중 어느 정도 힘을 쓴다 싶은 사람들은 도적이 되거나, 아니면 의병의 탈을 쓴 도적으로 둔갑해서 이들에게 군대 창고가 털릴 정도였다. 한마디로 난장판이었고, 이는 마침내 반란으로까지 발전했다. 공교롭게도 임진왜란 때 벌어진 대표적인 반란인 송유진의 난, 그리고 이몽학의 난은 모두 서얼들이 중심이었다.

그들은 정말 시대를 바꾸려고 했던 걸까, 아니면 정말 이 참에 왕 노릇이나 해 보겠다는 얄팍한 의도였을까. 어느 쪽이었던 간에 신분이 곧 운명이었던 조선 시대에 신분을 바꾸고 나라를 뒤엎겠다는 역모를 발상해낼 수 있었던 것부터가 임진왜란의 여파이기도 했다.

전쟁이라는 독특한 상황은 기존 조선의 가치관을 뒤흔들었다. 하늘 높은 줄 모르고 위대할 것 같은 조선 왕실은 갑자기 바다를 건너온 왜적들에게 형편없이 패했고, 낯선 외국인들은 이 땅을 지배하며, 양반들은 여기에 굽실거렸다. 이는 조선 사람들에게 크나큰 충격이면서 동시에 발상의 전환을 가져다주었다. 양반이 마냥 윗사람은 아니라는 것, 들고 일어나 엎으면 뒤집어지리라는 것이다.

당시 조선의 양반들로서는 서얼이 감히 반란을 일으켰다는 게 기가 막혔으리라. 또 후세의 사람인 우리가 보기에는 한창 외국과 전쟁 중에 벌어진 내란이니 창피하기 짝이 없는 자중지란이었다. 그래서 대놓고 이야기하는 대신 슬렁슬렁 묻혀 간다는 느낌이다(또 반란이라고는 하나, 금방 진압될 만큼 별 것이 아니기도 했다). 하지만 분명히 있었던 사건이다. 서얼들이 주축이 된 난이 한 번도 아닌 두 번이나 벌어진 데에는 그럴 만한 이유가 있어서가 아니겠는가. 이들 반란이 결코 긍정인 사건이 아니건만, 주의해서 봐야 하는 이유가 여기에 있다.

## 송유진의 난

임진왜란이 벌어진 지 2년이 지난 선조 27년(1594) 1월, 송유진의 난이 일어났다.

야담에 따르면, 송유진은 서울 출신에다 서얼이었다고 한다. 하지만 구체적으로 어느 집안인지는 잘 알려지지 않았다. 아마도 그가 역적이었기에 원래 집안에서 인연을 끊었거나, 아니면 애초에 별 볼일 없는 집안이 아니었을까.

그가 난을 일으킨 곳은 충청도였다. 그즈음 전쟁이 길어지면서 조선 정부의 행정력이 상실되자 도적떼들이 꾸역꾸역 불어났는데, 특히 경기도, 충청도, 전라도에서 극심했다. 당시 30세의 송유진은 난을 피해 달아난 백성과 사족, 무뢰배들을 모아 천안, 직산 근처에서 반쯤 산적질을 하고 있었다. 왜 반만 산적이냐면, 송유진은 자신이 사람을 함부로 해치지 않고 군량과 무기만 모으는 의병이라고 자칭했기 때문이다. 하지만 벌이는 짓이 노략질이었으니 이거야 '사람을 죽이지 않는 살인강도'와 다를 게 대체 뭔가. 하지만 의병이란 국가의 인증을 필요로 하는 게 아니라 그냥 간판만 내걸면 되었던 것이다.

이러니저러니 해도 송유진에게는 경영의 재능이 있었던 모양이다. 그 일대의 어중이떠중이 도적들을 왕성하게 M&A했고, 이로써 충청도를 넘어 지리산이나 속리산까지 세력을 뻗어나갔다. 일이 잘 풀리고 젊은 혈기가 더해지자 송유진은 나라를 뒤엎을 수도 있겠다고 욕심을 낸 모양이다. 때마침 조선 정부의 서울 수비가 빈약하다는 정보가 있었다. 송유진은 그해 1월 10일에 서울 진공을 벌이기로 계획하고 군사를 준비하는 한편, 정말 당당하게도 전주에 있던 세자 광해군에게 반란 선언문을 보냈다.

임금의 죄악은 고쳐지지 않고 조정의 당쟁은 풀리지 않았다. 부역이

> 번거롭고 무거워 민생이 불안하다. 목야牧野에서 매처럼 드날리니 비록 절개를 지켜 굶어 죽은 백이伯夷와 숙제叔齊에게 부끄러움은 있겠지만 백성을 불쌍히 여기고 죄인을 벌주니, 실로 탕무(폭군을 몰아낸 탕왕과 무왕)에게 빛이 될 것이다.

왕 주변의 간신들을 몰아내겠다는 깜찍한 변명도 아니고 정말로 왕을 갈아치우겠다는 말이니, 이 썩어빠진 나라를 뒤엎겠다는 포부를 드러내고 있다. 사실 조선왕조가 얼마나 나라 운영을 잘했는지 의문인 상황에서는 나름 일리가 있는 주장이었을지도 모른다. 하지만 송유진의 계획은 너무 일찍 터뜨린 샴페인, 혹은 떡 줄 생각도 없는데 김칫국을 사발로 들이킨 꼴이었다.

반란의 소식이 들어오자, 충청도 어사는 재빨리 서울로 보고했고 조정은 사태 파악에 나섰다. 송유진의 반란군이 무기를 탈취하여 서울을 공격하려 하고 나름 도성에서 가까운 청계산(지금의 서울 양재동-성남-과천 일대에 있는 산)에 근거지를 두고 있다고 알려지자 병사 변양준과 순변사 이일 등이 진압 명령을 받고 파견되었다.

그런데 반란은 '애개?' 소리가 절로 나올 만큼 손쉽게 무너졌다. 보고가 올라온 것이 1월 11일인데, 바로 다음 날인 12일에 반란의 주역인 송유진을 비롯한 관계자들이 주렁주렁 붙잡힌 것이다. 진압의 비결이란 이랬다. 직산의 좌수 임달신을 비롯하여 홍응개, 홍난생, 홍우 등등은 일부러 반란군인 척 가장하고, 송유진의 무리 속에 숨어들어 단박에 그를 사로잡은 것이다. 이래서야 싸우기도 전에 상황 끝이다. 이것만 봐도 반란이 얼마나 허술하고 엉망진창이었는지를 알 수 있다. 이로써 사태가 종료되고, 선조는 반란을 진압한 사람들에게 상을 내렸다. 그리고 송유진을 비롯한 10여 명의 죄인들은 서울로 압송되었다. 이로써 송유진의 난은 마무리 지어지는 듯 했으나……. 진정으로 큰일은 그다음에 벌어졌다.

일단 반란이 진압되긴 했지만, 이 소식을 들은 선조의 신경질은 극에 달했다. 그는 도성 내 간사한 사람들이 역모에 내통했을 가능성이 있다고 보고, "아무리 세세한 일이라도 내가 직접 보겠다"라며 모든 공문을 자기 앞으로 가져와서 처리하도록 했다. 왕이니까 반란에 민감해질 수밖에 없겠지만, 선조라는 사람에게 있는 편견 덕분인지 곱게 보이지 않는다. 특히 여기에 억울하게 휘말려 들어 죽임까지 당한 사람이 있다는 생각을 하면 더욱.

더 큰 비극의 씨앗이 된 것은 청계산의 이씨가 누구냐는 문제였다. 처음 반란을 일으켰을 때 송유진은 자기가 반란의 두령이라고 직접 나서는 대신 판서를 자칭했다. 판서가 있으면 정승이 있고, 정승이 있으면 왕이 있는 것도 당연하지 않겠는가? 그리고 청계산에 이씨 성의 두령이 있다는 말도 함께 퍼뜨렸다. 훗날 밝혀진 바이지만 처음부터 그런 사람은 있지도 않았으니, 송유진은 배를 불룩 내민 개구리처럼 반란의 세력이 훨씬 거창하다고 허풍을 부린 것이다.

송유진은 체포되자, 이제 이씨가 누구냐는 문제가 불거졌다. 당시 조선왕조로서는 아직 잡히지 않은 반군의 세력이 있을 수도 있다는 사실에 촉각을 곤두세웠고, 이씨의 정체를 밝혀내려고 애쓰면서 체포된 반란군을 서울에 이송했다. 그러다가 무슨 일이 계기가 되었는지 모르지만 비변사는 청계산 이씨가 바로 의병장 이산겸이라고 추측했다. 체포령이 떨어진 것은 이 추측이 나온 것과 동시였다. 조금, 아니 굉장히 의외인 사실은 체포된 반란군이 서울에 도착하기도 전에 이런 결정이 내려졌다는 것이다.

"보령에 사는 이李씨 성 사람은 이산겸인 것 같습니다. 산겸은 일찍이 의병을 일으켜 거느린 군사가 자못 많았으나 한 사람의 왜적도 체포한 적이 없었습니다. 지난해 중국 사신을 만나기 위해 개성에 와 있었는데, 사람들의 말에 의하면 말솜씨가 상당히 능란했다고 합니다. 그 후 호서에서 온 사람들이 하는 말에 따르면 산겸이 모집한 군대가 아직도 그대로 있는데 산속에 쌓아 놓은 군량과 무기 또한 많다고 하였습니다."

이런 내용만 읽어 보면, 대체 머리구조가 어떻게 생겼으면 이산겸이 반란군이라는 결론이 나오느냐고 비변사에게 물어보고 싶다. 성이 이씨에다 말솜씨가 뛰어나고 의병을 일으키면 역적이라는 걸까? 게다가 왜군과 손을 잡았다는 엄청난 혐의마저 씌우고 있었다. 대체 왜? 당시 보령 일대에서 가장 유명한 이씨가 그 사람이라서가 아니었을까? 그거 말고 다른 이유는 생각이 나질 않는다. 그때까지 이산겸은 의병활동을 했을지언정, 반(조선)정부 활동을 한 경력이 없었으니까. 어쨌든 이산겸은 이렇게 뜬금없이 튄 불똥을 뒤집어쓰고 역적 혐의로 체포되었다.

그럼 이제부터 이산겸이 누구인지 살펴보자. 그는 본래 충청도 출신으로, 비교적 임진왜란 초기에서부터 의병을 일으킨 사람이었다. 처음에는 700의총으로 유명한 조헌의 의병에 참여했지만 금산 전투에는 참여하지 않아 살아남았고, 조헌이 죽은 뒤 남은 군사들을 모아 왜병들과 싸웠다. 공교롭게도 그는 송유진과 마찬가지로 서얼이었고, 《토정비결》의 저자인 이지함의 아들이기도 했다. 솔직히 말해 《토정비결》과 이지함이라는 이름은 알아도 과연 어떤 사람이었는지 아는 사람은 그리 많지 않은 듯하다.

이지함은 북인의 영수였던 이산해의 삼촌이면서, 한음 이덕형의 처삼촌할아버지였다. 그리고 젊은 시절부터 율곡 이이 등과 터놓고 지낸 마당발이었다. 《토정비결》의 저자라니 과거와 현재와 미래를 훤히 꿰뚫어 보는 도인일 것만 같지만 그는 공상적인 예언가나 역술가라기보다는 사회운동가에 훨씬 가까운 사람이었다. 벼슬은 현감에 그쳤지만 자신이 다스리는 지역 백성들의 삶의 질 향상을 위해 힘썼다.

그의 아들 이산겸은 어째서 의병을 일으켰을까. 원래 북인들이 의병활동을 활발하게 했다는 점, 조헌과 행동을 같이 했다는 사실을 보면 이미 왜란이 일어나기 전부터 알고 지내던 사이가 아니었을까. 앞장에서도 잠깐 이야기했지만, 조헌은 자신의 스승이자 서얼인 송익필을 옹호하다가 처벌을 받은 일까지 있었으니만큼 이산겸과도 터놓고 지낼 수 있었을 것이고, 마침내 의병으로 의기투합했으리라.

비록 눈에 띄는 전공은 없었다고 한들, 이산겸이 의병을 이끌며 싸운 것은 분명하다. 그런데 체포된 송유진은 자신은 그저 아이들을 가르치는 학장學長이었다가 역모에 휘말린 것뿐이고, 진짜 역적은 이산겸이라고 우겼다. 하지만 빤한 거짓말이라서, 그를 제외한 다른 역모

관계자들을 심문하자 금방 진상이 드러났다. 정말이지 나라를 뒤엎겠다는 역모를 꾸민 사람이라고 믿어지지 않을 정도로 옹졸한 배짱에 치사한 잔머리 굴리기이다. 그러니까 고작 이틀 만에 반란이 엎어지는 것도 당연했다.

결국 이산겸은 이 역모에 전혀 연루되지 않았다. 송유진이 이산겸을 걸고넘어진 것은 공초를 당하던 와중 심문관들이 이산겸의 이름을 대며 물어봤기 때문이었으리라.

이쯤 되자 국문을 지켜보던 선조도 송유진과 반란의 내실을 꿰뚫어보았고, 송유진이 진술했던 말이 허풍이라는 것도 간파해냈다. 두 번의 국문을 치른 뒤 선조는 이번 사건의 결론을 내렸다.

"적이 이른바 청계산이다, 가야산이다 한 것은 허장성세로 사람들을 혼란시키기 위한 말인 것 같다. 이산겸이 괴수라고 하지만 송유진이 진짜 괴수이다."

그리고 송유진을 비롯한 반역자들을 능지처참에 처하게 했으니, 이는 곧 반란의 진상이기도 했다. 이런 점만 봐도 선조가 날카로운 정치적 감각의 소유자였다는 사실을 알 수 있다. 그리고 이산겸이 정말로 무죄였다는 사실도. 그러나 처벌은 진실과는 다르게 내려졌다.

억울하게 이 역모에 휘말린 것은 이산겸뿐만이 아니었다. 군관들은 반란자들이 살거나 살았던 지역을 이 잡듯이 뒤졌고, 아무런 단서도 없이 사람들을 마구 잡아들였다. 평소에 이산겸을 알고 지냈던 사람을 그 이유만으로 잡아가두거나, 당사자가 달아나자 처와 자식들을 대신 가두는 일도 있었다. 억울하게 피해를 당하는 사람이 늘어나자 지나친 처벌을 자제하자고 요청한 것은 다름 아닌 유성룡이었는데, 선조는 알겠다는 답변을 내렸지만 그렇다고 제대로 시행된 것 같지는 않다. 왜냐하면 똑같은 부탁을 두 번이나 했기 때문이다.

가장 억울한 희생자는 이산겸이었다. 문초가 진행되면서 원래 반란에 참여했던 인물들은 모두 이산겸을 모른다고 진술했다. 하지만 여기에 대한 선조의 대답이란 이러했다.

"이산겸이 역적들의 자백서에 많이 오르내렸으니, 그게 사실이든 아니든 그들 중에서 이 사람을 추대해서 괴수로 삼으려 했을 것이다."

그러니까 아무리 본인에게 죄가 없어도 역적들이 그를 알고 있었으니 용서할 수 없다는 것이다. 반란에 참여하진 않았지만 참여하게 될지도 모르니 죄인이란 건데, 세상에 이런 법이 어디 있나. 억울하지 않을 리가 없다. 잘 모르는 사람들이 벌인 역모의 주모자가 되다니. 다른 무엇도 아니고 의병을 일으켜 지키려 했던 나라에게 역적소리를 듣다니 억울한 건 둘째 치고 어이가 없을 지경이었다.

국문장에 끌려나온 이산겸은 고문을 당했지만, 끝내 죄를 인정하지 않았다. 자백서에 서명을 하는 것도 거부했다. 그러자 왕과 신하들은 더욱더 고문을 하도록 명령했다. 압슬, 단근질, 또 압슬. 고문이 계속되고 또 계속되었지만, 이산겸은 끝내 자신에게 죄가 없다고 주장했다. 이를 지켜보던 유성룡은 이산겸에게 병이 있으니 그만 물어보자고 했다. 병이라니, 원래 있었던 병이 아니라 거듭되는 고문 때문에 생겨난 병일 것이다.

"두서없이 고문만 하면 인명人命이 필시 많이 상할 것이니 이 때문에 전부터 실수한 일이 있었습니다. 별로 나타난 단서도 없는데 상종하였다는 자취만으로 이렇게까지 (고문이) 만연蔓延되었으니 온당치 않은 듯합니다."

유성룡은 애써 주장했지만, 끝내 이산겸의 죽음을 막지는 못했다. 《선조수정실록》에서는 27년 1월 1일 기사에서 이산겸의 사망 소식을 전한다. 그는 끝내 자신의 억울함을 주장하다가 형틀 위에서 처참하게 숨이 끊어졌고 사람들이 원통하게 여겼다는 사실을 적고 있다. 본래 《선조수정실록》은 북인이 아닌 서인정권에서 정리한 것이며, 따라서 의병장이나 북인들의 평가에는 야박한 편이다. 그럼에도 이산겸의 사실을 기록하고 안타까워할 만큼 이 사건이 정말 불공정했다는 것을 보여 주는 것이리라.

그러면 왜 선조는 이산겸의 억울함을 알면서도 죽음으로 몰고 갔을까. 이유는 크게 두 가지로 생각해 볼 수 있다. 먼저 반역자들이 그를 추대해서 지도자로 세울 만큼 인망이 있었다는 것에 위협을 느꼈으리라. 당시 왕실의 체면이란 땅에 떨어진 다음 데굴데굴 굴러다녀 발에 채이고 있을 만큼 추락해 있었다. 신하들에게 버림받았고, 또 그 자신이 백성들을 버렸던 선조는 자포자기와 신경질이 뒤섞여 툭하면 왕을 그만두겠다며 세자 광해군과 신하들을 들들 볶아댔다. 그런 와중 역모마저 벌어졌으니 히스테릭해질 수밖에 없다. 그러니까 이산겸이 아무 죄가 없었다 한들, 왕에게 위협을 줄 만큼 인망을 얻은 게 잘못이라는 것이다.

또 다른 이유는 역모를 완전히 끝장내기 위해서이다. 비록 송유진의 난은 온갖 과장이 들어간 형편없는 애들 장난 수준의 반란이었지만, 그걸 아는 것은 왕을 비롯한 조정의 사람들뿐이다. 청계산의 이씨 장군은 여전히 살아남아 있었다. 이씨 장군을 잡지 않는 한, 세상에는 여전히 반란군이 남아 있다는 소문이 돌고, 조선왕조를 싫어하는 사람들의 마음은 그곳으로 흐른다. 그리 되다 보면 소문은 어느 순간 사실이 될지도 모른다. 그렇지만 원래 있지도 않은 이씨를 잡을 수 없는 노릇. 그래서 이씨 성인 이산겸을 희생양으로 삼은 것이다. 결국 이산겸은 반란이 완전하게 진압되었음을 보여 주는 도구로 이용당했다.

어느 쪽 추측이 사실에 가까울까? 필자의 생각으론 되도록 후자의 경우였으면 한다. 어떤 충분한 근거가 있어서가 아니라, 가뜩이나 암울하기 그지없는 임진왜란의 시기에 신하들의 재능을 질투해서 누명을 씌우고, 죽이기까지 하는 옹졸한 왕이 이 나라를 다스렸다는 사실을 인정하고 싶지 않아서이다. 물론 전자이든 후자이든, 이산겸이 억울한 것은 변함이 없긴 하지만.

죽기 직전 이산겸은 자신이 서얼이라서 이런 누명을 쓰게 되는 것이라고 절규했다. 슬픈 일이지만 그가 혐의를 받고 죽어가는 동안 명색이 일가친척이었던 이산해나 이덕형 등은 아무도 구완해 주지 않았다. 너무 매정한 게 아니냐고 비난하기엔, 이 사건이 워낙 어처구니가 없어서 슬프다.

마찬가지로 곤란한 처지에 놓인 사람은 바로 유성룡이었다. 유성룡은 앞서 이산겸을 극력 칭찬하고 추천까지 했던 사람이었다. 바로 전년도인 26년, 이산겸은 개성에 왔다가 명나라의 사신들을 만났는데, 이중 왕필적王必迪은 유성룡에게 어쩌면 이렇게 충성스럽고 의리 있는 사람을 키워냈냐며 칭찬을 아끼지 않았다. 유성룡은 이런 재능 있는 이산겸에게 사신의 임무를 맡겨 중국으로 보내자고 추천했는데, 불과 몇 달 만에 역적이 되었으니, 역사는 왜 이리도 잔인한가.

유성룡 본인으로서는 미처 상상도 못했던 일이었겠지만, 유성룡의 칭찬과 추천은 선조에게는 오히려 불안함과 위협을 부채질했다. 그래서 이산겸이 역적 소리를 들으며 형틀 위에서 천천히 죽어가는 광경을 눈앞에서 보아야만 했다. 가슴을 쥐어뜯고 싶었을 끔찍한 일이었으리라. 과연 이것은 누구의 탓일까. 이렇게 서얼이 벌인 반란은 또 하나의 서얼을 잡아먹고서야 끝났다. 이렇게 송유진의 난이 진압되고 고작 2년이 지났을 때, 훨씬 규모가 거대한 반란이 벌어졌으니 바로 이몽학의 난이었다.

## 두 번째 서얼의 반란, 이몽학의 난

두 번째의 반란을 일으킨 이몽학도 서얼 출신이었는데, 전주 이씨였다고 한다. 그렇다면 왕족이 아니냐고 생각하겠지만, 이미 조선이 들어선 지 수백 년이 지나 전주 이씨는 엄청나게 숫자가 불어 있었다. 전주 이씨라고 해서 전부 종실인 것도 아니고, 이도저도 아닌 사람들도 많았다. 이몽학이 워낙 패악질이 심해서 아버지에게 내쫓김을 당한 불초자식이라는 말도 있다. 하지만 이런 이야기는 조선 전기의 유자광의 이야기와 똑같아서 진실이라기보다는 반사회적인 인물에게 곧잘 들어지는 나쁜 클리셰인 듯하다.

야담에서는 이몽학이 원래 충청도 홍산鴻山의 사람이었다는 말도 있는데, 여기에 또 이것저것 황당하고 신기한 이야기들이 덧붙여졌다. 그중 대표적인 것이 '오뉘힘내기(오누이끼리 누가 힘이 더 센가를 내기하는)' 설화이다. 내용인즉슨 이몽학이 어머니와 누이와 함께 살았다. 그런데 힘이 장사인 이몽학은 자기가 나라의 왕이 되겠다는 원대한 꿈을 꾸었다고 한다.

"나는 영웅이니까 이 나라를 때려 부수고 임금 노릇을 해야겠다."

딴죽을 걸 만한 구석이 너무 많아서 오히려 아무 말도 할 수 없어지는 황당한 꿈이지만, 민담이니까 민담으로 이해하자. 누이는 동생을 말렸고, 이몽학은 방해가 되는 누나를 죽이기 위해 누구 힘이 더 센지를 목숨을 건 내기를 하고 누이를 죽였다. 하지만 결국 그녀의 예견대로 이몽학의 반란은 실패로 돌아갔다고 한다.

소설이나 드라마를 좋아하는 사람이라면 이몽학의 출신을 두고 온갖 재미있는 이야기를 상상해낼 수 있을지도 모르나 실제의 이몽학은 정말 별 볼일 없는 출신이었던 것 같다. 실제로도 《선조수정실록》은 이몽학을 두고 서인庶人이라고 일컫고 있다. 하지만 그가 일으킨 반란은 이전 송유진의 것보다 훨씬 더 체계를 갖췄고, 여기에 더해 규모마저도 컸다. 이를테면 '준비된' 반란이었다는 소리다.

이몽학은 충청도 곳곳을 돌아다니며 '민심은 탄식과 원망으로 차

있으며 크고 작은 고을에 모두 방비가 없는 것을 보고' 난을 일으키려고 했다고 한다. 이 말을 허투루 들을 수 없는 게, 이몽학의 난은 이전 송유진의 난처럼 충청도에서 일어났다. 몇 년의 차가 있어도 같은 지역에서 반란이 거듭 일어나고, 이것이 백성들의 호응을 받았다는 점은 굉장히 의미심장하다. 그만큼 그 일대의 상황이 처참했고 작은 불씨에도 바로 들고 일어날 만큼 조선왕조에게 많은 불만이 있었다는 말이다.

그리고 여기엔 많은 협력자들이 있었다. 이몽학의 반란에 가장 큰 공로자는 바로 한현韓絢이었다. 그 역시 서얼 출신이었고, 조금 의외로 들릴지도 모르겠지만 원래 의병장으로 전공을 올렸던 인물이었다. 송유진의 난 당시에도 반란에 연루되었을지 모른다는 의심을 받기도 했다. 원래부터 반정부 인사(?)였던 것일까? 하지만 송유진의 난 때 억울한 사람들이 누명을 썼던 것을 생각하면 꼭 그런 것 같지도 않다. 이후 혐의가 없다며 풀려났던 한현은 군량미를 모으는 모속관募粟官으로 충청도에서 활동했는데, 이몽학은 그의 부하이자 오랜 지인이었다고 한다. 나중에 반란이 진압된 이후 밝혀지는 사실이지만, 한현의 마당발이 반란의 동조자들을 모으는 데 도움이 되었던 것 같다.

이몽학은 한현과 손잡고 홍산에 있는 무량사無量寺에 모여 비밀결사조직 '동갑회同甲會'를 만들어서 반란을 계획했다고 한다. 비밀결사라면 '일루미나티'나 '로젠 크로이츠(장미십자회)'를 떠올릴 사람도 있겠지만, 사실 동갑회 자체는 호서 지방의 흔한 풍속이다. 나이는 물론이거니와 신분에 상관없이 자신의 띠를 깃발에 적어두면 같은 띠의 사람들이 함께 모여 술을 마시고 노는 것이니까 요즘의 친목회이다.

그중 이몽학의 동갑회에는 서얼들도 많이 포함되어 있었다고 한다. 사람은 끼리끼리 모인다고 했던가. 이몽학과 한현 같은 사람들이 모였더라면, 자신들이 본 처참한 조선의 지경을 한탄하고 서얼의 서글픔과 원한이 더해져서 이윽고 반란을 꿈꾸었으리라. 나름대로 자연스러운 상황이다. 반란을 일으킬 만큼 조선 사회를 원망하는 이들이라면 역시나 서얼일 테니까. 사노비들 역시 반란에 참가했고, 나중에는 절의 승려들 역시 끼어들었다. 임진왜란 당시 서산대사나 사명당 등 승군들이 많이 활동한 것은 사실이지만, 그렇다 해도 조선은 유교의 나라였고 불교와 승려들은 계속 찬밥 신세였다.

정리하자면 이 반란에는 조선 사회에서 소외받았던 서얼, 승려, 농민 등 당시 조선 사회에 불만을 가진 이들이 모두 모여들었다. 이들은 떠도는 농민들을 모아 군사훈련을 시키면서 반란의 때를 노리며 숨죽이고 있었다.

선조 29년(1596), 연초부터 '당학'이라는 전염병이 크게 유행했다. 당학은 보통 말라리아로 추정되는데, 드물게 페스트라고 주장하는 사람도 있다. 이때 '병에 걸리지 않은 사람이 없다'라고 할 정도로 심각하게 번졌는데, 특히 노인과 어린아이가 많이 희생당했다.

병에 걸리거나 낫는 것은 개인의 운명일 수도 있다. 하지만 이것이 사회에 유행한다면 나라가 해결해야만 하는 책임이었다. 전쟁은 어느 정도 진정되었지만, 조선 정부에게는 병에 걸린 사람들을 구하고 도울 여력이 없었다. 나라 곳곳에는 의병이라는 간판만 붙였을 뿐인 도적떼들이 우글거렸고, 군량을 확보하기 위한 징수는 나날이 늘어갔다. 그저 빼앗기만 하고 아무것도 해 주지 않는 나라에게 무엇을 기대할 수 있을까. 이로써 백성과 나라 사이에 신뢰는 사라지고 원망만이 남는다. 이몽학과 공모자들은 이런 상황을 보고 반란의 성공을 예견했으리라.

마침내 7월 6일, 충청도 무량사에서부터 난이 시작되었다. 이몽학은 스스로 선봉장이 되었고, 김경창을 비롯하여 이구, 승려였던 능운, 사노비 팽종 등이 참여했다. 나중에는 승군도 합류했다. 반란의 시작에는 이몽학의 동갑회가 바람잡이로 적절히 움직였다. 깃발을 세우고 나팔을 불고 북을 치면서 사람들을 끌어모으면, 동갑회 사람들이 앞장서 무기를 빼어들어 사람들을 부추겼다. 이렇게 모여든 병력은 천여 명 남짓이었다.

반란군은 홍산현의 관아를 급습해서 현감을 사로잡았고, 임천군도 점령했다. 다음 날인 7일에는 정산현이 함락되었고, 이곳 현감은 달아났다. 8일에는 청양이 무너졌다. 다음 날인 9일에는 대흥군이 함락되었다. 그야말로 종횡무진, 파죽지세였다. 관아의 현감, 수령들은 자리를 지키거나 맞서 싸우는 대신 달아나기 바빴고, 개중에는 부하들이 반란군에게 무기를 들려주는 것을 보았건만 두려워서 말리지 못하고 달아난 졸장부도 있었다. 그나마 충청병사 이시언이 반란을 진압하려 했으나 두 번이나 패퇴했다.

이렇게 전황을 보면 과연 한 달 만에 왜군에게 수도가 함락된 조선 군대답게 한심하다고나 할까(진심으로 슬픈 일이다). 어째서 조선은 왜군은 고사하고 반란군에게조차 '발린' 걸까. 군이 변명거리를 찾는다면, 본래 반란군들은 충청도 토박이들이었기에 지형에 '빠삭' 했고,

처음 반란군과 맞선 관리들은 하나같이 문관 출신이라 전쟁에 능하지 못했던 요인도 있었을 것이다. 또 이몽학의 난은 이전의 송유진과 달리 훨씬 준비된 반란이었다는 점도 있다. 이유야 어쨌든 조선 정부의 체면은 엉망이 되었고, 반란군은 그만큼 기세등등해졌다.

이몽학은 송유진처럼 '왜군의 침입을 막고 나라를 바로 세우겠다'라고 반란의 슬로건을 내세웠고, 백성들의 엄청난 호응을 얻었다. 반란군이 지나가는 곳에서 밭을 매던 자는 호미를 가지고, 행상하는 자는 막대기를 가지고 신이 나서 즐겁게 따라갔다던가. 피폐한 생활에 시달리고 더 이상 조선이라는 나라를 믿지 못하게 된 백성들이었다. 그래서 기뻐하며 반란에 참여한 사람도 있고, 고관대작이 되리라고 믿은 사람들도 있었으며, 술과 음식을 차려 반란군을 맞은 이들도 있었으니 역적의 무리는 점점 많아졌다.

상황이 이렇자 기회주의자 관리들은 아예 반란군 쪽에 줄을 섰다. 서산군수 이충길이 대표적인 인물로 동생들을 반란군에 들여보냈다. 명색이 공무원이 이럴진대, 하물며 힘없는 백성들이야 어땠겠는가.

그리하여 반란군은 한때 수만 명에 달했다고 하며, 장군과 문관, 무관들의 자리가 있고 저마다 책임이 있었으니 정말 그럴싸한 조직이었다. 그리고 10월, 반란군은 충청도의 전략적 요충지인 홍주성을 공격했다.

하지만 홍주성을 지키고 있던 홍주목사 홍가신은 보통 인물이 아니었다. 우선 믿을 만한 부하들을 시켜 반란군에게 거짓 투항하게 하는 한편, 현지의 무장인 박명현, 임득의 등을 기용해서 싸울 수 있는 사람들을 모았다. 혼자 싸우기보다는 다른 관리들과의 협조도 충실하게 준비했으니, 체찰사 종사관인 신경행에게 구원을 요청하고 수사 최호도 불러들였다. 처음에 최호는 연합작전에 난감해했는데, 이유인즉슨 자신이 거느린 것은 수군이라서 육지전에는 적합하지 않다는 것이다. 틀린 말은 아니지만 긴박한 상황에서는 그런 걸 따질 겨를이 없었다. 이런 상황에서는 수군이 아닌 공군이라고 해도 (있었다면) 반란군 토벌에 투입했을 테니까. 이렇게 원군이 홍주성에 합류하자 홍가신은 성의 방어태세를 단단히 하고 굳히기에 들어갔다. 장기전의 준비를 한 것이다. 그가 거느린 군대는 조선 정규군으로 체계가 확실했다. 여기에 군량 및 보급이 완비되어 있다면 해 볼만한 전술이었다. 기세가 잔뜩 올라 있는 반란군의 공격력은 놀라운 수준이었으니, 여기에 정면으로 맞서 싸워 봐야 승리할 수 없다고 보았으리라. 나를 알고 적을 알면 백 번 싸워도 백 번 이긴다고 했던가? 이렇게 구구절절하게 칭찬을 하는 이유는 홍가신의 전략이 아주 제대로 먹혔기 때문이기도 하다.

반란군은 홍주성 주변 2~3리까지 닥쳐와서 1천여 명씩 5개의 진을 설치했다. 이미 5천 명은 넘는 막대한 군세였던 것이다. 반란군의 선봉은 홍주성을 공격하면서 이렇게 외쳤다.

"하늘의 뜻이 이와 같거늘 어째서 성의 사람들은 나와 호응하지 않는가?"

이를테면 심리전을 벌인 셈인데, 이제까지 승승장구했던 전력을 생각하면 그렇게 자신만만한 것도 무리는 아니다. 이에 맞서 홍주의 병사들은 대포와 불화살을 쏘아 성 인근의 인가들을 불태웠다. 농성 중이라고는 하나 홍주성의 주민들은 대부분 성 바깥에 사는 민간인이었을 텐데, 자신들의 집이 불타고 반란군의 유혹에도 성 밖으로 나서지 않고 방비를 단단히 했다. 반란군들은 계속 홍주성을 공격했지만 끄덕도 하지 않았다.

홍주성이 여간해서 함락되지 않자, 이제 이몽학에게 남은 희망은 한현이 데려올 원군이었다. 홍가신의 전략에 잔뜩 골탕을 먹은 이몽학은 이를 갈았다.

"한현이 오면 목사의 머리를 잘라 깃대 끝에 달아두겠다."

처음 반란이 시작되었을 때, 한현은 참여하지 않았다. 반란을 일으키기 직전 그의 아버지가 타계했던 것이다. 그러자 한현은 이몽학에게 먼저 거병하면 자신이 뒤를 따르겠다는 말을 남기고 상을 치르기 위해 홍주로 돌아가 있었다. 나라를 뒤엎기 위한 반란을 앞둔 중차대한 시기에 개인 사정으로(부친상이 중요하지 않은 일은 아니지만) 빠지는 것이 황당하지만, 그게 조선 사람들의 효도였다.*

한편으로 한현은 반란의 성공에 회의적이라서, 사태를 관망하다가 나중에 유리하다 싶으면 참여하려 했다고 보는 사람도 있다. 들어 보니 그럴싸하다. 원래 한현 쪽이 비교적 사회 경험도 많고 지위도 높았을 터인데, 정작 반란에서는 이몽학이 총대를 메었으니까.

---

* 이후에도 비슷한 일이 있었으니, 명성황후의 시해를 계기로 일어난 을미의병은 서울 진공을 앞두고 총대장이 부친상으로 고향으로 돌아간 탓에 의병은 무산되었다.

과연 한현은 무슨 생각을 했을까? 송유진의 난에서의 호된 경험이 한현을 조심스럽게 만들었던 것일까? 훗날 조선 조정은 반란의 주모자가 이몽학인지, 아니면 한현인지를 놓고 논쟁을 벌이기도 했다. 어쨌든 처음 반란은 이몽학에게서 시작했기에 역사는 이를 이몽학의 난이라고 부른다.

이렇게 홍가신이 시간을 버는 사이, 도원수 권율은 반란군을 진압할 군대를 이끌고 진격했다. 그 외에도 충청병사 이시언이 따르고, 어사 이시발은 유구維鳩에, 중군中軍 이간李侃은 청양에 위치하여 홍주의 반란군을 포위할 준비를 갖추었다. 이몽학이 초조해한 것도 당연한 일이다. 이제까지 거칠 것 없이 나아가던 군세가 막히자 급속도로 불안해졌고, 추격하는 관군의 부대가 있다는 정보도 도달했으리라.

마침내 이몽학은 홍주성 공략을 포기하고 후퇴를 결정했다. 계속 전황을 관망하고 있던 한현이 비로소 무거운 엉덩이를 들고 병사들을 모아온 것은 그즈음의 일이었다. 원군의 수는 대략 수천. 이몽학은 이 정도 병력이 있다면 이길 수 있겠다고 생각했고, 홍주성을 포위하고 있던 병사를 돌이켜서 청양青陽으로 퇴각했다.

바로 여기에서부터 반란은 붕괴의 조짐을 드러낸다. 기세 좋게 쳐들어간 홍주성에서 아무 성과도 얻지 못하고 물러나자, 잔뜩 흥분했던 반란군 무리들은 금방 머리가 식고 겁을 먹었으며, 이는 병사들의 전선 이탈로 이어졌다.

도원수 권율은 반란군이 흔들린 이때를 놓치지 않았다. 그래서 전라감사 박홍로에게 반란군의 토벌을 명령하고 본인도 함께 니산으로 향했는데, 반란군의 기세가 아직까지도 등등하자 원군을 불렀으니, 그게 바로 의병장 김덕령이었다. 나중에 그의 운명이 어찌 될지 당시의 권율은 꿈에도 몰랐으리라.

해서 권율이 이끄는 호남의 군사는 석성현에 진을 쳤다. 이때 전주 판관의 부하인 윤성은 밤을 틈타 달랑 장사 20명만 이끌고 반란군 쪽으로 가서 총통을 연거푸 쏘아댔다. 배짱도 좋게 항복하라고 외쳤는데, 이때 정말로 먹음직스러운 떡밥을 던졌으니 이몽학의 목을 베어오면 설령 반란에 참여했다고 해도 용서해 주겠다는 것이다.

정말 허무하지만, 이몽학의 목은 바로 그날 떨어졌다. 관군도 아니고 민간인도 아닌, 이제까지 반란군에서 동고동락하고 있었던 부하들이 잠들어 있던 이몽학을 살해한 후 투항했던 것이다. 이몽학을 살해했던 것은 부하이자 비장이었던 김경창金慶昌이었다. 김경창은 처음부터 반란을 함께 일으킨 동료였다. 하잘것없는 잡병이 아니고 가장 중심부에 있는 인물부터가 등을 돌린 것이다. 상황이 불리했다고는 하나, 너무나도 신속하게 내부 붕괴가 일어났으니 오히려 황당하기까지 하다. 아무래도 내부의 알력다툼도 상당히 심했고, 특히 홍산현의 공략 문제로 김경창과 의견이 충돌했던 게 아니었을까. 그렇지 않고서야 이렇게까지 허무하게 배신할 리가 없다.

한편 한현이 이끌고 오던 수천 명의 병사들은 홍주감사 홍가신과 이시언의 공격에 여지없이 패퇴하고, 한현은 포로로 잡혀 서울로 압송되니 이것이 7월 17일의 일이었다. 이로써 11일 만에 이몽학의 난은 정식으로 종결된다.

이몽학의 난은 정말 허무할 정도로 순식간에 진압되었다. 결국 민란이었기 때문이리라. 충분한 체계와 위계질서가 갖춰져 있다면야 윗사람들끼리 드잡이질을 하든 콩을 볶든 그럭저럭 유지되지만, 이 반란은 이몽학과 일부 사람의 힘, 만연해 있던 사회 불만에 힘입었을 뿐이었다. 그리하여 그 기세가 꺾이는 순간 민란은 와해되었다.

그것이 군중의 속성이다. 개인이 모인 것이 군중인데, 이는 어떤 목표를 향해 달려가고, 끊임없이 개인을 집어삼켜 세력을 불려 나간다. 마치 마른 섶 불에서 타오르는 불꽃처럼. 하지만 진정한 불이 아니기에 끝없이 타오르지는 못한다. 한 방향으로 달려가는 순간은 무섭게 불타오르지만, 갑자기 방향을 바꾸거나 멈추면 그 즉시 붕괴가 시작된다. 하나의 덩어리였던 무리는 개인으로 각성하게 되고, 의심하고 두려워하며 반발하고, 이제까지의 구심력은 원심력이 되어 뿔뿔이 흩어진다. 그렇게 이몽학의 난은 솔개가 날아가는 것을 보자 사방팔방으로 달아나는 병아리들처럼 무너졌다.

두 번째의 반란이 진압된 뒤, 후속 조치는 재빠르게 진행되었다. 이몽학의 잘린 목과 시체는 철물전鐵物廛 앞에 3일간 걸어놓은 뒤, 전국으로 돌려 본보기로 삼았다. 그리고 이몽학이 살았던 집을 역적이 살았다 해서 헐어내고 방죽, 그러니까 연못을 만들었다. 이 때문에 그 일대가 방죽마을이란 이름이 붙여졌다던가. 그 외 한현을 비롯한 반란의 중심인물들도 능지처참당하고, 일가친척들은 교수형에 처해지거나 귀양을 갔다. 죄를 지은 사람이 죗값을 치르고 처형당하는 것에 무슨 딴죽을 걸겠는가. 문제는 아무 죄 없는 사람들이 말려들어 희생당했기 때문이니, 2년 전 송유진의 반란 때와 비슷한 일이 또다시 벌어진 것이다.

이몽학도 자기 반란 세력의 규모와 인맥을 잔뜩 부풀려 말했다. 의병장 김덕령에서부터 도원수, 병사들에 이르기까지 모두 자신과 내통하고 있다고 큰소리를 빵빵 쳤던 것이다. 당연히 거짓말이다. 이것이 사실이었다면 그렇게 금방 무너졌을 리도 없었을 것이다. 반란이 진압되는 와중 조정은 반란군의 문서를 얻었는데, 여기에는 김, 최, 홍의 세 성이 적혀 있었다. 과연 이 세 사람이 누구냐는 데 수사의 초점이 맞춰졌는데, 생포되었던 한현은 이게 바로 김덕령, 최담령, 홍계남이라고 주장했다. 그 외에 홍의장군 곽재우와 의병장 고언백 역시 반란과 내통했다는 실토가 있었고, 여기에 병조판서 이덕형(한음)도 반란군과 내응하고 있다는 말이 나왔다.

나중에 이런 자백들은 모두 거짓으로 밝혀졌지만 조정은 온통 뒤숭숭해졌다. 이름이 거론된 이들은 모조리 투옥되어 조사를 받았고, 혹은 근신에 들어갔다. 정작 여기 리스트에 오른 사람들 중에는 반란 진압을 위해 애써 뛰어다니던 사람들까지 있었으니, 엄청나게 억울한 누명이었다.

이몽학이 거짓을 고한 것은 그렇다 해도 한현은 왜 애꿎은 의병장들을 걸고 넘어갔을까. 반란이 실패해서 죽을 날만 기다리고 있으니 길동무라도 늘리려는 자포자기의 심정 때문이었을까? 하지만 이 일로 된서리를 맞은 사람들의 처지를 생각하면 정신이 아득해질 지경이다.

이럴 때 똑똑한 심문관이 나서서 진술의 어디까지가 진실이고 어디까지가 거짓인지 구분할 수 있었다면 좋았을 텐데, 선조라는 왕의 인간됨은 이미 검증된 바이니 남은 것은 절망뿐이다. 해서 어제까지 나라를 위해 의병을 이끌던 사람들이 역모의 혐의로 줄줄이 투옥되는 씁쓸한 상황이 또다시 벌어졌다.

다행히 곽재우 등은 무죄로 풀려났지만 김덕령은 그리되지 못했다. 별다른 증거 없이 주모자로 몰린 김덕령은 앞서 이산겸과 너무도 비슷한 길을 겪었다. 반란군과 내통했다는 누명을 쓴 그는 20일 동안 계속 고문을 당했고, 정강이뼈가 으스러져서 무릎으로 걸어야 할 지경이 되었다. 하지만 끝내 자신에게는 잘못이 없다 하며 죽어갔다. 김덕령의 별장이자 의병장인 최담령 역시 고문을 이기지 못하고 저 세상 사람이 되었다.

이번에도 서애 유성룡은 위관으로 일했다. 그가 옥사를 공정하게 다스렸기에 한 사람도 억울하게 죄를 뒤집어 쓴 사람이 없다는 기록이 있지만, 여기에 김덕령, 최담령은 들어가지 않았나 보다.

이처럼 찜찜하고도 억울한 희생과 더불어 서얼들의 반란은 막을 내리는데, 끝으로 이 이야기만 하자. 어째서 홍가신은 반란군의 맹렬한 공격을 성공적으로 막아낼 수 있었을까. 훗날 난이 진압된 후 충청도 순찰사 이정암은 승리의 요인을 이렇게 보고했다.

> 홍주목사는 평소에 인심을 얻었기 때문에, 갑작스러운 변을 당했지만 백성들이 배반하여 가버리지 않고 상하가 협력하고 농성하여 굳게 지켰으니 역적의 무리들이 놀라 무너지게 되고 원흉이 목 베어졌으니 이는 진실로 나라의 큰 복입니다.

어느 정도 미화가 있다 한들, 귀담아 들을 만한 내용이다. 사실 방어전이나 공성전은 내부의 결합이 단단해야만 가능한 어려운 전법이다. 어느 전쟁이나 몸이 근질근질해서 당장 맞서 싸우고 싶어 하는 열혈한은 있는 법이고(실제로도 홍주성 공방전 때 치열하게 게릴라전을 벌인 무장이 있었다), 바깥에서 역적들이 대세에 따르라고 외치고 있는데 백성과 군인들의 이반이 일어나지 않고 굳건히 지켜졌다는 것은, 그만큼 지도자가 두터운 신뢰를 받고 있었다는 뜻이다. 실록은 홍가신이 청렴결백한 것으로 이름났다고 적고 있는데, 평소 생활에도 서얼들과 마음을 트고 신뢰를 얻었을 만큼 인덕이 있었던 것 같다. 고작 엄격한 규율과 으름장만으로 이런 긴박한 상황에서 질서를 유지할 수 있을 리 없다.

사실 홍가신의 인간됨과 재능은 그가 주장한 십실十失을 통해 여실히 드러난다.

이몽학의 반란이 완전히 진압되기 전인 7월 2일, 선조는 나라를 다스리는 데 신하들의 말을 듣겠다며 의견을 구했다〔求言〕. 그러자 홍가신은 사회 및 왕의 잘못을 지적하고 해결책을 적어 올렸다. 그는 반란의 원인이 정부의 잘못으로 백성들의 신뢰를 잃어버린 데 있다고 보았다. 술술 풀리는 내용은 읽다 보면 무릎을 탁 치게 할 정도로 옳은 말이요, 문장까지 세련되었다. 선조는 구언을 하면서도 전쟁 중이고 나랏일이 산적했는데도 신하들이 자기 편한 것만 찾는다고 불평했다. 홍가신은 선조의 이런 점을 부드럽게 꼬집었다.

오늘날 군민君民의 관계는 이와 달라 위에서는 아래에다 은덕과 신의를 행하지 않고 아래에서는 위에 맺어질 만한 정의情義가 없어 가로막히고 통하지 못하여 전혀 상관이 없게 되었습니다. 그리하여 임금은 고립되어 도움을 받지 못하고 백성은 각자들 딴 마음을 먹게 되었는데, 궁중에서 먼저 떠나는 행동이 매양 민중들의 본보기가 된 까닭에 사람들이 모두 귀를 기울이며 짐을 메고 도적이 오는 것을 기다릴 것도 없이 수선거리며 안정되지 못하게 되었으니, 이는 조금도 괴이하게 여길 것이 없습니다.

여기에서는 좋은 말로 떠난다고 말했지만, 이는 곧 백성들을 버리고 달아난 선조의 행동을 지적한 것이다. 단적으로 말하면 백성들이 자기를 버린다고 투덜대지 말고 자기가 한 짓을 돌이켜 보라는 지적이기도 했다. 그러면서도 선조의 값비싼 수레, 말, 의복을 챙기는 취미를 비판하는 한편, 과거 여부와 신분을 따져가며 임용하는 것에도 비판의 목소리를 높였다.

혹은 과거科擧로 국한시키고 혹은 자급資級으로 제한하며 준례에 따라 빈자리를 메우기만 하여 범연히 신분 등급을 따르게 하니, 비록 세상에 드문 현명한 사람이나 출중한 인재가 있다 하더라도 또한 어떻게 모두 쓰일 수 있겠습니까. 모두 쓰이게 되지 못한다면 이는 어질고 현명한 사람들을 신임하지 않아 나라가 공허해지도록 하는 것입니다.

워낙 말이 공손하고 가지런해서 읽으면서 걸리는 데 없이 술술 흘러가지만, 가만히 내용을 보면 극언도 이런 극언이 없었다. 그는 왕에게 아부하지도 않고, 어쩔 수 없다며 두루뭉술하게 넘어가지도 않고, 아주 부드러운 말로 사회를 비판했다. 특히 이 구언은 선조가 내렸던 글의 한 문장 한 문장을 조목조목 지적하고 받아친다. '전하께서는 이렇게 말씀하셨는데, 실상은 이렇습니다' 라는 식으로. 어떻게 보면 말꼬리 잡기로 보일 수도 있고 예리한 지적이기도 했는데, 앞서 말했듯이 부드러운 말투 덕분에 그 가시가 보이지 않는다. 더욱이 충청도에서 반란을 직접 목도했던 덕분인지, 홍가신은 당시 조선 백성들의 처참한 상황을 소개하며 실질적인 감세를 주장했다.

특히 당시의 가장 위태로운 병폐들을 십실十失로 지적하고 있다. 일부만 소개하자면 첫 번째는 임금의 제멋대로 하는 성미이고, 둘째는 임금의 눈치를 보며 '오버 충성' 하는 신하들이었다. 또 일곱째는 서얼 허통을 한다고 했다가 갑자기 그만두어 조정이 신뢰를 상실한 일이고, 열 번째는 간신의 모함으로 억울하게 죽어가는 사람들이 많다는 것이다.

선조는 이 구언을 읽고 화를 내지는 않았지만, 그렇다고 받아들이지도 않았다. 실록에서조차 홍가신의 의견은 정책에 반영되어야 마땅한데 그러지 못했다며, 당시의 세상을 한탄하고 있다.

> 이른바 구언求言이라는 것은 말만 구하는 것이 아니라 그 말을 들어주려는 것이요, 들어주기만 하는 것이 아니라 그 말을 시행하려는 것이다. (……) 그런데도 상소가 올라간 날에 한 가지 일이라도 채택하고 한마디 말이라도 써놓고서 국정에 반영시켰다는 말은 들어 볼 수 없고, 단

지 '가상한 일이다' 라고 회유回諭할 뿐이었으니, 거의 형식만 차린 헛된 것이 아니겠는가.

반란이 진압된 뒤, 김명원, 이덕형 등이 주축이 된 비변사는 반란 진압의 가장 큰 공로자가 홍가신이라는 데 의견을 합쳤다. 반란의 소문만 듣고도 수령들이 달아나는 와중, 홍가신이 병사와 백성들과 함께 성을 지켜서 급속도로 이반하던 민심을 안정시키고 사람들이 홍주로 모이게 되어 역적을 섬멸하는 발판을 마련했다는 것이다. 그런데 선조는 홍가신이 아닌 최호야말로 가장 뛰어난 공을 세웠다고 극구 주장했다.

농성하며 출격하는 지휘와 절제가 모두 이 사람에게서 나온 것이다.

그런데 최호는 앞서 이야기한 대로 원래 오지 않으려다가 와서, 사시(巳時, 오전 9~11시)에 도착했으며, 반란군은 신시(申時, 오후 3~5시)에 도달하여 양 군은 교전에 들어갔다. 결국 여유시간은 길게 잡아야 8시간인데, 그동안 최호가 홍주성의 모든 병권을 잡았을 리 없지 않은가. 공을 세운 것은 사실이지만 그렇다고 모든 공이 그 덕분이라는 것은 틀림없는 '오버' 였다.

그로부터 몇 년이 지난 선조 34년, 영의정 이항복 등은 반란을 진압한 청난공신清難功臣의 명단을 작성하면서 1등을 홍가신으로 올렸다. 또다시 시간이 지나, 결국 37년이나 되어서야 홍가신은 공신에 봉해졌다. 선조의 뜻은 받아들여지지 않았다. 1등이 홍가신이 되었고, 2등은 박명현과 최호가 되었으며, 3등에는 신경행, 임득의가 임명되었다.

당연하다면 당연한 결과였는데, 왜 선조는 홍가신이 아닌 최호를 1등공신이라고 극구 주장했던 것일까. 임진왜란 직전, 홍가신은 기축옥사에서 정여립과 친한 사이라고 하여 파직을 당한 전력이 있다. 게다가 홍가신은 선조가 가장 미워하던 사람과 어릴 적 친구이자 사돈지간이었으니, 바로 충무공 이순신이었다. 당연한 이치로 홍가신은 서애 유성룡과도 친했다. 하나만 더 이야기하자면 홍가신은 바로 전장에서 서얼 출신 학자 구봉 송익필을 존경하고 교우하여 동생에게 불만을 사기도 했던 바로 그 사람이다.

게다가 왕의 잘못에는 거리낌 없이 목소리를 높였고, 여기에 뛰어난 능력마저 있었다. 결국 선조가 아주 싫어할 만한 인물이었다는 소리다. 고작 그런 이유로 공신을 2등으로 밀어내겠는가 하고 묻는다면, 선조는 이런 나쁜 쪽에서는 절대적으로 믿을 만하다.

사정이야 어쨌든 홍주성의 방비가 어째서 굳건했는지 이유를 알 것 같다. 굉장히 불합리적이고 이리저리 문제가 많았다고 여겨지는 조선이지만, 그래도 이렇게 제대로 상황판단을 하고 싸우는 사람이 있었기에 완전히 지지 않았고 계속 이어진 게 아니겠는가.

이렇게 하여 두 차례에 걸친 서얼들의 반란은 완전히 진압된다. 난을 일으킨 것도 서얼이요, 동조한 것도 서얼, 그리고 진압하려 한 것도 서얼이라는 기묘한 사건이었다. 그리고 난이 진압되었다는 것은 조선왕조의 연속을 뜻하고, 또한 서얼들의 원망이 도저히 받아들여지지 않는 완고한 세계가 계속됨을 뜻했다.

# 朴應犀

?~1623. 강변칠우 중 한 명으로, 유일하게 사로잡혀 자신들이 반역을 도모했다고 주장했다.

# 박응서

## 하찮은 좀도둑으로 죽느니 역적으로 죽겠다

광해군 시대는 진정으로 어지러웠다. 무엇 하나 제대로 된 게 찾기 어려울 만큼. 속 좁은 아버지이자 임금이었던 선조는 세자를 박대했으며, 명나라는 광해군의 즉위를 인정해 준다는 것을 빌미로 어마어마한 뇌물을 뜯어갔고, 소북은 적자 영창대군을 다음 왕으로 미는 등 나라 안팎이 뒤죽박죽이었다. 선조가 갑자기 세상을 떠나고 광해군이 즉위하면서 어느 정도 숨통이 트이는 듯했지만, 이는 고생의 시작이었지 결코 행복의 시작은 아니었다.

광해군 5년, 훗날 계축옥사라고 불리게 된 사건이 터졌다. 강변칠우라는 서얼들의 동아리가 반란 음모를 꾸민 것이 밝혀졌고, 관계자들이 심문을 받고 처형되었다. 그리고 그 난을 뒤에서 조종했다는 이유로 인목대비의 아버지 김제남이 사약을 마셨고, 영창대군은 강화도로 유배되어 수수께끼의 죽임을 당했으며, 인목대비는 서궁에 유폐되었다. 이들의 처벌에 반대했던 사람들은 모두 조정에서 축출되거나, 그마저도 죽임당했다. 이렇게 반대파들을 제거하면 나라가 안정될 것이라고 광해군의 지지자들은 생각했을 것이다. 그러나 현실은 그렇지 않았다. 강하게 억누르면, 그만큼 강한 반발이 돌아오기 마련이니까. 숨은 의도야 어찌 되었든 수많은 사람들의 죽음을 불렀으며, 동시에 광해군 자신의 몰락을 초래한 계기가 되었던 계축옥사. 여기에도 서얼의 도전과 좌절이 밑바닥에 깔려 있다.

## 강변칠우

본디 강변칠우란 서얼들이 모인 동아리였다. 실록은 이들을 서인庶人이라고 적었는데, 양반으로 인정받지 못하는 이들이었다. 이름만 보면 딱 7명이 있을 것도 같지만, 기록에 따라 명단이 조금씩 달라진다. 그래도 자주 언급이 되는 (그리고 아버지가 확인된) 사람들을 골라보면 이렇다.

서양갑徐羊甲 – 목사 서익徐益의 아들

심우영沈友英 – 감사 심전沈銓의 아들

박응서朴應犀 – 영의정 박순朴淳의 아들

박치인朴致仁 – 형조참판 박충간朴忠侃의 아들

박치의朴致毅 – 형조참판 박충간朴忠侃의 아들

이경준李耕俊 – 병사 이제신李濟臣의 아들

보다시피 서얼이라고는 하나 다들 괜찮은 집의 자식들이었다. 목사나 감사가 별거 아니지 않느냐고 하면, 그건 눈이 너무 높아져서 정승이나 판서가 아니면 벼슬도 아니라고 생각하게 된 탓이다. 게다가 이 서얼들은 참으로 불행한 운명을 타고 났으니, 괜찮은 글솜씨를 가지고 있었다는 것이다. 차라리 없는 게 마음이 편할 재능이었다.

능력도 욕심도 있지만 어정쩡한 신분 때문에 아무것도 할 수 없는 처지의 이들은 친구가 되었고, 마침내 죽음을 같이 하는 친구인 사우死友의 관계를 약속하고 강변칠우를 자칭했다. 그래서 여주驪州의 공터에 함께 집을 마련하고 한솥밥을 먹고 사는 등 우애가 돈독했다. 서얼이라곤 해도 워낙 명문가의 자손이다 보니 허균을 비롯한 당대의 명사들과도 사귀곤 했다.

처음 이들이 가진 소원은 자신이 가지는 재주를 마음껏 활용할 수 있는 기회를 얻는 것이었다. 광해군이 즉위했을 때, 강변칠우는 자신들이 기다리던 때가 왔다고 믿어 의심치 않았다. 같은 서자였고(?) 갖은 설움을 겪었던 광해군이라면 자신들의 처지를 이해해 주리라고 기대했으리라. 강변칠우는 서얼이라 세상에 나설 수 없는 억울함을 호소하며 제한을 풀어달라고 상소했지만, 끝내 받아들여지지 않았다. 이 일은 그들에게 깊은 좌절을 선사했던 것 같다.

타고난 신분의 장벽, 이루어지지 않은 탄원. 희망과 기대가 클수록 그것이 무너졌을 때의 상처는 큰 법이다. 이제 강변칠우가 깨달은 것은 돈이 최고라는 사실이었다. 특히 당시는 임진왜란이 막 끝난 즈음이었고, 조정은 국가재정 확보를 위해 돈으로 벼슬을 살 수 있는 공명첩을 남발하고 있었다. 또한 그들은 정상적인 수단으로는 출세코스, 곧 벼슬을 할 수 없다는 사실을 깨달았기에 왕과 세상에 하소연했던 열정을 돌려 장사에 투신했다.

하지만 세상은 그리 녹록하지 않다. 장사하는 사람이 누구나 성공할 수 있다면 세상에 재벌이 넘쳐날 터, 애석하게도 강변칠우들은 상업에는 글솜씨 만큼의 재능이 없었다.

가장 먼저 서양갑이 소금장사를 시작하여 해주로 갔다. 왜 하필 소금장사였을까? 지금도 그렇지만 소금은 음식의 간을 하고 썩지 않게 하는 보존재이며, 무엇보다 생명을 유지하는 데 필수 요소였다. 그런 만큼 소금은 값지고도 귀한 물품이며, 돈을 벌기에도 쉬웠다. 하지만 서양갑은 고작 반년 만에 하던 사업을 말아먹고 야반도주했다. 뿐만 아니라 그런 와중에 무슨 문제가 있었는지, 사람을 죽이기까지 했다. 우발적인 사건이었던 걸까? 아니면 은폐를 잘한 것일까? 서양갑의 살인은 한동안 범행 사실이 드러나지 않았고, 그래서 처벌을 받지도 않았다.

그러나 이것은 행운이 아닌 비극의 시작이었다. 이 사건을 계기로 강변칠우의 행적은 이상하게 뒤틀렸다. 돈을 벌기 위해 남의 집을 도둑질하고, 심지어 사람을 때려죽이고 가진 것을 빼앗는 것도 서슴지 않게 되었다. 장사보다도 쉬운 돈벌이 수단은 강도짓이었다.

이들의 범행은 대부분 가을에서 겨울에 벌어졌다. 조선 시대의 겨울에는 지구온난화가 심각해진 요즘과는 비교도 안 될 만큼 춥고 눈이 많이 왔다. 그러니 오가는 사람도 적고, 사건을 은폐하기도 쉬웠다. 훗날 역모죄로 심문을 받으며 했던 진술이 사실이라면, 강변칠우는 잡히기 직전까지 최소한 살인 두 건에 가택절도 한 건을 저지른 훌륭한 범죄 집단이 되어 있었다. 한때 나라의 벼슬아치가 되고 싶어 했던 꿈나무들이 이런 날강도 떼로 타락한 것은 가슴이 아프지만, 본래 반듯하던 사람이 좌절 끝에 우르르 망가지는 일은 때론 흔하다.

하지만 꼬리가 길면 잡히는 법이고, 조선 시대 포도청의 유능함도 무시 못할 수준이었던 것 같다. 갑자기 많은 돈을 물 쓰는 듯이 써대는 강변칠우를 수상하게 여기고 그들의 본거지를 급습했던 것이다. 갑자기 들이닥친 포졸들을 보고 놀란 다른 이들은 모두 도망갔고, 박응서만이 사로잡혔다. 그런데 그를 의금부에 넘기고 조사를 하려던 찰나 박응서는 뜻밖의 자백, 혹은 주장을 했다.

"우리들은 천한 도적들이 아니다. 은화銀貨를 모아 무사들과 결탁한 다음 반역하려 하였다."

말인즉슨, 자금을 모아 의병을 일으켜 광해군을 몰아내고 영창대군을 추대하려고 했다는 것이다. 광해군의 이복동생이 연루되었다는 역모 소식에 당연히 조정 안팎은 발칵 뒤집어졌고, 이것이 광해군 말년의 최대 이슈였던 계축옥사의 시작이었다.

## 계축옥사

광해군 5년 4월 25일, 역모 혐의를 밝혀내기 위한 박응서의 국문이 벌어졌다. 여기에는 광해군은 물론 정승을 비롯한 관리들이 대거 참관했다. 박응서는 매 한 번 맞지 않고 역모의 정황을 술술 불었다.

그의 말에 따르면, 자신들은 이미 4~5년 전부터 계획을 세웠으며 300여 명을 모아 궁궐에 쳐들어갈 계획이었다고 한다. 처음엔 왕을 해치고 다음엔 세자를 해친 뒤 옥쇄를 대비에게 바치고 영창대군을 옹립하여 새 정부를 세우려 했다는 것이다. 그리고 주모자는 서양갑과 박치의라고 했다. 이외에도 때때로 익명서를 붙이거나 중국의 사신을 활로 쏘는 테러를 벌여 세상을 혼란스럽게 하려 했으나 실행에 옮기지는 못했다는 것이다.

이렇게 박응서가 진상을 실토하자 조선 조정은 충격의 도가니에 빠졌다. 냉정하게 생각하면 강도, 살인을 벌이며 흥청망청 살아온 일곱 명이 나라를 뒤엎을 반란을 꾸민다는 건 말도 안 된다. 하지만 당장 충격적인 사건이 눈앞에서 벌어진 것을 목도한 사람들이 냉정하게 판단하기를 바라는 것은 무리다.

수사 및 추적이 계속되면서 달아났던 강변칠우들은 하나둘 체포되었다. 하지만 오직 한 사람, 박치의는 무사히 달아났고 이후로도 끝내 잡히지 않았다. 여하튼 잡힌 사람들을 대상으로 역모 사건의 실체를 밝혀내기 위한 강도 높은 조사가 시작되었는데, 다른 강변칠우들은 완강하게 혐의를 부인했다.

우선 주모자로 지목된 서양갑은 자신은 도망간 노비를 잡으려 했을 뿐인데 박응서의 꼬임에 빠져 은 상인을 죽인 것이라고 주장했다. 그러면서 박응서가 자신에게 죄를 씌우려 한다면서 자기들 몇 명이서 어떻게 역모를 할 수 있겠냐며 주장했다. 신분제 사회였던 조선에서는 양반이 달아난 노비를 죽이는 것은 그다지 큰 죄가 아니었다(그렇다고 서양갑이 양반인 것도 아니었지만 말이다). 다른 체포된 칠우들도 혐의를 부인했다. 자신은 억울하게 휘말렸을 뿐이라느니, 아예 이들과 친구 사이가 아니었다고 주장한 이도 있었다. 이름은 들어봤지만 만난 적도 없다는 말도 있었다.

한때 둘도 없는 친구였고, 태어난 날은 달라도 같은 날에 죽자고 약속했던 친구들은 이제 서로에게 손가락질을 하며 고발하고 비난하고 모르는 사이라고 부인했다. 참으로 슬픈 일이다. 하지만 어떻게 그들의 의지가 허약하다고 말할 수 있겠나. 당장 다리뼈가 으스러질 정도로 무거운 돌이 짓누르는데 결백함을 주장하는 것도 힘든 일이다.

상황은 점점 더 악화되었고, 강변칠우의 관계자들까지 모두 체포당하고 고문당했다. 시중을 들던 몸종들이나 어머니, 친척들은 물론이었고 마침내 아버지들의 관작마저 삭탈되었으니, 이들이야말로 천하의 죄인이었다.

심문이 계속되는 와중 강변칠우들과 처음 역모를 고했던 박응서와의 대질신문도 벌어지기도 했다. 어떤 말이 오고 갔을까? 옛 친구들은 서로를 어떤 눈으로 바라보았을까? 아쉽게도 실록은 '심문이 있었다' 라고 짤막하게만 적고 있다. 하지만 대질했을 때 서로의 말의 아귀가 맞지 않았다는 사실도 적고 있다. 심문의 기록도 마찬가지로 간단했다.

광해군 5년

· 4월 28일

서양갑과 김경손은 각각 한 차례씩 형신을 받았으나 자복하지 않았으며, 심우영은 한 차례 압슬형을 받았으나 자복하지 않았다.

· 5월 1일

심우영을 압슬했으나, 승복하지 않았다.

박종인과 김경손 등을 압슬했으나, 모두 승복하지 않았다.

· 5월 3일

서양갑에게 화형을 한 차례 가하고, 사경을 더 형신하였다.

· 5월 6일

모두 4차 형신을 하였는데, 압슬과 화형火刑을 세 차례 하였다.

죄인 모두에게 압슬을 가했으나, 승복하지 않았다.

· 5월 18일

홍태길 · 김건 · 한해에게 압슬을 가했으나, 승복하지 않았다.

홍태길 · 권인룡에게 화형火刑을 가했으나, 모두 승복하지 않았다.

미리 말해두겠는데, 여기에 적은 것은 아주 작은 일부일 뿐이다. 압슬은 무릎 위에 무거운 돌을 올려놓는 고문이고, 화형이란 생살을 불로 지지는 단근질이다. 연달아 네다섯 차례 계속되는 고문에 죄수들은 몇 번이고 실신했다. 심문하는 사람들은 왜 거짓말으로라도 승복하지 않느냐고 말하기까지 했는데, 그만큼 끔찍한 광경이어서가 아닐까.

사실을 밝혀내기 위해서라기보다는 죄를 인정하게 하기 위한 심문이 일주일쯤 계속된 5월 4일, 처음으로 심우영의 아들 심섭이 역모죄를 인정했다.

당시 심섭은 고작 14살이었다. 광해군은 아이의 나이가 덜 찼지만 심문할 수 있지 않겠느냐고 했고, 박응서는 심섭이 아버지의 반역 음모를 알고 있을 게 틀림없다고 주장했다. 이렇게 해서 14살짜리 아이가 형틀에 올랐다.

그래도 마지막 양심이었는지 좀 가벼운 곤장[輕杖]을 쓰게 했지만, 형장으로 딱 한 대 맞았을 때 심섭은 진상을 실토하겠다고 울부짖었다. 역모를 한 것이 맞다고. 서양갑이 병사를 일으켜서 왕을 공격하려고 했다고. 그러자 광해군은 어린아이를 붙잡고 과연 누구를 왕으로 삼으려 했는지를 거듭 물어보았다. 하지만 심섭은 어떻게 비밀스럽게 역모를 꾸미면서 자기 같은 아이에게 말해 주려 했겠느냐며, 그냥 서양갑이 스스로 왕이 되려 했다고 거듭 말했다.

누가 들어도 아이가 고통과 겁에 질려 마구 내뱉는 증언이었지만, 광해군은 개의치 않았다. 틀림없이 왕으로 추대하려던 인물이 있을 텐데 바른 대로 고하지 않는다며, 아이에게 다시 형벌을 가하라고 했다. 이때부터 심섭은 갈팡질팡하며 아는 사람의 이름을 마구잡이로 주워섬겼다. 보다 못해 중재에 나선 것은 영의정 이덕형이었다.

"심섭이 형刑을 면해 보려고 많은 사람들을 끌어들이고 있는 것이니 이것을 사실로 받아들여서는 안 될 것입니다."

그날로 심섭은 처형당했다. 그저 역모만 인정하면 되었지 진상이나 억울함을 밝힐 필요는 없었다는 것이다. 이후로도 심문은 계속되었다. 광해군은 나라의 정무는 모두 제쳐두고 심문장에서 하루를 다 보냈으며, 대신들 역시 모두 심문 과정을 하나하나 지켜보아야 했다. 고문은 점점 더 강도가 높아졌고, 이제 죄수들은 더 이상 사람이 아닌 다른 것이 되었다.

하루에 한 차례만 해도 괴로운 고문이 서너 차례나 계속됐고, 고문에 찌든 강변칠우들은 형틀 위에서 기절했다가 다시 깨어나기를 반복했다. 사람의 살이 얼마나 튼튼하겠는가. 곤장과 압슬, 인두로 지져지다 보면 죽지 못해서 살아가는 너덜거리는 육체가 남을 뿐.

마침내 5월 6일, 고문 끝에 혼절했던 서양갑은 정신을 차린 후 갑자기 죄를 인정하겠다고 말했다. 그러면서 박응서와 만나게 해달라고 부탁했다.

그리고 박응서가 불려왔을 때, 서양갑은 자신의 역모를 인정하는 것과 동시에 진정한 흑막이 누구인지 고했다. 바로 인목대비의 아버지인 연흥대원군 김제남이었다.

"맨 먼저 창도倡導한 자도 김 부원군입니다. 그 과정에 대해서는 응서에게 물어보면 알 수 있을 것입니다."

그러면서 서양갑은 역모의 계획들을 낱낱이 고했는데, 처음 모든 계획을 짠 게 김제남이었고, 연락책은 박응서의 친척인 오윤남이었으며, 자신은 간접적으로 명령을 받는 하수인이었다고 했다.

그러자 이제 광해군은 박응서를 힐난했다. 처음부터 적의 대두목, 즉 김제남을 알고 있었을 텐데 왜 고하지 않았냐는 것이다. 박응서가 이러저러한 변명을 늘어놓자, 이번에 서양갑은 그가 거짓말을 하고 있다며 비난하며 아무 이름이나 늘어놓으며 이들이 모두 연루자라고 주장했다.

왜 갑자기 서양갑은 죄를 인정했을까? 그가 죄를 인정하고 난 후, 사관은 특이한 일화 하나를 기록하고 있다. 처음부터, 그리고 지독한 고문이 계속되는데도 서양갑은 전혀 죄를 인정하지 않았다. 하지만 가혹한 고문이 거듭되고 역적의 가족이라는 이유로 끌려왔던 그의 어머니와 형이 모두 고문을 당한 끝에 죽자(실제로 어머니와 형은 서양갑이 처형당하고 이틀 후에 죽었다) 서양갑은 감옥에서 이를 갈며 이렇게 말했다고 한다.

"내가 앞으로 온 나라를 뒤흔들어 어미와 형의 원수를 갚겠다."

다음 날 서양갑은 새로이 형신을 받기 전 스스로 얼굴에 묻은 피를 씻고 조용히 나갔다고 한다.

야사에 따르면, 그는 자신의 어머니가 혹독한 고문을 받으며 죽어가는 모습을 보자 광해군에게 세 가지 죄가 있다며 욕설을 퍼부었다. 하나는 자신의 아버지 선조를 죽인 죄, 하나는 형 임해군을 죽인 죄, 그리고 다른 하나는 광해군이 아버지의 후궁과 간음하는 패륜을 저질렀다는 것이다. 너무도 말이 참혹해서 차마 사관이 적지 못했다고 한다. 그러니까 할 수 있는 욕은 다 퍼부었다는 말이다.

그리고 그날 해가 저물기 전에, 서양갑은 저자거리 한복판에서 수레에 온몸을 묶인 채 갈기갈기 찢겨 죽었다.

하지만 계축옥사의 불길은 가라앉기는커녕 더욱 크고 맹렬하게 번졌다. 이제는 연흥부원군 김제남에게 역모의 혐의를 돌아갔고, 관련자들이 우르르 잡혀 들어갔다.

물론 아직 살아남은 강변칠우들의 심문도 계속되었다. 그중 가장 몸이 허약했던 이경준은 정강이에 살이 남아나지 않을 정도로 혹독하게 시달렸지만, 끝내 죄를 인정하지 않았다. 그리고 이틀이 지난 5월 8일. 강변칠우의 관련자 중 서인갑(서양갑의 동생), 박치인, 이경준, 사경(서양갑의 어머니)이 모두 죽었다. 그동안 열흘 남짓 지독하게 고문을 계속했으니 아마 언제 죽어도 이상하지 않은 몸 상태였을 것이다. 그렇다고 해도 하루 만에 4명이 죽은 것은 이상하다. 이미 서양갑이 광해군이 원하던 대답을 내놓았으니 필요 없어진 게 아니었을까.

강변칠우들은 이렇게 사라졌고, 이제 광해군의 정국은 원래 목표하던 바인 김제남과 인목대비, 그리고 영창대군에게 역모의 혐의를 돌리게 된다. 그 결과는 이 장의 제일 처음에서 말한 대로 흘러갔다. 김제남은 역적이 되어 사약을 마셨고, 영창대군은 강화도에 귀양 보내졌다.

그런데 흥미로운 것은 5월 7일에 광해군이 내린 전교였다. 앞으로 역모를 신문할 때 대질 신문은 하지 말고, 그냥 똑같은 질문을 반복하라는 것이다. 참으로 황당한 명령이었는데 사관은 아주 짤막하게 그 이유를 적고 있다.

> 대체로 대질 신문을 벌일 때 고변한 자의 말이 많이 꿀리기 때문이다.

이건 박응서를 이른 말이리라. 그리고 거짓말을 지어내는 사람이 참말을 하는 사람보다 말주변이 모자란 것은 당연하지 않은가.

## 계축옥사, 그 후

이제 뒷이야기를 해야겠다. 자신의 옛 친구들과 가족들마저 모조리 역모의 산 제물로 던진 박응서는 이 모든 피바람 와중에 살아남았다. 혹은 살려졌다. 여전히 역모는 마무리되지 않고 수많은 사람이 죽어가고 있던 11월 9일, 광해군은 박응서를 석방했다.

역적을 살려둘 수 없다며 신하들의 반대가 빗발쳤지만(원래 역모와는 별도로 절도와 살인의 혐의도 있었다), 광해군은 끝내 듣지 않았다. 언제나 우유부단함으로는 조선왕조 1, 2위를 달리는 광해군이 강철과 같은 의지를 발휘했던 드문 일이었다.

"옛날부터 고변이란 으레 그 계획에 끼었던 자에게서 나오는 법이니, 죽음을 면해 주고 상을 주어 자수하는 길을 열지 않을 수 없다."

그로부터 10여 년이 지난 광해군 14년 5월 2일, 광해군은 박응서가 영창대군의 역모를 고변했다는 이유로 관직을 내리며 그의 공을 치하했다.

상이라고? 공이라고? 이 일에 흥분한 것은 실록을 정리한 사관도 마찬가지였다. 있지도 않은 참혹한 말을 지어내서 임금의 비위에 맞추고, 커다란 옥사를 만들어서 사람들이 많이 죽고 궁궐에까지 그 여파가 미쳤으며, 수천 리 우리 강토를 짐승이 사는 땅이 되게 한 잘못이 있는데 상은 무슨 상이냐고 성토했다.

광해군의 입장이 아예 이해가 가지 않는 것은 아니다. 그에게 영창대군이란 정말로 아프게 앓던 이였을 것이다. 고작 세 살의 나이로 자신의 계승을 위협했던 동생이 차라리 죽어 없어졌으면 하고 바랐을 것이다. 하지만 그런 덕분에 이렇게나 뒤틀리고 끔찍한 피바람을 초래했으니 사람으로 태어나 해서는 안 될 일이었다.

실록을 비롯하여 정사 야사를 불문한 많은 기록들은 이 역모가 이이첨을 비롯한 대북의 조작이었다고 주장한다. 영창대군을 비롯한 반대파들을 일망타진하기 위해 사소한 도적질을 역모라는 고차원으로 승화(?)시켰다는 것이다.

그렇지만 어떻게 조작했는지의 방법은 문헌의 출처별로 조금씩 다르다. 이를테면 박응서에게 역모를 밝히라고 유도한 내역이나 관련자의 이름이 달라지고 있으니까. 이런 사건의 조작 계획이 문서로 기록될 리 없으며 과장이나 왜곡이 들어갈 가능성도 충분히 있다. 그렇다 해도 박응서가 누군가의 조종을 받아 역모로 사태를 부풀린 것은 틀림없다. 나라를 뒤엎는 것을 목표로 삼은 것치고는 강변칠우의 스케일이 워낙 소박했기 때문이다.

박응서가 살아나고 강변칠우가 죽은 후로도 '새로운' 반역자를 죽이라는 상소문이 빗발쳤는데, 처음에는 인목대비의 아버지인 김제남을 죽이라고 했다. 그다음에는 영창대군을 죽이라고 했다. 또 그다음에는 인목대비마저 폐하고 죽여야 한다고 했다. 그 세 사람 외에 무수한 연루자들은 고문당하고 죽임당했다.

솔직히 어처구니없는 사건이었다. 이이첨이 이 사건을 조작했다는 이야기가 없더라도, 좀도둑을 잡고 보니 그 목표는 우주 정복이었다는 수준의 허황된 일이었다.

그럼에도 모든 것이 거짓인 것은 아니고 진실이 하나는 섞여 있었다. 심문을 받던 박응서가 강변칠우가 역모를 일으킨 동기라고 털어놓았던 말은 이런 것이었다.

"우리들이 뛰어난 재질을 갖고 있는데도 오늘날의 서얼금고법 때문에 출세길이 막혀 뜻을 펴지 못하고 있다. 사나이가 죽지 않는다면 모르지만 죽는다면 큰 이름을 드러내야 할 것이다."

이것이 어쩌면 강변칠우가 범죄를 저지른, 그리고 계축옥사가 벌어진 원인의 모든 것이었다. 박응서는 정말 비난받아 마땅한 인물이었다. 친구를 비롯한 수많은 사람들을 죽게 만든 그를 어떻게 용서하고 이해할 수 있을까. 그런데 실록은 박응서가 '이왕 죽을 바에는 큰 이름을 남기고 죽겠다'라는 생각에서 모의를 고변했다고 말하고 있다.

이름을 날리기 위해서 이제까지 고락을 같이 했던 친구들을 죽게 만들고 상관없는 사람들마저 말려들게 했다는 거다. 고작 이름 때문에. 아마도 그는 그렇게 해서라도 명성을 얻고 싶었으리라. 만약 선조나 다른 왕이 강변칠우가 신분 제한을 풀어달라는 상소를 올렸을 때 허락했더라면……. 그런 생각을 하는 독자도 있으리라.

명성을 얻고 역사에 이름을 남기고 싶어 하는 욕심이란 참으로 이상하다. 오래된 유물 위에다 자기 이름과 날짜를 낙서로 갈겨대는 단순한 것에서부터, 세상에게 크나큰 피해를 끼치는 대단히 파괴적인 행동까지를 하나로 관통하고 있는 감정이니 말이다.

헤로도토스가 세계 제7대 불가사의 중 하나로 꼽았던 에페수스의 아르테미스 신전은 어느 멍청이가 불을 지른 덕에 사라졌다. 아름답고 위대한 신전을 불태운 사람으로 역사에 이름을 남기고 싶어 했기 때문이다. 그의 뜻을 기리기 위해 여기에는 이름을 적지 않도록 하겠다. 의욕은 하늘을 뒤덮을 정도이건만 현실은 시궁창인 이들이 취하는 비상수단이란 이렇게나 파괴적이다.

박응서를 동정해야 할까, 경멸해야 할까. 불쌍하다고 말하기에는 너무 많은 이들이 죽었으니 용서하자는 말을 할 수 없다. 하지만 그와 강변칠우가 자신들의 꿈을 이루기 위해 아무런 노력도 하지 않았다는 말도 할 수 없으리라. 만약에 그들이 허통되었다면 어땠을까 하는 상상은 소용없다. 애초에 신분제도가 없어야 했다. 그들을 움직이게 한 원동력은 출세의 욕망보다는 변하지 않는 세상에게의 절망이었으니까.

입신양명, 출세에 욕심내서 목을 매었다 해서 이들을 속되다 하겠는가. 제대로 된 출세 코스를 아예 갈 수 없는 처지에 있는 서얼들에게는 그만큼 중요한 문제였다. 강변칠우는 정상적인 출세를 하고 싶어 했으나 그게 불가능했기에 좌절했고, 이 좌절은 살인강도라는 강력 범죄의 원동력이 되었다. 그리고 마침내는 역모로까지 번졌다. 친구들을 희생시킨다는 비정한 결정도 이미 손에 피를 묻혔기에 가능했으리라. 또한 박응서가 배신했지만, 그가 아닌 다른 강변칠우들도 그럴 수 있었다. 사람이 이렇게까지 극단적이 된 것은 사람이 나빠서일까, 아니면 사람의 욕망을 억지로 일그러뜨린 세상이 나빠서일까.

인조반정이 일어난 다음인 인조 1년 3월 19일, 박응서는 처형당했다. 이때 그와 함께 처형당한 것은 한희길이었는데, 광해군 5년 당시 포도대장으로 가장 먼저 박응서를 잡았던 사람이었고, 어쩌면 계축옥사의 가장 처음에 있던 사람이었다. 그렇게 박응서는 먼저 간 친구들의 곁으로 갔다. 결코 환영받지는 못했겠지만.

이렇게 사건은 끝나지만, 신분제도가와 서얼이 남아 있는 한 좌절과 절망을 증오로 바꾸어 세상에 보복하려는 이들은 얼마든지 태어날 수 있었다.

# 李德懋

1741~1793. 정조 시대의 실학자로 간서치를 자처했다. 검서관으로 일하며 많은 문집을 남겼다.

庶孼

# 이덕무

## 가난한 책벌레의 노래

가난한 사람이 있었다. 집은 끔찍하게 가난하고 출세도 하지 못했다. 하지만 그는 이 세상 무엇보다도 책을 읽기 좋아했다. 책을 보면 배가 부르고 겨울에도 춥지 않을 정도로. 귀한 책이 있다면 빌려와서 보물처럼 아껴 읽다가 종이에 베껴 적었다. 그렇잖아도 가난한데 종이가 넉넉할 리가 없어서 손바닥만 한 종이에 파리눈알만 한 글자 크기로 적었다.

그는 책만 봐도 행복한 사람이었지만, 그에게도 가족이 있었다. 아내가 애써 삯바느질을 하며 남편과 자식들을 먹여 살렸지만 그것도 한계가 있었다. 당장 오늘 먹을 것이 없어 굶주리는 가족들을 바라보는 가장의 마음이란 어떤 것일까.

고민하던 그는 책장에서 《맹자》를 집어 들었다. 책 하나하나가 자기 몸의 일부처럼 귀하고 귀했지만, 생존의 문제가 걸려 있었다. 그는 《맹자》를 헌책방에 팔았다. 다행히 헌책방 주인은 가족들이 배를 채

우기에 넉넉한 양식을 주었고, 그는 자신과 마찬가지로 가난한 학자 친구를 찾아갔다.

"맹자께서 먹을 걸 잔뜩 주셨더군. 그간 자신의 책을 열심히 읽어 준 보답일 거야."

농담이다. 농담이겠지만, 말하는 사람의 상실감과 슬픔이 절절하게 느껴진다. 말하는 사람의 눈에 눈물이 가득 괴어 있었다고 해도 전혀 이상하지 않다. 팔아버린 책이 아깝다기보다는, 그렇게 귀중한 책을 팔아야만 가족을 먹일 수 있는 자신의 처지가 비참해서일 것이다. 가만히 듣고 있던 친구는 가타부타 말없이 자리에서 벌떡 일어섰다.

"그럼 나도 좌씨에게 술이나 얻어 마셔야겠군."

친구는 책장에서 《춘추좌씨전》을 꺼내 헌책방에 팔고 술을 사와서 함께 나눠 마셨다. 아끼던 책을 판 상실감, 그리고 가족들이 굶주리는데도 아무것도 못해 주는 자신의 무력함에 슬퍼하는 친구를 위로할 방법이 그런 것이었으리라.*

당장 먹을 것이 없어서 책을 팔았던 학자와 그를 위해 책을 팔아 술을 사온 친구. 이들이 바로 청장관 이덕무와 유득공이었다. 국사교과

---

* 재미있는 것은 《맹자》보다는 《춘추좌씨전》이 더 권수가 많다는 사실이다. 1815년의 원각본을 기준으로 했을 때 《맹자주소》는 14권에 불과하고, 《춘추좌씨전》은 60권이다. 한편 여기에서 판 《맹자》는 6권짜리 판본이었다.

서나 웬만한 한국사 개설서에서 단골로 실리는 실학의 대표자이자 백탑파의 일원, 정조의 총신으로 꼽히는 두 사람이지만 이렇게나 가난하고 비참했다.

이후 그는 자신의 '옛' 책이 팔릴까 봐 헌책방 앞을 오가며 마음을 졸였으니, 다 떨어진 갓과 도포를 입은 추레한 사람이 헌책방 앞에서 발을 동동 구르고 있는 모습이 눈에 선하다. 옆을 지나쳐갔던 사람들은 수백 년 뒤 그가 시대를 앞선 선각자로 평가받으리라는 것은 상상도 못했으리라.

## 간서치

조선 후기에 접어들면서 서얼들의 처지는 더욱 우울해졌다. 영조, 정조 시기쯤 되면 서자들이 너무 많아져서 양반의 절반이 서자라는 말도 나오고, 서자의 가문이 형성될 정도였다. 서얼은 더 이상 양반과 양민 사이의 중간계층이 아니라, 사회의 일부가 된 것이다. 그러나 이들은 여전히 차별받고 있었고, 이들의 욕구와 불만을 해소하기에 조선왕조는 너무 늙어 있었다.

또한 서자는 고사하고 양반의 숫자도 너무 많아졌다. 과거를 비롯한 출세 경쟁도 지나치게 과밀화되어 있었으니 서얼들에게 돌아갈 여분은 없었다. 오히려 조선 초기보다 차별은 심각해져서, 서얼이라면 설령 재능이 있다고 해도 '전혀'라고 할 만큼 출세의 길이 허락되지 않았다. 이리하여 많은 서얼들은 자신의 재능을 아깝게 썩히거나 혹은 악용했는데, 이덕무는 이 중 전자가 될 뻔했던 사람이다.

이덕무는 아직 영조가 다스리던 1741년에 태어났다. 원래는 정종의 아들 무림군이 조상으로, 일단은 왕족인 전주 이씨였지만 아버지인 성호가 할아버지 필익의 서얼이었기에 서얼의 신분이었다. 정확히는 서손庶孫이었는데, 한번 서얼은 죽을 때까지 서얼이라는 조선의 방침대로 평생 그 굴레에서 벗어나지 못했다. 여기에 한 가지 더 큰 고통이 더해졌으니 바로 가난이었다.

이덕무는 어린 시절부터 여기저기를 떠돌면서 살았다. 여섯 살부터 성년이 될 때까지 열두 번 넘게 이사했는데, 그것도 가족과 함께 집에 있었던 게 아니라 남의 집에 잠깐 얹혀 지내는 식이었다. 숙부 댁과 아는 사람들 집을 전전했으니, 그가 조금 소심했던 것은 이런 성장환경 탓도 있을 것이다. 20대 즈음부터 30대까지 이덕무가 사귄 사람들은 주로 친척 및 사촌이었다. 딱히 집 밖으로 나가서 사람을 사귀는 대신, 명절날 꼭 얼굴을 봐야 하는 사람들하고만 어울렸다는 소리다.

이런 와중에도 그의 위안이 된 것은 책을 읽는 즐거움이었다. 이덕무에게 책이란 친구이자, 스승이자, 삶의 버팀목이었다. 6살 때부터 글공부를 시작해서, 나가 놀 때에도 벽에다 해시계를 만들어 놓고 5시가 되면 집으로 돌아와 책을 50회씩 읽던 게 일과였다. 때로는 방에 틀어박혀 책을 읽어대느라 사람들(아마도 친척)이 이덕무의 얼굴을 잊어버릴 정도이고, 홀연히 없어져서 찾아보니 벽에 붙어 있는 옛날 글을 읽어대느라 해가 지는 줄도 모르는 일도 있었다고 한다.

노는 것보다 책이 더 재미있다며, 본인 스스로가 '간서치看書痴', 한마디로 '책만 보는 바보'라고 자처했으니 중증의 활자중독증이었다는 말이다. 물론 가난한 처지니 책을 살 여유가 있을 리 없었다. 하지만 이덕무의 독서벽이 유명하다 보니, 주변 마음 좋은 사람들은 선뜻 책을 빌려 줬으며, 어느 때는 부탁이 없어도 좋은 책이 들어왔다며 보내 주었다고 한다.

이래서야 친구가 적었던 것도 당연하다. 여기까지만 보고 이덕무를 상상하면 대인기피증이 있을 것 같은 우중충한 사람이 떠오른다. 하루 밤낮으로 외출도 안 하고 그저 책을 끼고 들이 파는 '방콕족' 말이다. 가끔 신기한 것을 보거나 들으면 곧장 기록하지 않고는 직성이 안 풀리는 버릇까지 있었다고 하니 훨씬 이상해 보일 것 같다.

하지만 이덕무가 읽어댄 엄청난 책은 그저 취미생활로만 끝나지 않았다. 그의 안에서 쌓이고 뭉치고, 다듬어져서 진주처럼 빛나게 되었으니까.

책이란 무엇인가. 요즘이야 출세나 자기관리, 투자, 연애의 기술 등등 각종 실용서들을 제작하는 데 숲의 나무들이 몰살당하고 있지만, 당시에는 학문서적이 책의 전부였고 간신히 소설이 책으로 만들어지기 시작하던 때였다.

이덕무는 공부를 좋아했다. 이 세상에는 굉장히 희귀해도 공부가 재미있어서 하는 사람이 하나나 둘이나 셋쯤은 있기 마련인데, 바로 그런 사람이었다. 그가 서얼이 아니었다면 과거를 준비했으리라. 굳이 출세하지 않아도 성균관이나 홍문관 같은 국립연구소에서 학자로 공부할 수 있었을 테니까. 하지만 그럴 수 없었고, 그럼에도 이덕무는 그저 재미있어서 공부를 했다. 덕분에 당대의 유행에 휩쓸리지 않는 독특한 학문관을 만들어냈다.

## 백탑파

이렇듯 자신만의 세계에 빠져 있었던 이덕무의 대인관계가 갑자기 넓어지게 된 계기는 결혼이었다. 정확히는 좋은 처남 덕분이었다. 훗날 정조의 명령을 받아 우리나라의 전통 무예를 집대성한 책《무예도보통지武藝圖譜通志》를 만든 백동수, 그의 누나가 바로 이덕무의 아내 백씨였다. 수원 백씨는 손꼽히는 명문 무가였지만, 이들 백씨 남매는 서얼이었다. 어쨌든 책벌레인 매형과 무술을 좋아하고 활달한 처남. 어떻게 보면 전혀 안 어울릴 것 같지만 극과 극은 잘 맞는 법인지 둘은 좋은 친구가 되었다.

발이 넓어서 친구가 많았던 백동수는 이들을 매형에게 소개해줬는데, 그렇게 소개받은 대표적인 친구가 바로 박제가였다. 이덕무는 자신보다 9살이나 어린 친구를 만난 순간을 '닭털이 날리도록 간지럽게' 회상하고 있다.

이전부터 이덕무는 박제가가 지은 시를 마음에 들어 해서 꼭 만나고 싶어 했다. 이미 박제가를 알고 지내던 백동수가 매부를 위해 소개의 다리를 놓아 주었다. 그런데 마침 박제가가 상을 당하는 바람에 좀 미뤄졌다가 1767년 봄에 비로소 만났다고 한다. 약속 장소는 백동수의 집. 처남 집으로 향하던 이덕무는 근사한 청년과 마주쳤다. 걸음도 점잖고, 헌칠한 이마에, 부드러운 낯빛의 호청년이 흰 옷에 녹색 띠를 두르고 있었다.

'아, 이 사람이 박제가로구나.'

이덕무가 그리 생각하며 보고 있자니 청년 쪽도 이쪽을 바라보았다.

'내 뒤를 따라 백씨(동수)의 집으로 오겠거니.'

그렇게 이덕무가 짐짓 모르는 척하며 백동수의 집으로 향하니, 아까 그 청년이 매화시를 지어 보내며 인사를 해왔다. 순식간에 서로를 알게 된 두 사람은 이때부터 오만가지 이야기를 하며 견딜 수 없이 즐거워했다고 한다.

이런 내용을 보다 보면 이 사람들이 우정을 쌓는 건지 연애를 하는 건지 알 수가 없다. 특히 이덕무의 말만 보면 박제가는 미남이었을 것 같지만, 이것은 어디까지나 콩깍지의 결과였다. 다른 친구인 유득공의 증언에 따르면, 박제가는 땅딸막한 키에 산적처럼 빳빳하고 더부룩한 수염을 어린애들에게 비벼서 놀래키는 게 취미인 데다 만두를 백 개씩 먹는 대식가였다고 한다.

어쨌든 이렇게 이덕무는 북학파들과 하나둘 알게 되고, 그렇게 만들어진 것이 바로 조선 후기 문학의 꽃 백탑파였다.*

백탑파라는 이름은 원각사지 십층석탑에서 비롯되었다. 지금 탑골공원 한가운데에서 유리벽에 갇혀 통조림이 된 탑 말이다. 왜 하필 백탑파가 되었냐 하면 모임 사람들이 대부분 그 근처에서 살았던 탓이다. 박지원을 비롯해서 이덕무와 이서구, 서상수가 살았고, 유득공의 집도 엎어지면 코 닿을 데 있었다. 이렇게 유명한 문인들이 이웃하며

---

* 백탑파의 대표적인 인물로는 이덕무를 비롯하여 박제가, 유득공, 이희경, 성대중, 이서구, 그리고 너무나도 유명한 《열하일기》의 저자 박지원 등이 있다. 대부분이 서얼이었고, 이서구나 박지원만이 양반이었으나 별로 잘 나가지는 못하는 곁다리 양반이었다. 한마디로 '아웃사이더 떨거지들'의 모임이었다. 이렇게 말하니 왠지 미안해지지만, 이들이 절대로 그 시대에서 주류가 아니었던 것만은 분명하다.

살았던 것은 그곳의 터와는 아무 상관없이 그냥 집값이 쌌기 때문이리라. 홍대용과 백동수, 박제가는 딸깍발이의 본산인 남산 근처(여기도 가난뱅이 동네였다)에서 살았지만 워낙 뻔질나게 친구들 집으로 놀러왔으니 교우 관계에 문제는 없었다.

백탑파의 우정이란 참으로 활기차고 재미있고 또 박진감 넘친다. 이들은 서로의 재능을 아끼고 인정하며 또한 '갈궜던' 것이다. 대표적으로 박제가와 유득공은 아주 절친한 악우惡友로, 만나기만 하면 자기들끼리 투닥거리고 골탕을 먹였다. 특히 유득공은 박제가더러 키가 작다고, 그림을 못 그린다고 놀렸다. 한편으로 이덕무는 '일과를 마치고 소리 없이 걸어와서 앉아 있더라' 라고 할 만큼 조용하고 존재감이 없으면서도 어느 순간 번쩍 나타나는 낮도깨비 같은 사람이었다.

백탑파의 많은 사람들은 서얼 출신이었다. 그들을 진정으로 우울하게 한 것은 출세나 과거의 문제가 아니었다. 같은 하늘을 이고 살면서, 같은 사람을 아버지 혹은 할아버지로 두고 있으면서도 적자들은 자신과 말을 섞거나 어울리지 않는다. 이는 지위의 차이로 고스란히 옮겨갔다. 백탑파의 서얼들과 함께 노닐었던 이서구는 우의정까지 올랐고 남공철은 영의정까지 되었지만, 박제가를 비롯한 서얼들은 기껏해야 현감 자리에 그쳤다. 아이러니가 있다면 지금은 국문학 전공자가 아닌 대부분의 사람들이 백탑파를 기억할지언정, 그 시대의 적자 문인들은 누구인지는 모른다는 것이다. 필자 또한 모른다.

## 이덕무, 정조를 만나다

그러다가 이덕무가 38세가 되던 해 정말 놀라운 일이 벌어진다. 관직에 나아가게 된 것이다. 정조 3년 3월 27일의 일로, 서얼 중에서 글솜씨가 있는 사람 넷을 뽑아 검서관에 임명했는데, 여기에 이덕무와 박제가가 뽑혔다. 당시 정조는 27세의 한창 젊은 시절이었고, 이덕무는 이미 장년의 나이로 9품의 검서관이 되어 첫 관직생활을 시작하게 된다.

그렇게 두 사람이 관직에 오르자, 연암 박지원은 크게 기뻐하며 세상에 특별한 재주를 가진 이들이니 잘릴 일도 없고 굶어 죽지 않게 되었다며 편지를 썼다.

어떻게 사람한테 매미나 지렁이처럼 물만 먹고 살라고 하겠나.

어느 정도는 우스갯소리로 한 말이겠지만, 이전 이덕무가 당장 먹을 것을 위해 책을 팔았던 사실이 있는 만큼 순수한 농담으로 들리지는 않는다.

이렇게 정조를 만나면서 이덕무의 인생에는 쨍하고 햇빛이 들었다. 한 사람은 왕이었고 다른 한 사람은 하찮은 서얼이었지만, 둘은 학문에의 열징으로 마음이 통했으니 나이도 신분도 상관없었다. 정조는 그의 글을 아주 마음에 들어 했고, 이덕무의 시가 고아하다며 '아推' 라는 평을 적었다. 그리고 이덕무는 바로 그 글자에서 자신의 호인 '아정推亭' 을 짓기도 했다(이 외에도 청장관 등 많은 호가 있었다).

이덕무는 연보年譜를 적어 자신이 맡은 검서관의 업무가 어떤 것이었는지를 자세히 기록했다. 대체로 규장각(내각)에서 근무하거나 실직 근무를 하고, 서적을 편찬하거나 간행하며, 책들을 정리했다. 그 외에도 초계문신들의 공부에 동원되거나 나라의 각종 행사에도 파견되었다. 또한 임금을 곁에서 모시고 때로 명령을 전달하기도 하는 특별 비서이기도 했다. 그래도 가장 중요한 임무는 기록하는 것으로, 특히 규장각의 기록을 담당했으니 이게 《일성록》이다.

> 우리 임금이 학문을 숭상하고 옛 일을 상고해서 관청을 세우고 사람을 두니 당대의 훌륭한 문장가들과 석학들이 모두 모였다. (……) 신하들과 월강을 할 때마다 임금이 직접 물어본 것과 진강한 것, 신하들의 변론을 즉시 기록하고 물러나와 그 기록의 말미에 이름을 적고 조심해서 보관했다. 이 때문에 임금을 가까이 모시고 앞자리에서 주선할 수 있었다.

이것만 봐도 이덕무가 자신의 직무에 가졌던 자부심이 한 줄 한 줄에서 묻어나는 듯하다. 자신의 이름을 적어야 했던 것은 특히 의미심장하다. 그저 구색 맞추기의 서기관이 아니고, 자신의 이름을 걸고 기록하며 책임지고 보관하도록 한 것이니 사관史官이 따로 없었다. 조선시대에는 사관이 굉장히 명예로운 자리였으며, 높은 자리에 오르기 위한 엘리트 코스였다는 것을 생각하면 더욱 자랑스러웠으리라.

실제로도 정조는 검서관들을 적극 후원했다. 처음에는 규장각 외각外閣에 설치했다가 얼마 지난 후에는 슬그머니 규장각으로 옮겼고, 승정원의 이문학관까지 겸하게 했다. 각종 중요한 행사에 참여하게 하면서 그들의 권한과 책임, 위계질서와 심지어 규장각의 응제등을 만났을 때 절을 어떻게 하는지 등의 세세한 조항까지 마련했다. 까다로워 보이지만 훗날의 논란이 생기는 것을 미리 막는 조치였다. 여기에 근무기간과 휴일 등도 결정했고, 신하들이 테스트를 치를 때 슬그머니 검서관들도 함께 보도록 끼워 주는 센스까지 발휘했다. 비록 검서관의 활약은 실록이나 문헌에 두드러지게 나타나지는 않지만, 《홍재전서》를 비롯한 정조 시대의 엄청난 출판 및 저술을 생각하면 이들의 기여도는 결코 무시할 정도가 아니다. 정조는 검서관을 만들고 이들을 효율적으로 활용한 유일한 사람이었다.

여기까지의 내용을 보면 검서관이 굉장히 좋은 벼슬이었을 것 같지만, 그건 아니었다. 나라의 정책을 결정하는 데 낄 수도 없고, 의견을 제시할 권한도 없는 보조원일 뿐이다. 인원은 많을 때 4명이었고, 업무량은 엄청나게 많았다.

《규장각지》를 보면 원래 검서관들을 포함한 속관들의 근무는 1달에 6일뿐이고, 그나마도 6시간 근무할 뿐이었다. 하지만 이덕무는 한 달에 고작 2~3일을 쉬었을 정도로 초과근무를 했다. 게다가 그는 《무예도보통지》를 비롯한 여러 책들의 편찬을 담당했으니 쉰다고 한들 그게 쉬는 것일까. 미처 완성되지 못한 원고의 내용들이 머릿속에 둥둥 떠다닐 테니 말이다.

그렇다면 정조는 검서관들을 가혹하게 착취한 악덕 고용주가 아닌가? 하지만 제대로 된 관직에 종사할 수도 없었던 서얼들에게 우울증이나 알코올 중독이 아닌, 과로사할 기회가 주어진 것은 나름 행복일지도 모른다.

문제는 또 하나가 있었다. 검서관의 수입은 일정하지 않았다. 일이 있어야만 급료가 지급되는, 요즈음 식으로 표현하자면 비정규직이었다. 원래 검서관 자체가 급조된 자리인 탓도 있었다. 그래서 정조는 가난에 찌든 검서관들을 위해 꼼수를 부려 지방현감(사또)이나 규장각 등의 직책을 겸하게 했다. 그리하여 이덕무는 검사관이 된 이래, 10년 가까이 현감이나 주부主簿 등 지방의 조그만 관직을 전전했다. 검서관 일까지 '투 잡'을 뛰어야 했으니 고될 것도 같지만, 어디의 어떤 직책이든 이덕무는 여전히 검서관이었다. 이쪽이 본업이다 보니 지방 근무처에 한 번이나 두 번 찾아가는 게 전부였다. 불량하기 짝이 없는 근무 성적이었지만 정조가 너무나도 부려먹은 탓이니 어쩌겠는가.

> 전임 적성현감은 글에 뛰어날 뿐만이 아니라, 백성을 다스리는 재주도 있고 공무 집행하는 걸 자기 집안일처럼 시행하니 유임시키는 게 좋겠습니다.

당시 지방관은 이덕무의 업무보고서를 이렇게 올렸다. 헌데 이덕무는 적성현감으로 있던 23개월 동안 고작 10개월만 근무처에 있었으니, 제대로 다스리고 어쩔 수 있을 리 없다. 하지만 이런 결과가 나오고 실제로도 유임되었으니, 모든 것은 정조의 계획대로였던 것 같다. 정적으로 알려졌던 심환지와 '짜고 치는 고스톱'을 했던 정조였으니, 이덕무를 유임시키라는 보고서를 조작하는 것은 일도 아니었다. 능력만 있다면 누구든지 활용했고, 자신의 사람을 위해서라면 물심양면

싸워 주고 지켜 줬던 임금이었으니 출신 때문에 벼슬을 더 올려줄 수 없는 신하들을 위해 이런 편법을 썼던 것이다.

이덕무의 재능은 정조를 만남으로써 활짝 피어날 수 있었다. 비록 그의 시대에서 서얼 문제는 완전히 해결된 것은 아니었으며 구제된(?) 서얼의 수는 한 줌에 지나지 않았다. 개혁의 군주였던 정조마저도 손을 대기 어려울 만큼, 조선은 너무 낡고 먼지 쌓였으며 또 거대했다. 그래도 정조가 명군 소리를 듣는 것은 자신의 품 안에 들어온 사람들을, 비록 그것이 한 줌에 불과할지라도 힘껏 지켜 주고, 도와주고, 함께 했기 때문이다.

사실이 그랬다. 이덕무 스스로도 인정한 바이지만, 서얼로 태어났으면서 조정에 들어가고 여러 중신들과 함께 나랏일을 의논하는 왕을 바로 곁에서 모시게 된 것만으로도 굉장히 감격스러운 일이었다. 어디까지나 서기 및 기록관이었기에 실권은 전혀 없었지만, 젊은 시절 그렇게까지 가난과 좌절에 시달렸던 그로서는 꿈처럼 굉장한 행운이었다. 그리고 이덕무는 자신의 능력을 발휘할 장을 얻은 것만으로도 크게 만족했다(열불이 나서 심환지에게 대들었던 박제가와 다른 점이다).

이는 조선 후기의 많은 서자들이 선택한 길이었다. 이덕무는 본인의 성격 탓도 있지만, 서얼 차별이라는 불합리한 점에게 분노하기보다는 자신의 안에서 침잠하며 고민하는 타입이었다. 서손庶孫으로 태어나 이미 신분의 벽에 좌절한 아버지를 지켜보았으니, 결국 노력해야 소용없다고 생각했을지도 모른다. 하지만 그렇다고 생애의 노력을 포기한 것은 아니었으며, 그런 욕구를 책 읽는 것으로 돌렸던 것이다.

정조는 그를 책의 굴 속에서 끌어내어 세상의 빛 아래에 나오게 했다. 실학자는 보통 박지원, 홍대용, 박제가가 유명하며 이덕무는 상대적으로 덜 알려졌다. 하지만 기여한 정도는 결코 작지 않으니 그가 남긴 기록들 덕분이다. 그가 제작에 참여한 책들로는《무예도보통지》가 가장 유명하고,《은애전》같은 글을 집필했으며, 그 외의 많은 것들을 글로 적어 남겼다. 사신을 따라 중국으로 책 쇼핑을 하러 간 것이나, 자신이 현감으로 머물렀던 지역의 풍물들, 시나 글은 물론 사람들의 내력을 기록하여 지금까지 좋은 시대자료로 남았다.

## 격변의 조짐

하지만 정조와의 만남이 이덕무에게 모두 좋았던 것은 아니었다. 그의 시대는 조선 후대로, 격변의 조짐이 나타나고 있었다. 중국에서부터 서학과 소설체(小品體)가 조선으로 전래되었으니 서양에서 전해진 각종 신기하고 다양한 학문들과 딱딱한 고문에서 벗어난 활기차고 아기자기한 이야기들이 유행했다. 백탑파 사람들은 그 흐름의 선두에 서서 새로운 문화를 만들어가고 있었다. 하지만 이걸 못마땅해했던 것은 다른 누구도 아닌 정조였다.

흔히 정조라고 하면 개혁의 군주라는 선입견 덕분에 서학의 지지자로 오해받곤 하지만, 그는 성리학을 근간으로 하는 나라 조선의 군주이자 체제의 수호자였다. 정조가 하는 모든 일의 최종 목적은 조선의 부강과 안전이었고, 서학을 비롯한 새로운 문화는 이를 위협하는 이단의 존재였다. 역사의 결과를 알고 있는 우리들은 서학이 그렇게까지 나쁘지 않다는 것을 알고 있지만, 당시로서는 사회의 근간을 뒤흔드는 수상쩍은 학문이었을 뿐이다.

게다가 정조는 전문서적은 재미있게 읽어도 소설을 읽으면 잠이 절로 오는 특이체질이었다. 그런 그는 백탑파의 글을 보고 '참 잘 썼다'라고 평가할지언정, 결코 '좋은 글'로 생각하지는 않았다. 그래서 시대의 흐름을 거꾸로 돌려 옛날의 문체로 돌아가려고 명령했으니, 이것이 문체반정이었다.

날벼락을 맞은 것은 이제까지 정조의 총애를 받아왔던 남공철, 김조순을 비롯한 초계문신들과 이덕무를 포함한 검서관들이었다. 정조는 신하들에게 소설의 문체를 버리라고 했는데, 사람이 쓰는 글이란 성격이요 삶의 일부거늘 어떻게 하루아침에 버리거나 바꿀 수 있겠는가. 참으로 무자비한 명령이었지만 정조의 의지는 굳건했다.

그래서 이덕무도 그의 문장이 패관잡설 같다면서 반성하는 글을 써오라는 명령을 받았다. 이것이 1792년 가을의 일이었다. 하지만 바로 다음 해, 이덕무는 53세의 나이로 홀연히 세상을 떠났다. 죽기엔 아직 아까운 젊은 나이였다. 무슨 병이라도 있었을까.

혹자는 정조가 쓰라고 한 〈자송문〉에게서 원인을 찾기도 한다. 원래부터 소심한 성격이던 이덕무가 정조의 추상같은 명령에 깊이 상심해서 죽은 게 아닐까 하는 의견이다. 아무렴 그럴 리 있겠느냐는 생각이 들지만 이덕무는 자신의 문체를 버려야 한다는 명령을 들었을 때 틀림없이 상심했을 것이다. 책이 그렇듯, 글이 그렇듯 그것은 이덕무 자신의 일부나 다름없었으니, 그것을 버려야 했던 것은 큰 고통이었으리라.

그로부터 2년 뒤, 정조는 이덕무의 문집을 출간할 것을 명령했다.

> 죽은 검서관 이덕무의 재능과 지식을 생각해 보니 아직까지도 잊을 수 없다. 그의 아들이 상을 마쳤다고 하니, 이광규李光葵를 검서관으로 특차(특채)하라. 《차오산집車五山集》도 조정에서 간행했는데, 하물며 이덕무의 문장과 공로를 생각하면 어떤가. 그 집의 힘으로 어떻게 유고를 간행할 수나 있겠느냐. 유고를 간행하는 일을 계기로 돈 500냥을 특별히 내리리라. (……) 각신으로 수장을 맡고 있거나 외직을 맡고 있는 사람은 물론 초계문신 및 외진 곳에 근무하는 사람도 각각 힘 있는 대로 도와서 속히 책을 인쇄하도록 하라.

이덕무의 마지막은 왕과 신하들의 십시일반으로 장식되었다. 정조는 왕의 용돈, 그러니까 내탕금을 500냥 내 주었다. 원고를 정리한 것은 이덕무의 아들이자, 동시에 같은 검서관인 이광규였다. 그리고 당시 직각인 윤행임이 편집을 맡고 서문을 썼으며, 남공철도 묘표를 썼고, 연암 박지원은 행장을 썼다. 이서구는 묘지명을 짓고, 성대중은 발문을 지었으며, 아들은 유사를 적었다. 해서 그로부터 또 2년 뒤인 정조 21년(1797) 2월 28일, 이덕무의 문집 《아정유고》가 만들어졌다.

정조는 이덕무의 글이 잘못된 글이라고 하여 고치게 했지만, 그게 어찌 이덕무가 못마땅해서였을까. 그 훌륭한 재능으로 옛 문체를 쓴다면 좋겠다는 욕심 때문이리라.

그것이 이덕무의 명을 짧게 한 것일까? 정조가 소설체(!)인 이덕무의 문집을 만드는 데 사비를 턴 것은 여기에 책임감을 느낀 것도 있으리라. 그로부터 수십 년이 지난 순조 10년(1810)에는 이덕무의 글들이 집대성된 청장관 전서가 마련되었다. 그런데 이덕무의 집에서는 문집을 내지 못하리라고 단정을 내린 정조의 말이 어딘지 슬프게 들린다. 이유야 뻔하다. 가난하니까.

그래도 문집이 만들어진 덕에, 그리고 이것이 1966년 규장각 도서관에서 발굴된 덕분에 우리는 이덕무라는 사람과 그의 글을 보고 또한 그가 살았던 시대를 알 수 있다.

이덕무는 혁명가가 아니었고, 야심만만하지도 않았다. 그래서 박력 있는 것을 좋아하는 사람의 눈으로 보기에는 뭐 이렇게 심심한 일생이 있냐고 생각할 수도 있다. 하지만 이덕무는 괴로움을 이겨내고 그 자신에게 허락된 즐거움을 누리고 살았다.

어쩌면 이덕무와 백탑파들의 불우함은 역사의 빛이었다. 만약 모든 것이 갖춰지고 윤택한 삶을 살았더라면, 그들이 그렇게까지 간절하게 꿈을 꾸지 않았으리라. 불행했지만, 이로써 당대에 잘 나가고 행복했던 사람들이 잊힌 뒤에도 결코 색이 바래지 않는 역사가 되었다.

# 尹致昊

1865~1945. 서출이었으나 조선 최초로 외국으로 나간 유학생이었다. 근대화의 선구자이나 후에 변절하여 친일파가 되었다.

# 윤치호

## 힘은 곧 정의다

오래전의 소년만화나 기타 등등의 문화 매체를 보면 곧잘 나오는 클리셰가 있으니 '힘은 곧 정의다. 약한 자는 강한 자에게 무릎을 꿇어야 한다!' 라고 외치는 인물의 등장이다. 그들은 대부분 악역이다. 선량하고 정의로운 주인공들은 그를 흠씬 때려준 뒤 일장 연설을 한다. 세상에는 힘보다도 중요한 것들이 있다고. 그러면 악당은 대부분 깨달음을 얻고 정신을 차린다. 그다음은 주인공을 위해 희생하던가, 아니면 열심히 자신의 삽질을 메우면서 남은 생을 보내던가. 아무튼 그렇게 끝난다.

윤치호를 보면서 바로 그런 옛날 클리셰를 올리게 되는 건 어째서 일까. 좌옹佐翁 윤치호. 그는 조선의 끝자락에 서손으로 태어났지만, 어린 시절 유학을 떠나 일본어와 영어에 능통한 글로벌 인재였으며, 신사유람단에도 참여하고 개화파의 일익을 담당했다. 그러면서 독립협회나 만민공동회에도 참여했던 한국 근대화의 선구자이다. 그와 동시에 '힘은 곧 정의'라고 외치고, 일제 말기에는 내선일체를 주장한 친일파이기도 했다.

복잡한 인물이다. 전혀 안 어울리는 모순된 것들이 한데 얽혀 있다. 과연 그가 서얼인가? 하는 질문이 나올 수도 있지만, 그의 생은 서얼 제도가 남아 있던 조선 시대에서 시작했으며, 서손이라는 신분은 그의 인생에 있어 지워지지 않는 얼룩으로 남았다.

## 유학

윤치호의 이야기를 하자면, 먼저 그의 아버지 이야기를 해야 한다. 아버지 윤웅렬은 17세 때 무과에서 수석으로 급제했지만, 그의 가문은 고조 대에서부터 완전히 몰락해서 농사를 짓고 살았다. 그래도 대원군의 총애를 받아 출세한 윤웅렬은 김홍집을 따라 일본에 갔다가 근대화된 국가로 변태하고 있는 일본을 목격했고, 이후 신식 군대(신기군)의 창립을 주도했다.

그의 장남이었던 윤치호는 아버지에게 두 가지를 물려받았다. 하나는 새로운 것을 왕성하게 받아들이는 강력한 호기심과 열의였으며, 다른 하나는 서출의 신분이었다.

윤웅렬은 자식의 교육에 대단히 열성을 들였고, 개화파의 문인인 어윤중을 장남 윤치호의 스승으로 초빙했다. 하지만 아무리 뛰어나도 출신이 서얼인 이상 한계는 명확했다. 이때 마침 일본의 발전된 양상을 보고 배우자는 의도에서 신사유람단이 조직되었다. 윤치호는 스승

어윤중의 수행원으로 신사유람단의 최연소 인물이 되었으니, 이때 나이 17세였다.*

이 일을 계기로 윤치호는 일본에 유학하게 되었으니, 유길준과 더불어 최초의 근대화 유학생이었다. 그가 유학을 간 것은 새로운 문물을 배우기 위한 것도 있었지만, 한편으로 그것 말고는 길이 없었기 때문이었다. 흥선대원군 이하응의 인사정책으로 김가진, 이범진, 이윤용, 안경수, 민치헌, 김영준 등 출세한 서얼들이 많았지만, 차별이 완전히 사라진 것은 아니었다. 이는 윤치호 스스로가 잘 알고 있었기에 1884년에 미국 공사를 만나 이렇게 한탄했다.

"이 나라는 서족庶族을 죽이는 것을 근간으로 삼고 있다."

사실 제 정신이 박힌 사람이라면 신분으로 천대받는 자신의 처지를 한탄하지 않을 리 없다.

요즘이야 조기유학에다 학벌 세탁, 어학연수 등등해서 외국에서 공부하는 게 특권으로 여겨지지만, 당시에는 그렇지 않았다. 멀쩡한 양반의 적자라면 과거에 나갈 따름이지 위험하고 낯선 외국으로 나가지

---

* 이미 잘 알려진 바이지만, 근대화의 시작은 한중일 3국 중에 한국이 가장 늦었다. 일본이 페리의 압력으로 개항한 것이 1854년이었고, 서양의 문물을 경험하기 위해 2년 일정으로 108명의 이와쿠라 사절단[岩倉使節团]을 보낸 것이 1871년이었다. 그로부터 10년 뒤에는 근 천 명의 유학생이 유럽과 미국으로 파견되었다. 한편 중국은 1861년에 근대화를 위한 양무운동을 시작했고, 1872년에는 미국으로 120명의 유학생을 보냈다. 조선이 쇄국의 문을 연 것은 1876년이며, 일본으로 신사유람단을 파견하고 윤치호가 유학을 간 것은 1881년의 일이었다. 상대적으로 많이 늦었다. 아무리 늦어도 잘하면 되지 않지 않나 생각할 수도 있겠지만, 구한말의 조선 정부의 '삽질'은 상상을 초월했다.

는 않았다. 당시의 외국유학이란 밥숟가락 하나 들고 공룡이 살고 있는지 킹콩이 살고 있는지 알 수 없는 무인도로 달려가는 것이나 마찬가지였다.

즉 윤치호의 유학은 조선에서는 아무 희망이 없으니까 선택한 도박이었다. 덕분에 조선은 물론 한국 역사상 최초의 글로벌 인재가 되었으니, 전화위복이라고 해야 할까. 하지만 이게 진정한 복이라고 말하기에는 너무나도 험난한 인생을 살았다.

쇄국의 문이 열린 뒤, 닥쳐온 근대화의 파란으로 조선은 혼란스러웠다. 윤치호가 한창 일본에서 공부하고 있던 즈음, 갑신정변이 발발했다. 김옥균을 비롯한 개화파들이 우정국에 불을 지르고 이를 틈타 수구 세력들을 제거하고 새로운 정부를 구성한 것이다. 이 사건은 흔히 우리나라 근대화의 시작이 될 뻔한 사건으로 여겨지지만 고작 3일 천하로 끝났다.

이 일로 개화파들은 죽거나 달아나고 다시 수구파가 권력을 잡았다. 이때 윤치호의 아버지도 개화파로 낙인 찍혀 귀양 보내졌지만, 원래부터 신중파였고, 개화파들이 억지로 정변에 참가시켰다는 주장이 받아들여져서 그럭저럭 위기를 넘겼다.

하지만 이 사건은 조선의 보수(수구)주의자들의 경각심을 크게 높였고, 근대화의 '근' 자만 나와도 경기를 일으키게 했으니 복을 뒤집어 화를 만들었다. 아직까지 조선은 근대화라는 것을 하기보다 현상을 유지하려고 했다. 그래서 극단적인 조치도 취해졌으니, 일본의 조선인 유학생들은 해치지 않겠다는 정부의 약속을 믿고 조선으로 돌아갔다가 처형당한 일도 있었다.

당시 갓 20세였던 윤치호는 갑신정변에는 부정적이었고, 오히려 제대로 준비하지도 않은 채 거사를 벌였던 김옥균 등의 경거망동을 크게 비난했다. 그러면서도 죽임당한 유학생들의 이야기에 분노를 터뜨렸다.

결국 윤치호는 일본을 떠나 중국으로 유학을 간다. 그곳에서 2년간 각종 학문을 배웠는데, 이를 통해 윤치호는 전혀 새로운 체계의 학문과 문화를 접하게 된다. 이처럼 잠깐 외국 문물을 경험하는 게 아니라 제대로 된 교육과정을 밟고 외국 문화권에서 생활했던 윤치호의 경험은 그의 장점인 동시에 약점이 되었다.

다음으로 윤치호가 향한 곳은 미국이었다. 여기에서 그는 정말 새로운 세계를 경험한다. 민주주의라는 세련된 정치체계는 물론 많은 학문을 배웠지만, 동시에 인종차별의 덫을 만났다. 당시 미국은 흑인들이 지독한 차별을 받고 있었다. 그런데 동양인 유학생이 얼마나 따사로운 대접을 받았을까? 윤치호는 한때 중국인으로 오인당하여 심한 대우를 받은 일을 기록하기도 했다. 이 때문에 분개하기도 했으나 그와 동시에 세계 최강과 부유함을 자랑하던 미국의 정치, 사회제도를 보고 극찬하기도 했다.

그가 영어로 일기를 쓴 것은 이때부터였다. 흔히 그가 '우리말로는 전부 표현할 수가 없어서' 영어로 일기를 썼다고 한 발언 때문에 '자문화 비하주의자'로 오해를 받곤 하는데, 그가 유학했을 당시에는 한영사전이란 존재하지도 않았다. 미국에서 벌어진 일들을 어떤 한국말로 써야 했을까? 불편할 수밖에 없다. 게다가 하루빨리 영어 실력을 늘려야 한다는 목표도 있었다. 굳이 영어로 윤치호가 비난을 받아야 한다면, 그만큼 탁월한 실력을 가졌음에도 영어사전을 만들지 않았다는 점이리라(영어교재는 만들었다). 이렇게 애증에 가득 찬 미국의 유학이 끝나고, 드디어 조선에 돌아오면서 윤치호의 사회 활동은 본격적인 막이 오른다.

이때 그의 뛰어난 언어 능력이 주효했다. 윤치호가 처음 통역일을 맡았던 것은 일본에서 유학하고 있었을 때였다. 네덜란드 공사관을 통해 영어를 배우다가 학원의 추천을 받아 미국 공사 푸트의 통역관이 되었다. 당시만 하더라도 윤치호의 영어실력은 단어를 띄엄띄엄 통역할 뿐, 훌륭하지는 않았다고 한다. 하지만 몇 년 동안의 미국 유학은 그를 조선 최고의 (어쩌면 유일한) 영어전문가로 만들어냈다.

## 계속되는 좌절, 조국의 근대화를 목표로

윤치호를 비롯한 개화파들이 조선 근대화의 모델로 고른 것은 일본이었다. 이것은 나름대로 자연스러운 결과였다. 일본은 아주 다른 세상인 서양보다는 이웃나라이자 한때 만만하게 보았던 나라였으니 우리도 저쯤은 할 수 있겠지 생각했으리라. 헌데 그들은 아직까지도 근대화의, 그리고 그 배후에 있는 제국주의의 실체를 깨닫지 못하고 있었다.

일본은 다른 제국주의 국가가 그렇듯이 미개한 조선을 개선하겠다는 사명을 (조금이나마) 가지고 있었고, 또 식민지로 만들어 '단물을 쪽쪽 빨아 먹겠다' 라는 생각도 있었다. 하지만 윤치호를 비롯한 개화파의 많은 사람들은 전자만을 보았고 후자를 몰랐다. 그렇기에 일본의 식민지화 야욕과 맞닥뜨렸을 때, 명성황후가 살해당했을 때 윤치호가 느낀 분노와 배신감은 이만저만한 게 아니었다. 그의 일기에서 토해낸 어마어마한 분노가 이를 대변한다.

이렇게 일본에게 뒤통수를 맞은 후 윤치호가 고른 근대화의 모델 내지 조력자는 러시아였다. 당시에는 이완용을 비롯하여 비슷한 생각을 가진 이들이 많이 있었다. 고종 황제가 러시아 대사관으로 자리를 옮긴 아관파천에는 그럴 만한 이유가 있었다.

하지만 그의 이런 기대가 와장창 부서진 계기는 민영환을 따라 니콜라이 2세의 대관식에 참관한 일이었다. 러시아는 훗날 공산주의 혁명이 일어난 나라로 이때 이미 부유한 자는 끝없이 부유하지만 가난한 농노들은 지옥 같은 삶을 살고 있었다. 윤치호는 러시아의 가난한 이는 오히려 조선보다도 못하다고 일기에 적었다.

또한 미국이나 일본 등 세계 각 곳을 다녀본 윤치호에게 러시아의 벼락부자식 졸속 경영과 촌스러운 건축 양식은 성에 차지 않았다. 게다가 러시아가 조선에게 호의적인 제스처를 취했다고는 하지만, 이도 결국은 식민지 확장을 위해서였지 순수한 선의나 봉사정신의 발로는 아니었다.

이쯤 되면 세상에 믿을 놈 하나 없다는 깨달음을 얻게 된다. 마침내 윤치호는 독립협회와 만민공동회를 통한 자체 근대화의 가능성에 눈을 돌린다. '외세의 힘을 빌리지 말고 우리만의 힘으로 근대화를 이루자!' 라는. 이건 꼭 윤치호 말고도 당시 독립협회나 만민공동회에 참여한 인물들 상당수가 했던 생각이었을 것이다.

이번에 그를 배신한 것은 바로 조선의 왕 고종이었다. 고종은 만민공동회에서 입헌군주제 및 공화제의 이야기가 거론되자, 전격적으로 독립협회와 만민공동회의 활동을 금지하고 보부상을 동원해 그들을 폭행하고 탄압했다. 누군가는 간신배가 고종을 충동질했다고도 하지만 어쨌든 고종은 독립협회 따위가 자신의 권력을 제한하는 입헌군주제에 대해 말하는 것을 용납하지 못했다. 그가 원하는 것은 (시대에 엄청나게 뒤쳐졌지만) 강력한 황제가 다스리는 절대왕정이었으니까.

"이게 무슨 왕이냐."

그때 윤치호는 일기에다 절규하듯이 적어놓았다. 나중에 밝혀진 바였지만, 고종은 독립협회에 힘을 보탰다는 이유로 윤치호를 암살하라는 명령까지 내렸다가 신하의 만류로 그만두기까지 했다.

이쯤이 되면 정말 꿈도 희망도 없다. 문 바깥에는 호랑이가 버티고 있으며, 집 안에는 곰이 있다. 들어갈 수도 없고 나갈 수도 없는데 도움이 될 만한 것은 하나도 없다. 훗날 윤치호는 자신이 했던 공공사업이 모조리 실패로 돌아갔다며 씁쓸하게 회고했다. 이런 처참한 경험들은 그가 회의주의자가 되는 데 크나큰 기여를 했으리라.

결국 모든 노력은 허투루 돌아가고, 조선의 국운은 기울어졌으며 마침내 국권을 빼앗겼다. 이런 혼란스러운 와중에 윤치호도 자유로울 수 없었다.

1912년, 윤치호는 105인 사건에 휘말려 투옥되고 고문을 당했으며,

한동안 일본과 독립운동 세력 어느 쪽의 부름에도 응하지 않았다. 다만 YMCA를 모토로 한 교육 및 사회활동에게 힘을 쏟았을 뿐이다.

하지만 상황이 그를 중립으로 내버려두지 않았다. YMCA의 총무였던 신흥섭의 적극적인 친일활동 및 1939년 흥업구락부 사건으로 기독교계에 위기가 닥쳐오자, 윤치호는 조선 총독부와 담판을 하고 적극적인 친일로 돌아서게 된다. 그리하여 윤치호는 친일파의 한 사람으로 꼽히지만, 이 문제도 그리 간단하지만은 않다.

## 친일 행보

윤치호의 일기는 60년 동안 거의 매일 기록한 엄청난 기록이다. 이를 한참 읽다 보면, 절로 혼란스러워진다. 개화파, 혹은 친일파라는 이름만으로 딱 자를 수 없는 혼돈이 그곳에 있다. 특히 3.1 운동 즈음에 쓴 일기는 정말 뒤죽박죽이다. 어제는 일본의 가혹한 식민통치를 비난했다가, 오늘은 천도교의 선동에 휘말려서 공부를 내팽개치고 3.1 운동에 참여하는 조선의 어리석음을 통탄했다.

동시에 그는 당시 한일병탄에 기여했다고 자랑스럽게 떠벌리는 기회주의자 친일파들에게 크게 분노했고, 그러면서도 일본 요인 암살이나 만세 시위를 벌이는 독립투사들이 쓸데없는 일을 한다고 비꼬았다.

이렇게 되면 조금은 성급하게 물어보고 싶다. 과연 당신은 무엇이냐고. 일본도 못마땅하고 조선도 비판하는 당신은 대체 어디에 있느냐고. 윤치호가 회색분자 소리를 듣는 것은 바로 이런 태도 때문이겠지만, 답은 의외로 간단하게 내릴 수 있다. 양비론이다. 윤치호는 일본을 비난하는 것만큼 조선을 비난했고, 일본인들의 위선을 꾸짖는 것처럼 조선의 저열함을 꼬집었다. 그의 지적은 어느 정도 일리가 있었다. 하지만 그렇다고 해서 옳은 것만은 아니다.

윤치호의 의견대로 따르다 보면, 할 수 있는 것은 아무것도 없다. 시위, 그러니까 3.1 운동을 하느니 차라리 공부를 해라, 힘도 없으면서 저항해 봤자 아무 소용도 없다, 힘을 키워야지 독립도 꿈꿀 수 있다……. 어디에선가 많이 들어본 이야기다. 당시 조선이 단독으로 독립할 역량이 없던 것은 사실이다. 만세 좀 부른다고 독립이 되지 않는 것도 사실이다. 당시 조선 사람들은 교육 수준이 낮고 교양이 없던 것도 사실이다. 3.1 운동은 어쩌면 조악하기 짝이 없는 독립운동이었다. 당시 제국주의에 찌든 국제사회가 조선이라는 작은 나라의 형편에 눈도 돌리지 않으리라는 것도 사실이다. 그런데 그래서 어쩌란 말인가?

윤치호가 말한 대로 열심히 공부하고 힘을 기르면 될까? 그런데 그렇게 열심히 공부하고 나면 과연 무엇이 있을까? 일제 시대 때 조선인들은 거의 모든 분야에서 제한과 차별을 받았다. 일본인들에게 땅을 빼앗기거나, 억지로 상권을 박탈당하거나, 가혹하게 고문을 받거나, 온갖 방법에서 차별을 받는 이상 윤치호가 바라는 대로 실력을 키우고 '물어뜯을 수 있을 때까지' 성장하는 것은 한없이 어려웠다. 이래서야 아무것도 변하지 않는다. 딜레마이고, 모순이다.

윤치호의 일기에서 몇 번씩이나 강조되는 내용이 있으니, 바로 '힘은 곧 정의' 라는 말이다. 그것이 사회계약론이다. 그렇다면 힘이 약한 조선은 주변 강대국들에게 마음껏 뜯어 먹혀도 어쩔 수 없다는 결론이 나온다.

윤치호는 이를 어느 정도 인정했다. 조선은 힘이 없으니까 일본이나 다른 강대국에게 지배를 받는 것이 당연하다고. 물론 이 발언은 언젠가 조선 사람들이 성장하면 독립한다는 전제를 아주 조금이나마 깔고 있긴 했다. 힘이 약하니 지배받는 것은 당연하되, 일본의 잘못된 정치에는 분개하니 기묘한 모순이었다. 윤치호도 이런 점은 자각하고 있었고 고민한 끝에 자기합리화를 했다.

이를테면 '한일병탄 기념일'(일본 기준)에 일장기를 게양하는 문제였다. 조선 사람들은 일장기를 걸지 않으려고 했고, 총독부는 순사를 풀어가며 게양하라고 윽박질렀다. 윤치호는 이 문제를 고민하다가 이런 결론을 내렸다. 만약 민영환처럼 자결을 했다거나, 이승만처럼 해외로 나가 있다면 거부할 수 있다. 하지만 자신은 지금 일본의 지배를 받는 조선에 살고 있다. 그럼 왜 굳이 거슬러야 하는가. 어떤 사람들은 일장기를 게양하는 게 치욕이라고 하는데, 이미 나라를 빼앗긴 커다란 치욕을 받고도 가만히 있으면서 깃발처럼 사소한 것에 목숨을 거는가. 그래서 윤치호는 그의 동네에서 유일하게 일장기를 게양한 사람이 되었다.

얼핏 들으면 대인배 같기도 하고, 아니면 자기합리화 하나는 기차게 한다는 생각도 든다. 특히나 일장기를 게양하면서도 태극기 게양은 물론, 그 문양을 활용하는 것을 금지한 총독부의 속 좁음을 비난한 대목은 윤치호라는 사람을 더욱 알기 어렵게 한다. 이렇게 끝없이 모순되며 복잡하면서도 또 끊임없이 회의하고 자기를 정당화한 것이 그의 본질이 아닐까.

이렇게 회색분자이자 양비론자였던 윤치호가 완전한 친일파로 돌아서게 된 계기는 흥업구락부 사건이었다. 앞에서 보았던 것처럼 윤치호는 일제 시대 초중반은 친일에 참여하지 않고 오히려 일본과 독립운동가 모두를 비판했다. 하지만 흥업구락부 사건이 벌어지자, 감리교 교단과 사람들을 지키기 위해 총독부와 담판을 했다고도 한다. 사실이 어떻던, 이후로 그의 행보는 너무나도 적극적이 된다.

우선 이름을 윤치호 대신 이토지코伊東致昊라는 일본식으로 바꿨다. 일기장에 가득하던 회의주의자 대신 아주 치열한 선동가로 변신했다. 특히 이는 제2차 세계대전이 격화되고 태평양 전쟁이 발발하자 두드러지는데, 윤치호는 조선의 청년들에게 일본인으로 싸우라고 참전을 독려했다. 학도병의 참전을 독려하는 강연회에 참여하기도 했으며, 〈매일신보〉 1면에는 〈나서라! 지상명령이다!〉라는 글을 싣기도 했다. 그 외에도 내선일체의 행사장에는 족족 불려나갔고, 마침내 1945년에는 일본 칙선귀족원의 일원으로 뽑히기까지 했다.

그리고 마침내 해방이 되자, 윤치호는 친일반민족위원회에게 체포된다.

이때 그는 〈한 노인의 명상록〉이라는 글을 적어 자신의 친일행동을 변명했는데, 그 모든 변명들은 지금까지도 많은 친일옹호자들이 고스란히 써먹고 있다. 조선이 미개했으니까 홀로 설 수 없었다, 친일파 중에서 유능한 사람들이 많았다, 공산주의를 선택하기보다는 일본 제국주의가 나았다 등등. 그는 이렇게 변명했다.

사실 그에게는 어떤 친일파보다도 심각한 잘못이 있었으니 바로 자포자기다. 어차피 해도 되지 않는다는, 어쩔 수 없다는 깊고 깊은 절망 말이다. 그것은 윤치호의 개인적인 생각이겠지만. 이미 사회의 명망가가 된 이상 그의 생각은 많은 이들의 관심을 끌 수밖에 없다. 그런데 그런 사람이 자포자기한 채 말하는 거다. 물어뜯을 힘이 없으면 물지 마라, 힘이 곧 정의다, 힘이 약한 조선은 강한 일본에게 무릎 꿇을 수밖에 없다. 그런 식으로 우린 어차피 안 될 거라는 절망과 한탄을 많은 이들에게 퍼뜨렸다. 그것이 윤치호의 가장 큰 잘못이었다. 솔직히 말해 힘이 없으면 그저 숙이고 살아도 어쩔 수 없다는 윤치호의 주장은, 조봉암의 묘비에 새겨져 있는 글귀 하나만으로도 힘을 잃는다.

> 우리가 독립운동을 할 때 돈이 준비되어서 한 것도 아니고 가능성이 있어서 한 것도 아니다. 옳은 일이기에, 또 아니하고서는 안 될 일이기에 목숨을 걸고 싸웠지 아니하냐.

앞으로 다가올 미래를 완벽하게 내다볼 수 있는 인간이란 없다. 솔직히 윤치호에 앞선 많은 사람들, 그리고 동시대를 살아가던 사람들 중에서 정말로 독립할 수 있으리라고 예상한 사람은 없었을 것이다. 오히려 불가능하다고 보았을 터. 그렇다면 성공할 리 없는 일에 도전하는 것은 어리석은 일일까? 그건 아니다. 때로는 한계에 부딪혀 산산이 부서진다 해도 그만한 가치를 지닌 도전이 있다. 비록 당대의 가장 현명하고도 '쿨 시크' 한 이들이 보기에는 어리석을지라도, 역사에서 지워지지 않는 이름을 남기고 존경받는 이들은 그런 바보들이었다.

윤치호는 분명 똑똑한 인물이었지만, 안타깝게도 현명하지는 않았다. 어쩌면 잔인한 평가이겠지만, 태어난 이래 자신의 운명을 결정짓지 못하고 시대의 폭풍우에 휘말려 이리저리 휘청거린 사람의 한계일 것이다. 그는 운명에 따를 뿐 결코 거역하거나 뛰어넘지 못했으며, 주체가 될 수는 없었다. 혹은 될 수 있다고 생각하질 못했다.

흔히 친일파로 돌아선 윤치호의 행적이 갑작스러웠다고 생각할 수 있겠지만 사실 그다지 변한 것은 없다고 생각한다. 힘이 곧 정의라는 관점은 그대로였고 살아남으려면 힘을 키워야 하는 주장도 변함없었다. 그러니까 조선 사람들에게 적극적으로 내선일체에 힘을 쏟으라고 했다. 일본의 일부가 되어 국력을 신장하면 결국 조선도 이익이라고 말하며.

이런 윤치호의 주장에 대해 이전 유학 시절에 겪었던 인종차별의 상처 때문에 서양을 싫어했고, 이로써 태평양 전쟁을 서양 대 동양의 대결로 받아들여 '같은 동양'인 일본의 편을 들게 되었다는 의견도 있다. 있을 법한 주장이다. 윤치호는 실제로 조선에게는 독립할 만한 역량이 없다고 보고 이왕 남의 나라 지배를 받는다면 일본 쪽이 낫겠다고도 했다.

한편으로 그에게 가장 중요한 것은 가족과 지인들의 보호였다. 그는 내내 독립운동에 참여하라는 권유를 거절하며, 왜 내 가족들을 위험에 빠트려야 하냐며 불만을 표하곤 했다. 또 그가 적극적인 친일파로 돌아서게 된 계기가 기독교 흥업구락부 사람들이 체포 받거나 조사를 받는 와중 이들의 신변을 보장해서 석방되도록 한 일이라는 것 또한.

그리하여 윤치호 자신은 친일파가 되고 한국의 기독교 세력도 친일화되었지만, 그렇게 해서라도 팔 안의 사람들을 지킨다는 소기의 목적을 달성한 것이 아닐까 한다. 그것이 윤치호가 당대의 뛰어난 인물이되 위인이 되지 못한 이유이다.

庶孼

3장

# 서얼 허통의 노력

서얼의 두 얼굴

조선 시대 인물들의 일평생을 기록한 졸기나 행장을 보면, 언제나 가장 마지막에는 가족들의 기록이 있다. 아내의 성과 자식들의 이름, 아들이라면 관직을 적고 딸이라면 남편의 이름을 적으며, 대부분 첩과 그 자식들도 적고 있다.

요즘이야 저출산이 골칫거리이지만, 당시는 영아 사망률이 높은 것만 문제가 되었을 뿐, 부인과 첩에게서 참으로 많은 자식들이 태어났다. 어느 양반이 본부인과 첩 사이에서 적자 자식을 둘 두고 서자 자식을 둘 두었다고 치자. 시간이 흘러 자식들이 부인과 첩을 두고 각각 자식 둘씩을 얻어 도합 넷을 두었다고 하면(서얼도 첩을 들이곤 했다), 손자는 모두 16명이 된다. 이 중 적손은 4명뿐이지만, 서얼손은 12명이다. 따라서 시간이 흐르면 흐를수록 서얼자손들의 수는 기하급수적으로 늘어났으니, 영조 · 정조 시대에 서얼들이 세상의 절반이란 말도 마냥 과장이라고만 할 수는 없겠다. 이렇게 양반은 아니되 그렇다고 중인이나 양인도 아닌 기묘한 집단이 만들어졌고, 사회 문제 역시 이에 비례하여 발생했다.

## 사회 문제를 야기하다

가장 큰 문제는 사회가 굉장히 비효율적이 되었다는 데 있다. 서얼들의 숫자는 굉장히 늘어났지만, 그들은 적자의 자손들에 비해 굉장히 많은 제한과 불이익을 받았다.

앞에서도 잠깐 이야기했지만, 학생들이 공부를 하는 성균관에서는 아무리 나이가 많다고 해도 서얼 출신이면 새까맣게 어린 사대부 적자 뒤에 앉아야 했다. 이 정도 차별이나 구박은 그래도 귀여운 정도라고 할 수 있었다. 조선 시대 출세의 관문이랄 수 있는 공무원 시험(과거)에서도 서얼들은 엄청난 차별을 받았다. 서얼들은 무과나 잡과에 응시할 수 있기는 했지만, 서자들은 여전히 소외받았다.

그래서 서얼들이 하는 일이란 '대단히 유능해야 하지만 일은 고되고 빛은 별로 못 보는 것' 들로, 통역관이나 기술직, 의술(조선 시대에는 돈 못 버는 3D 업종이었다) 등의 전문직이었다. 결국 제 아무리 욕심이 있고 실력 있는 인재라고 해도 서얼로 태어났다면 제대로 일을 해보기는커녕, 지방의 별 볼일 없는 관직을 전전하다가 인생 종치는 경우가 절대 다수였다.

이것은 중인도 마찬가지였지만, 아예 출세의 가능성이 없는 중인들과 달리 서얼은 반쪽 양반이라는 게 더 문제라면 문제였다. '아버지를 아버지로 부르지 못하며 형을 형이라 부르지 못한다' 라는 홍길동의 한탄은 틀림없는 조선 시대의 서얼의 현주소였다. 틀림없이 양반의 아버지를 두고 형제를 두었건만, 자신은 가족으로 인정받지도 못한다. 아예 못 오를 나무라면 차라리 포기하겠는데, 자신의 아버지와 형제들이 멀쩡하게 사회지도층의 신분과 권한을 누리고 있는 모습을 보면 없었던 미련도 생기는 게 사람의 본성이다.

따라서 조선 시대의 위정자들은 서얼들을 사회의 잠재적인 불온 세력으로 여기는 한편, 이들의 버려지는 능력을 활용하기 위해 오랫동안 논의와 토론을 거듭했다.

분명한 것은 시간이 지날수록 서얼 문제는 심각해졌고 아주 무시할 수도 없게 되었다는 점이다. 서얼들은 신분과 사회의 벽에 막혀 좌절을 거듭했다.

꿈이 꺾였을 때 우울해하는 것은 당연지사. 하지만 우울함이 절망으로 바뀌었을 때, 이는 세상을 파괴하는 힘이 될 수도 있었다. 앞에서 내내 살펴보았던 대로 서얼들이 반란을 일으키거나, 타인을 모함해서 옥사를 일으키거나 세상을 비판하는 활동에 참여한 예는 많이 있었다. 그래서 양반들은 서얼들을 경계하며 불안하게 여겼던 것이다. 물론 원인을 제공한 것이 자기 자신들이라고는 생각하지 않았고, 적극적으로 해결하려 들지도 않았지만.

## 서얼 허통의 논의

조선 시대 서얼들이 취하는 행동은 보통 두 갈래였다. 하나는 사회에 실망한 나머지 희망을 버리고 세상에서 도피하는 길이었으며, 다른 하나는 권력을 지향하고 권력자들에게 호소하여 어떻게든 신분의 제한을 풀어보고자(許通) 발버둥치는 것이다.

마음속 설움을 시와 글로 풀면서 여생을 보낸 전자와 달리, 후자는 정말 적극적으로 역사에 그 자취를 남겼다. 그리고 어쩌면 당연하게도 후자의 이야기들이 훨씬 재미있다.

처음 서얼들은 별다른 힘없이, 양반도 아니지만 그렇다고 양인도 아닌 애매한 신분이었다. 하지만 시간이 흐르면서 서얼들은 차츰 숫자가 늘어났다. 서얼의 자식은, 그리고 또 그들의 손자는, 또 그 아래의 자손들은 계속해서 서얼이 되었고, 또다시 새로운 서얼들이 태어났다.

이렇게 함으로써 서얼은 개인이 아니라 집단으로서 공감대를 형성하게 되었다. 이는 필요에 따른 것이기도 했다. 한두 사람이 주장하는 정도로는 들어주지 않자 그들끼리 뭉쳐서 집단으로 이익을 추구하고, 동시에 여론을 형성한 것이다. 그래서 서얼들은 자신을 일컬을 때 오배吾輩, 곧 우리들이라는 말을 썼다. '나가 아닌 우리'라는 말이니 곧 동료의식이 투철했다는 말이다.

최초로 서얼의 불행한 처지를 글로 적어 남긴 것은 중종 시대의 인물인 어숙권이라고 한다. 《패관잡기》에서 서얼 차별의 시초가 〈경국대전〉이라 적었다던가. 서얼들은 이렇게 자신의 운명과 세상을 한탄하는 데에서 그치지 않고, 자신들을 제한하는 조치를 없애기 위한 서얼 허통庶孼許通 운동에 나섰다. 명종 8년에는 진사 김사악과 그 외 서얼들이 문무과 과거 응시를 허락해달라는 상소를 올렸다.

> 하늘이 현능한 재주를 낼 때는 적자와 서얼을 구분하지 않았는데 국가에서 사람을 쓸 때는 적자와 서얼에 구별을 두니, 이 어찌 하늘이 재주 있는 사람을 내는 뜻이겠습니까. 하늘의 뜻을 어기고 재앙이 없기를 바란다면 될 수 있겠습니까.

이에 조선 조정의 관리들은 모두 머리를 맞대고 이 문제를 논의했다. 재미있는 것은 이때 오히려 영의정 심연원, 좌찬성 윤형원을 비롯한 현직 관리들은 서얼 허통을 꽤 긍정적으로 검토했지만, 사림파들은 맹렬히 반대했다는 사실이다. 앞서 재미있다고는 말했지만, 한편으로는 자연스러운 일이었다. 사림은 곧 명분을 중시하는 이들이었고, 그들에게 서얼의 과거시험 허용이란 사회질서를 어지럽힐 위험이었다. 당시 서얼 허통 반대론자들이 제시한 반대의 이유는 대략 세 가지이다.

1. 존비尊卑의 등급은 엄격해야 한다.
2. 선왕의 법도는 함부로 바꿀 수 있는 것이 아니다.
3. 서얼을 등용하면 명분이 흐트러진다.

이 주장은 이후 수백 년 동안 수없이 우려먹는 서얼 차별의 근거로 활용되었다.

결국 명종 대부터 양첩손良妾孫, 그러니까 서얼의 손자부터 과거 시험을 보는 것이 허용되기는 했다. 좀 더 구체적으로는 양첩, 곧 양인의 첩에게서 태어난 손자는 허락되었고 천첩賤妾, 곧 천인에게서 태어난 얼자는 제외되었다. 하지만 허용이 되었을 뿐 차별은 여전했다.

> 서얼에게 벼슬길을 허락하는 것은 고려 및 우리나라 초기에 시행했지만 폐한 지가 이미 오래되었다가 이번에 또 복구했습니다. 적서의 구분은 엄격하게 구분하지 않으면 안 됩니다.

그러면서 과거 시험지 합격장에 누구의 양첩자, 양첩손(서얼)이라는 사실을 명기하게 하라고 적었으니 결국 보통의 양반들과는 뛰어넘을 수 없는 제한을 주었다. 과거가 허용되어 보았자 변한 것은 아무것도 없었으며, 서얼들의 불평불만은 여전했다.

다시 시간이 흘러 선조 즉위년, 1,600여 명의 서얼들은 연명으로 상소를 올려 임금에게 자신들의 억울함을 풀어달라고 탄원했다.

> 우리도 역시 전하의 자식들입니다.

상소에서 그들은 이렇게 부르짖고 있다.* 선조는 이들의 상소에 꽤나 감동을 받았는지, 나무의 본가지이든지 곁가지이든지 충성을 바치

---

* 이중적이지만, 서얼들은 자신이 양반보다 못하다는 열등감에 시달리면서도 더욱 천한 사람들보다는 우월하다는 생각을 가지고 있었다. 그래서 선조에게 올린 상소에서도 자신들이 양반보다 못하지만 상인이나 중인보다는 낫지 않느냐는 구절이 있다. 이중적이라고는 해도, 이들이 마냥 잘못되었다며 비난할 수는 없다. 결국 그들도 신분제도가 당연한 세상에서 태어나고 살았던 이들이다.

는 것은 다름없지 않느냐고 답변을 내렸다. 이것은 서얼들에게 큰 기대와 희망을 주었으리라. 출생 때문에 거듭 차별을 받았고 외가가 미천하다는 이유로 적자 출신 양반들에게 괄시를 받던 그들에게 이보다 더 큰 희망이 있었겠는가. 하지만 서얼 차별은 선조가 죽을 때까지 완전히 사라지진 않았다.

그럼에도 서얼들은 포기하지 않았다. 한 세대의 서얼이 좌절하고 절망한 끝에 죽어간다 한들, 또다시 새로운 서얼들이 태어나 대를 이어가며 탄원을 했다. 숙종 때에도 서얼이자 영남의 생원이었던 남극정을 비롯해 988인이 자신들의 원통함을 풀어달라고 상소했다.

이 중 독특한 것은 영조 시절에 서얼들이 올린 상소였다. 영조가 즉위한 해, 왕이 갓 장례를 지낸 형 경종의 제사를 위해 궁궐 밖을 나섰을 때 벌어진 일이다. 어떤 사람이 기다란 장대를 들고 있었다. 장대 끝에는 종이가 한 장 매달려 있었는데, 네 글자가 쓰여 있었다.

궁인포원窮人抱寃

말 그대로 해석하자면 궁지에 몰린 사람이 원망을 품고 있다는 말이다. 원통함이 사무쳐서 왕에게 직접 하소연하는 상소를 올리겠다는 뜻이었고, 영조는 이를 받아들였다.

이것은 서얼이면서 진사의 자리에까지 오른 정진교鄭震僑를 비롯한 260여 명이 연명으로 올린 상소였다. 요즘 식으로 말하면 대통령의 행진을 막고 탄원서를 올린 것인데, 무례하기도 하거니와 위험한 것이기도 했다.

하지만 뒷사정을 보면 이들은 이런 극단적인 수법을 취할 수밖에 없었다. 이미 13차례나 똑같은 상소를 올렸지만 계속해서 승지 윤유가 막았던 것이다. 세상은 이미 서얼 출신들을 고깝게 보는 것을 넘어서서 미워하고 어떻게든 훼방을 놓았다. 심지어 《영조실록》에서 이 부분의 기사를 적은 사관은 대표적인 악당 서얼인 유자광의 이야기를 들먹이면서 '서얼이 왕에게 상소를 올릴 정도라니 조정의 기강이 어지러워졌다' 라며 비판하고 있다.

그리하여 영조 시대 때 서얼들에게 많은 특권이 내려졌지만, 완전한 평등은 아니었다. 그래서 서얼들은 고종 때까지도 제한을 풀어달라는 운동을 끈질기게 벌였다.

한편으로 서얼 허통을 고려하는 것은 서얼들뿐만은 아니었다. 위정자들 역시도 일종의 잉여 계층인 서얼들을 활용할 수 있는 방도를 고민했다. 그래서 각종 제안을 하는 한편, 때로 성과가 나오기도 했다.

서얼들에게는 틀림없이 엄청난 잠재력이 있었다. 앞에서도 말했지만 서얼 중에서 가장 뛰어난 인물은 적자 중에 가장 못난 인물보다 훨씬 나은 법이다. 반쪽이라곤 하나 서얼들에게 교육의 기회는 열려 있었고, 양반인 아버지를 통해 사회의 여러 명사들과 교감을 가지기도 했다. 그래서 서얼이면서도 뛰어난 문객으로 이름을 날린 사람들도 많았다.

정신이 제대로 박힌 위정자라면, 이런 인재들의 풀(pool)을 활용하는 것이 곧 나라와 사회에 이익이라고 생각한다. 중종 때의 개혁가 조광조가 대표적인 인물이었다. 물론 이전에도 이따금 서얼들을 활용해서 우림위羽林衛 등을 만들자는 단발적인 시도가 있었지만, 본격적으로 거론된 것은 아니었다. 중종 13년, 조광조는 다른 신하들과 함께 국사를 논의하면서 "능력을 활용하지 못하는 인재들이 아깝다"라면서 서얼 문제를 처음으로 공론화했다.

"우리나라는 땅덩어리가 작아 인물이 본래 적은데다가 또 서얼庶孼과 사천私賤을 분별하여 쓰지 않습니다. 중원에서는 귀천貴賤을 가리지 않고 오직 골고루 쓰지 못함을 걱정하거늘 하물며 작은 우리나라이겠습니까? 향리鄕里가 천거하는 일은 시대가 오래되어 다시 할 수 없겠지만, 만약 이와 같이 하면 대현인大賢人이라도 얻을 수 있을 것입니다."

물론 이 논의가 본격적인 서얼 허통의 움직임으로까지 이어지진 못했지만, 조광조 일파에 속해 있던 서얼 인물에게 벼슬을 주자는 의견이 나온 것은 사실이다. 조광조는 어째서 서얼 허통을 주장했을까?

당연하지만 조광조는 적자였다. 그것도 보통 양반이 아닌 개국공신 및 3개의 공신을 모두 지낸 최고 명문가의 후손이었다. 하지만 조광조 대에는 꽤나 몰락한 상태였다. 비록 양반의 피를 이어받았지만 어머니의 신분 탓에 날개를 펴지 못하는 서얼들, 그리고 명문가였지만 영락해서 실속은 없었던 조광조. 조금 다르면서도 또 많이 닮았다. 그랬기에 서로의 처지를 이해하고 동정하지 않았을까. 그게 아니더라도 조광조는 사회의 모든 불합리를 견디지 못했던 인물이었다. 마침 서얼 지인이 있었던 것 또한 이런 생각을 하게 만든 원동력이었을 것이다. 하지만 조광조가 처형된 후로 이 문제는 다시 묻혔다.

그럼에도 서얼 허통의 논의는 꾸준하게 제기되었으니, 그다음으로는 율곡 이이가 있었다. 선조 16년, 여진족 이탕개의 난이 벌어지고 급히 군사력을 동원할 일이 생기자 병조판서였던 이이는 서얼들 중에서 인재를 뽑아 벼슬을 주자고 주장했다. 조선은 본래 칼로 일어선 나라였건만 수백 년째 평화를 구가하게 되자 대부분의 양반들은 문약文弱에 빠졌다. 그러느니 실력 있는 서얼들을 뽑아 쓰는 것이 효율적이라는 게 이이의 생각이었겠지만 반발은 어마어마했다. 서얼들이 외가의 천한 핏줄 때문에 천하다는 등 각종 전형적인 레퍼토리가 반복되었으며 여기에 이이에게 인신공격까지 가해졌다. 그가 서얼 금고를 해제하려는 진정한 이유는 서얼 아들이 있기 때문이라는 말까지 나온 것이다.*

하지만 이이는 그 자신에게 서얼 자식이 있든 없든 그 차별의 불합리함을 주장했을 것이다. 이이는 그의 한평생을 걸고 세상의 잘못을 비판하고 고쳐야 할 것을 주장한 혁명가였으니까. 그가 평생 들어온 비난은 언제나 무자비하고 뜬금없었으며 부당하기까지 했다. 스승 없이 독학했다고, 한때 불교에 빠졌다고, 나이가 어리다고 마이너 취급을 받고 괴롭힘을 당했으니까.

서얼 허통 논의가 갑작스럽게 진전이 된 것은 이이 사후 임진왜란이 벌어지면서부터였다. 전쟁이 벌어지자 많은 사람들이 죽었고, 또 달아났기에 조선은 극심한 인력난에 시달렸다. 부족한 수요를 채우기 위하여 서얼들의 사회적 활동, 혹은 활용이 활발해졌다.

* 실제로 율곡 이이는 정처 노씨에게서 자식을 얻지 못하고, 늘그막에 첩에게서 2남 1녀를 얻었다.

선조 25년 5월, 선조는 서얼 출신의 금군들을 허통해서 부장에 제수하라고 명령을 내렸다. 하지만 최흥원과 윤두수 등은 "아직 공을 세우지도 않았는데 벼슬을 제수하는 것은 옳지 못하다."라고 하고, 그냥 내금위에 제수하는 것만으로도 충분한 격려가 되리라고 주장했다.

여기서 좀 더 파격적인 조치로는 같은 해 말에 왜적 하나를 죽이면 서얼은 허통하고 노비는 양민으로 만들자는 안이 나오기도 했다. 이렇게 보면 임진왜란은 말 그대로 서얼들의 천국이었을 것도 같지만, 규정이 그랬다는 것일 뿐 실제로는 큰 변화가 없었다.

특별한 경우는 금산에서 왜군과 맞서 싸우다가 절명했던 조헌의 서자 완서였는데, 700 의총으로 명명될 만큼 치열한 싸움 끝에 아버지 조헌과 적형이 모두 사망한지라, 집안의 후계자가 남지 않았다는 이유로 서얼의 신분이 풀려나는 허통의 특혜를 받았다.

또 다른 경우는 역시 서얼이며 충청도에서 의병을 이끌었던 이산겸이었다. 11월에는 '이 사람에게만 은혜를 아낄 수 없다'라는 사간원의 요청에 따라 허통이 되었으며, 그 외 몇몇 서얼 의병장들도 특혜를 받았다(이후 이산겸이 어떻게 되었는지는 이미 설명했다). 특히 계속되는 전쟁으로 재정난에 시달리던 조선 정부는 곡식을 바치면 신분을 올려주는 납속법을 시행했다.

하지만 그뿐이었다. 임진왜란 7년간을 뒤져 보아도 서얼 출신이면서 중요한 굵직한 자리, 이를테면 장군이라든가 관료, 외교관 등으로 활약한 흔적은 보이지 않는다. 특히나 서얼들에게 쌀을 바치게 해서 신분을 풀어 주겠다는 조치는 중간에 취소되었다. 그래서 홍주 목사 홍가신은 허통을 허락했다가 급작스럽게 폐지한 덕분에 정부가 신뢰를 잃고, 더 나아가 인심을 잃었다고 지적했다.

하지만 이렇게 좌절을 겪었음에도, 조선 후기에 들어서면서 서얼 허통은 좀 더 본격적으로 진행된다. 이제는 더 이상 명분의 문제가 아니라 현실적인 문제가 되었기 때문이다. 조선 후기로 들어가면서 신분제도는 차츰 붕괴되었고 서얼들의 숫자는 엄청나게 불어났기 때문에, 그들의 욕구를 완전히 무시할 수는 없어졌다. 그래서 영조 시기부터 서얼들의 과거 응시가 허용되거나, 호부호형을 허락하는 기본 조치가 취해졌다. 그리고 정조는 이보다 좀 더 서얼의 허통을 본격적으로 추진해서 서얼 출신 문필가들을 검서관으로 활용했다.

그럼에도 차별은 정원 한복판에 자라난 민들레 뿌리처럼 깊고 끈질겨서 여간해서 사라지지 않았다. 이 사실이 가장 단적으로 드러나는 것은 바로 과거시험이었다. 서얼들 역시 다른 양반 자제들처럼 문과 초시까지는 응시할 수 있었고 능력이 된다면 급제할 수 있었다. 그렇지만 그다음으로는 더 이상 나아갈 수가 없었다. 조선 시대 전체를 톡톡 털어 대과에까지 급제한 서얼은 성대중, 신유한을 비롯하여 단지 10여 명뿐이었다. 그나마 합격했다 한들 정3품 이상의 자리를 받은 사람은 없었고, 주로 종8품에서 6품 정도의 관직에서 그쳤다. 가장 어려운 시험인 대과에 급제했음에도 서얼이라는 이유만으로 겨우 당하관에 임명될 뿐이니, 서얼이야말로 조선 시대의 6두품 신분이었다.

그렇게 조선 시대 내내 완전한 평등은 이루어지지 않았고, 마침내 갑오개혁에 이르러서야 서얼 및 신분의 차별은 법적으로 완전히 사라지게 된다.

## 서얼 차별의 이유

지금까지의 내용들을 보면 서얼들은 마냥 불쌍하고 가엾은 처지에 놓인 것만 같다. 그리고 그들의 사회활동을 막으려는 무수한 얼굴 없는 악인들에게 불만이 솟아날 법도 하다.

과연 서얼 차별은 구시대적이고 불합리한 인습이었던 걸까? 그것만이 원인이자 결과였을까? 서얼 허통을 반대한 사람들이 내내 명분론을 주장한 것은 사실이다. 서얼을 등용하면 사회의 명분이 흐트러지고 세상이 어지러워진다고. 이런 주장은 거의 수백 년 동안 반복되었으니, 현대인들에게는 정말 시대에 뒤떨어진 열등감 폭발과 아집의 결정체로 보이는 주장들이다.

개중에는 율곡 이이가 서얼 허통을 이야기한 이래로 신분의 분별이 무너지기 시작했으며, 민심이 불안해지고 정치가 침체해졌다는 엄청난 억지를 부린 사람이 있기까지 했다.

또한 외가가 천하니까 서얼도 천하고, 따라서 벼슬을 허락할 수 없다는 주장도 있었으니 서얼 허통 반대론자들의 의견 중에서 가장 조악하고 형편없는 것이다. 이를테면 개고기를 먹으니까 야만적이라는 주장과 수준이 동급이다. 따라서 이 주장만으로는 서얼이 수백 년 동안 차별받아온 진정한 원인을 찾아내는 것은 절대로 무리이다.

서얼을 차별해야 한다는 이유로 또 하나 곧잘 들어지는 명분이 있었으니, 서얼의 마음속에 들어찬 열등감 때문에 결코 좋은 관리가 될 수 없으리란 주장이었다. 세종 시절에 하륜의 서얼 후손인 하복생을 등용하는 문제를 두고 논란이 벌어졌을 때, 이런 반대 의견이 있었다.

대개 위와 아래에 부끄러울 것이 없고 스스로 반성하여 굽힐 것이 없어야 남의 그른 것을 그르다 할 수 있고, 사람들이 또한 공경하고 두려워하는 것인데, 복생福生은 한몸에 두 가지 허물을 겸하여 가져서 이미 사림들의 낮게 보는 것이 되었으니, 장차 무슨 면목으로 동료를 총치摠治하여 체통을 높이고 인망에 부응하겠습니까.

이런 의견만 보면, 적자들은 모두 인격이 뛰어나고 멀쩡하다는 보장이 어디에 있냐고 생각할 수도 있겠다. 그렇지만 지금만 하더라도 편부편모 슬하에서 자란 자식들에게는 흠결이 있으리라는 (불공정한) 편견이 조금씩 있다. 하물며 조선 시대에는 이런 관념이 얼마나 강했을까. 물론 편부모 아래에서도, 그리고 서얼이면서도 꿋꿋하고 바르게 자라난 사람들에게는 굉장히 실례되는 일이지만.

지금 우리 주변에도 개인의 열등감 때문에 사소한 일에 화를 내고 폭발하는 사람이 하나나 둘이나 셋쯤은 있으리라. 그런데 조선 시대의 관직이란 단순히 철밥통 공무원이 아니라 임금의 대리자이자 백성들을 돌보는 이로 타의 모범이 되어야 할 존재였다. 그런데 세상에게의 분노와 열등감을 품고 있다면, 틀림없이 마이너스 요소가 될 수 있었다.

하지만 이것도 어디까지나 '있을지도 모르는' 한 가지 가능성을 말했을 뿐이며, 근본적인 차별의 원인은 아니었다. 이번에는 명종 시기에 벌어졌던 서얼 허통의 논의를 참고해 보자.

서얼이 허통許通됨을 계기로 혹시나 적嫡을 능멸하는 마음이 생겨나 명분을 어지럽힐까 염려됩니다.

서얼 차별이란, 가장 근본적인 뿌리를 더듬어 올라가다 보면 합법적인 부부관계에서 태어난 적자들을 보호하기 위한 정책이었다. 이것을 '밥그릇 지키기'로 폄하할 수도 있긴 하지만, 사실 조선왕조는 엄격하게 일처일부제를 고수하는 나라였다. 그러니까 첩과 그 자식들은 조선 사회에서는 존재 자체가 불법적인 이들이었다. 법적으로 일처일부제였기에 적자만이 진정한 양반이 될 수 있는 조선 사회의 상황이 만들어낸 필요하지 않은 잉여 계층이 서얼의 현주소였다. 하지만 여전히 가장인 아버지와는 피로 이어진 가족이었고, 여기에 정과 사랑이 결부되면 서자는 능히 적장자 계승의 원칙을 위협할 수 있는 위치에 있었다. 그렇기에 서얼 차별은 계승을 위한, 사회의 안정을 위한 안전 장치였다.

잠깐 예를 한 가지 들어 보자. 만약 처의 자식이 좀 모자라고, 첩의 자식이 잘났다고 생각해 보자. 집안의 미래를 생각하는 아버지라면 적자와 서자를 뒤바꾸고 싶다는 욕심을 가지지 않을 리 없다. 그렇지만 바꿀 수는 없다. 이유야 간단하다. 부모가 생각하는 자식의 능력이란 얼마나 객관적이겠는가!

정말로 능력이 있어서가 아니라, 능력이 아주 형편없는 자식임에도 자신이 예뻐한다는 이유만으로도 적서를 뒤바꾸려는 부모는 수도 없이 많다. 이 때문에 가족 안에서 싸움이 벌어지고, 다투고, 마침내 골육상쟁이 벌어질 수도 있다. 콩쥐와 팥쥐, 장화와 홍련, 그리고 신데렐라 등등의 이야기는 전처 자식과 계모의 이야기뿐만 아니라, 적자와 서얼의 대결구도로 얼마든지 치환할 수 있다. 온갖 구박과 부당한 처우가 이어지고, 마침내는 살인까지로 번지는 가족들의 이야기로 말이다.

마찬가지로 조선 시대의 서얼들도 마냥 불쌍하기만 한 희생자는 아니었다. 오히려 빛이 있고 어둠이 있는 양면적인 존재였다. 뛰어난 실력을 가지고 있음에도 서얼의 신분을 가졌다는 이유 때문에 차별을 당하는 비운의 홍길동이다가도, 원래 정당한 계승자도 아니건만 부모(아버지)의 총애를 믿고 온갖 횡포를 부리며 적자를 괴롭히는 악당이기도 했다. 《조선왕조실록》이나 개인 문집 등 기록을 보면 서얼의 폐해는 의외로 많이 드러난다. 가장이 첩과 그 자식을 너무나도 사랑한 나머지 정실과 그 자식을 박대하고, 유산을 첩과 그 자식들에게만 남기는 바람에 소송과 다툼이 벌어지곤 했던 것이다.

적자들이 공적이고 법적인 신분을 보장받았다면, 서얼들은 사적인 사랑을 받았다 할 수 있다. 이리하여 적서 사이의 경쟁과 반목은 더욱 심해졌다. 적자들에게 서얼들은 형제인 동시에 아버지의 애정을 빼앗아간 미움의 대상이었고, 서얼의 존재는 (그들의 본의는 아니더라도) 비합법적인 불륜의 산물이자 가정 파탄의 원인이었다.

어떤 사람은 만약 적서의 차별을 폐지하면 자식들끼리 경쟁도 되고 능력을 갈고 닦을 테니 좋지 않겠냐고 말할지 모르지만, 이는 그런 경쟁 와중에 벌어지는 온갖 비인간적인 일을 간과하는 일이다. 사람이란 이기기 위해서 온갖 더럽고 치사한 일을 서슴지 않고 벌이는 종족이니까. 이 책의 앞머리에서 《춘추》의 막장 세태를 말하지 않았던가? 그런 일은 얼마든지 다시 벌어질 수 있다. 부모님이 돌아가셨을 때 유산상속 문제로 골치를 썩여 본 경험이 있는 독자라면, 이 사실에 공감할 수 있을지도 모르겠다. 한때 가까웠던 친척들마저도 얼굴 붉히며 싸우기 일쑤인 문제인데, 하물며 첩의 자식이라면?

그러니까 조선은 사회의 안정을 위해 적서 차별을 유지했다. 이것은 서얼들의 희생을 기반으로 한다. 사회 질서를 유지하고 적자의 권익 보호를 위한다는 명분 때문에 서얼은 계승권도 없었고, 양반 사회의 일부로도 참여할 수가 없었다. 하지만 여기에도 모순이 있었으니, 양반이 관습적인 혼외정사, 즉 첩을 들이는 이상 계속 숫자가 늘어났던 것이다.

이로써 사회 문제가 불거지니 애초에 첩을 들이지 말았어야 하는 게 정답이겠지만, 앞에서 언급한 대로 '결혼은 처와 하되 사랑은 첩과 하는' 상황이었으니 이는 불가능했다. 결국 서얼이란 조선 사회와 결혼제도의 부조리가 낳은 존재로, 어느 한 사람이 아닌 조선이라는 나라가 수백 년에 걸쳐 만들어낸 기형적인 계층이었다. 이것이 온전히 사라진 때는 그런 제도와 혼연 일체가 되어 있던, 아니 제도 그 자체였던 조선이라는 나라가 사라지는 순간이었다.

끊임없이 자신들의 한계를 넘어서기 위해 노력하고, 부딪히고, 좌절하며, 그러면서도 또 도전했던 서얼들의 노력이 헛되어 보일 수도 있다. 하지만 자신들이 무모한 도전을 하고 있다는 사실은 서얼 그 본인들이 가장 잘 알았을 것이다. 설령 신분의 벽이 막혀 있어도, 이것을 뛰어넘는 것이 결코 불가능한 꿈일지라도. 그래도 포기할 수 없었던 것이다.

수백 년 동안, 한 사람이 죽으면 그다음 사람이 이어서 계속해서 오르지 못할 만큼 높은 나무로 기어올랐다. 서얼들의 상황이 그나마 조금씩 나아진 것은 이들의 부단한 노력이 있었기 때문이다. 어째서 그들의 노력이 그저 허무하다고 말할 수 있을까.

## 역사에서 드러나지 않은 서얼들

아주 먼 옛날부터 지금까지 아주 많은 서얼들이 있었다. 이 책에 실린 사람들처럼 이름을 남긴 이들은 그나마 행운아일지도 모른다. 서얼들은 언제나 역사의 그늘 속에 있었고 드러난 일조차 별로 없었으며 대다수는 잊혀졌다. 하지만 분명히 있었던 그들을 기억하는 의미에서, 이제까지 알아본 서얼들의 목록을 작성해 보았다.

### 고구려

| | |
|---|---|
| 동천왕(東川王, 209~248) | 이름은 교체(郊彘). 산상왕의 아들로, 주통촌(酒桶村)의 어머니와의 밀회를 통해 태어났다. 왕비 우씨가 제거하려 하였으나 생존, 태자에 봉해진다. |

### 신라

| | |
|---|---|
| 효공왕(孝恭王, ?~912) | 이름은 요(嶢). 헌강왕의 서자로 어머니의 신분이 천했기 때문에 계승에서 밀려났다가 진성여왕의 뒤를 이어 즉위. |

### 고려
#### · 인종

| | |
|---|---|
| 오광척(吳光陟) | 오정(吳挺)의 아들. 서경의 난을 진압하던 와중 혼외정사를 통해 태어났고, 본처에게 자손이 없자 후사로 삼아졌다. |
| 최항(崔沆, ?~1257) | 이름은 만전(萬全) 최이(崔怡)의 아들. 한때 승려로 출가했으나 환속하여 최씨 무신정권을 이었다. |
| 만종(萬宗) | 최이의 아들. 한때 출가했다. |
| 최의(崔竩, ?~1258) | 최항의 아들. 어머니가 기생이었고, 최씨 무신정권 최후의 집권자였다. |

### 조선
#### · 태조

| | |
|---|---|
| 이원계(李元桂) | 이자춘과 비첩 김씨 사이의 자식. 태조 이성계의 이복동생이며, 이화의 형이다. |
| 이화(李和) | 이자춘과 비첩 김씨 사이의 자식. 태조 이성계의 이복동생. 의안군(宜安君)에 봉해짐. |

| | |
|---|---|
| 이영(李英, ?~1394) | 태조 이성계의 이복동생. |
| 백안(伯顔) | 왕씨의 서얼로 이름을 바꾸고 도성을 다닌 죄로 함께 처형당함. |
| 연금(延金) | 왕씨의 서얼로 이름을 바꾸고 도성을 다닌 죄로 함께 처형당함. |
| 금만(金萬) | 왕씨의 서얼로 이름을 바꾸고 도성을 다닌 죄로 함께 처형당함. |
| 약사노(藥師奴) | 왕씨의 서얼로 교살됨. |
| 왕흥도(王興道) | 왕씨의 서얼로 무고를 당함. |

· 태종

| | |
|---|---|
| 하장(河長) | 하륜의 서자. |
| 하연(河延) | 하륜의 서자. |
| 하영(河永) | 하륜의 서자. |

· 세종

| | |
|---|---|
| 하복생(河福生) | 하륜의 손자, 하구(河久)의 첩의 소생. 서얼이면서도 군자판사(軍資判事)로 제수되어 논란을 야기. |
| 이선(李宣) | 태조의 외손자 및 태종의 조카. 서얼이라는 이유로 과거 응시가 한때 정지되었으나, 왕실의 총애를 받았다. 병조판서에 이르렀으나 직권남용으로 파면되었다. |

· 세조

| | |
|---|---|
| 안유(安愈) | 안선귀(安善貴)의 아들, 조준의 외손자. 세조의 명으로 과거를 볼 수 있게 됨. |
| 안혜(安惠) | 안선귀(安善貴)의 아들, 조준의 외손자. 세조의 명으로 과거를 볼 수 있게 됨. |
| 유자광(柳子光, 1439~1512) | |

· 성종

| | |
|---|---|
| 어무적(魚無迹) | 사직 어효량(魚孝良)의 얼자이며 어세겸의 재종형제. 시에 재능이 있었고 연산군 때 〈신유상소(辛酉上疏)〉를 올렸다. 백성들의 괴로운 삶을 노래한 〈유민탄(流民嘆)〉의 저자. |
| 최서(崔湑) | |
| 강대생(姜帶生) | 강수(姜壽)의 서자. 예종 때 허통되어 성종 때 동반직에 임명되었으나 논란이 되었다. |
| 이인석(李引錫) | 이백상(李伯常)의 서자. 세조 때 허통되었으나 벼슬길이 막혀 성종에게 상언함. |

### · 연산군~중종

유우(柳藕) 후생 교육에 힘씀. 천문, 복서, 음률, 서화에 능통.

### · 중종

조신(曺伸, 1455~?) 조위(曺偉)의 서제. 《소문쇄록》의 저자. 역관으로 중국, 일본에 10여 차례 왕래했다.

정화(鄭和) 문익공 정광필의 서자.

안찬(安瓚, ?~1519)

윤광일(尹光溢) 사인 윤지의 서자.

권위(權緯) 교리 권경유의 서자.

권경(權經) 교리 권경유의 서자.

이중호(李仲虎, 1512~1554) 효령대군의 후손. 기묘사화, 을사사화 이후 은거하며 후학을 가르침.

박경(朴畊)

### · 명종

양사언(楊士彦, 1517 ~ 1584)

양사준(楊士俊) 양사언의 동생.

권응인(權應仁) 《송계집》의 저자. 만당의 시풍을 도입했으며 시평에도 뛰어났다.

이전인(李全仁) 회재 이언적의 서자.

송익필(宋翼弼, 1534~1599)

송한필(宋翰弼)

박지엽(1513~1592)

박지화(朴枝華, 1513~1592) 《수암유고》의 저자. 기수학(氣數學)에 뛰어났다.

정난정(鄭蘭貞, ?~1565)

### · 선조

유조인(柳祖訒, 1522~1599) 유우의 아들.

안경창(安慶昌) 송도의 서인.

황원손(黃元孫) 송도의 서인.

정심(鄭瀋)

어숙권(魚叔權) 《패관잡기》, 《고사촬요》의 저자.

임기(林芑) 제술 담당으로 북경에 다녀옴. 정치의 폐단을 상소했으나 처벌당할 뻔함.

양대박(梁大樸, 1544~1592) 임진왜란 당시 전라도 담양에서 고경명과 더불어 의병을 일으킴. 과로로 사망.

양경우(梁慶遇, 1568~?) 양대박의 아들. 선조 30년 별시문과에 급제하고, 광해군 8년에 문과증시에 급제했다.

| | |
|---|---|
| 김근공(金謹恭, 1546~1568) | 진부목사 김창의 서자. |
| 이산겸(李山謙) | |
| 홍계남(洪季男) | 충의위(忠義衛) 홍자수의 서자. 임진왜란 당시 활약. |
| 유극량(劉克良, ?~1592) | |
| 허징(許澂) | |
| 이재영(李再榮) | |
| 박희현(朴希賢) | |
| 이달(李達) | 삼당파 시인 중 하나로 이름을 날렸으며 허준, 허난설헌의 스승. |
| 윤충원(尹忠源) | 윤원형의 서자 |
| 송희갑(宋希甲) | |
| 이대순(李大純) | |
| 최명룡(崔命龍, 1567~1621) | |

· 광해군

| | |
|---|---|
| 오언관(吳彦寬) | 찬성 오겸(吳謙)의 서자. |
| 서양갑(徐羊甲, ?~1613) | 목사 서익(徐益)의 서자. 계축옥사에 휘말려 옥사. |
| 심우영(沈友英, ?~1613) | 감사 심전(沈銓)의 서자. 계축옥사에 휘말려 옥사. |
| 박응서(朴應犀, ?~1623) | 영의정 박순(朴淳)의 서자. 계축옥사의 주역. |
| 박치인(朴致仁, ?~1613) | 박충간(朴忠侃)의 서자. 계축옥사에 휘말려 옥사. |
| 박치의(朴致毅) | 박충간(朴忠侃)의 서자. 계축옥사에 휘말렸으나 혼자 달아났고, 이후 행방이 묘연해졌다. |
| 이경준(李耕俊, ?~1613) | 병사 이제신(李濟臣)의 서자. 계축옥사에 휘말려 옥사. |
| 허홍인(許弘仁, ?~1613) | 계축옥사에 휘말려 옥사. |

· 인조

| | |
|---|---|
| 양만고(楊萬古, 1574~?) | 양사언의 아들. |
| 정충신(鄭忠信, 1576~1636) | 권율과 이항복에게 추천받았으며, 이괄의 난을 진압함. |
| 유흥룡(柳興龍, 1577~1656) | 학문으로 명성을 날림. |
| 이원형(李元亨) | |
| 권칙(權侙, 1599~?) | 권필(權韠)의 서제. 일본 통신사의 이문학관. |
| 권정길(權井吉) | 병자호란 당시 남한산성에서 유일하게 군대를 이끌고 맞서 싸움. |
| 이기남(李箕男) | 오성부원군 이항복의 서자. |
| 윤한(尹暵) | 윤두수의 서자. |
| 장훈(張曛) | 옥성부원군 장만의 서제. |
| 신희계(辛喜季, 1606~?) | 신응시(辛應時)의 서제. |
| 심일운(沈日運, 1596~?) | |
| 김굉(金宏) | |

| | |
|---|---|
| 이경희(李慶喜) | |
| 박안기(朴安期, 1607~?) | 1643년 일본통신사 독축관. |
| 박자전(朴自全) | 영의정 박승종의 서자. 허유의 역모사건에 연루되어 귀양 갔다. |

### · 효종~현종

| | |
|---|---|
| 우경석(禹敬錫, 1602~1677) | 우복룡의 아들. 봉상시, 교서관 교서, 강음등의 현감을 역임했다. |
| 유시번(柳時蕃, 1616~1692) | 효종 때 알성문과 급제. 교서관 교리, 태상시첨정을 역임. |
| 이지백(李知白) | 영의정 이홍주(李弘冑)의 서손. |
| 이명빈(李明彬, 1620~?) | 이보(李莆)의 서자. 1655년 일본통신사 독축관. |
| 이명림(李明林) | 이보(李莆)의 서자. |
| 송상민(宋尙敏, 1626~1679) | 송시열의 문인, 송시열의 명예회복을 상소했다가 장살당함. |
| 권해(權諧, 1627~?) | |
| 권순(權諄, 1632~?) | |
| 권의(權誼, 1635~?) | |

### · 숙종

| | |
|---|---|
| 남극정(南極井, 1639~?) | 988명과 더불어 서얼 허통을 요구하며 상소를 올림. |
| 유일상(柳日祥) | 진사. 서얼 허통을 요구하며 상소를 올림. |
| 박호(朴滸) | 《규사현인록》에 등재. 금양위 박미(朴瀰)의 서제. 이학에 뛰어남. |
| 신무(愼懋, 1629~?) | 《규사현인록》에 등재. 〈만언소〉를 지었고, 문학에 뛰어남. |
| 이민계(李敏啓, 1637~1695) | 백강 이경여(李敬輿)의 서자. |
| 남극두(南極斗) | 남극정의 동생. |
| 성완(成琬, 1639~1710) | 성후룡의 아들. |
| 성경(成璟, 1641~?) | 성후룡의 아들. |
| 이휘(李翬, 1639~?) | |
| 이습(李習) | |
| 이학(李鷽, 1660~?) | |
| 유일상(柳日祥, 1642~?) | |
| 이진(李震, 1647~?) | 이명진의 아들. |
| 홍순연(洪舜衍, 1653~?) | 통훈대부 홍남립의 서자. 허통됨. |
| 이함명(李咸命, 1653~1718) | 이민계의 아들. |
| 이수명(李需命, 1658~1714) | 이민계의 아들. |
| 이제명(李濟命, 1669~1735) | 이민계의 아들. |
| 이상징(李商徵) | 이세원의 부친. |
| 정진교(鄭震僑, 1660~?) | 영조 시기에 상소를 올림. 서얼 허통 운동을 지휘. |
| 정진길(鄭震吉) | 정진교의 형제. |
| 정진규(鄭震奎, 1672~?) | 정진교의 형제. |

엄한중(嚴漢重, 1664~?)

남성중(南聖重, 1666~?) 남용익의 아들.

박사연(朴師淵) 금필도위 박필성의 서자.

박사렴(朴師濂) 금필도위 박필성의 서자. 이덕무의 외조부.

김석천(金錫踐)

김석구(金錫耉)

김석제(金錫悌)

김석선(金錫善)

김석순(金錫順)

장응두(張應斗, 1670~1730)

장현두(張顯斗) 장응두의 동생.

성몽량(成夢良, 1673~1735) 성경의 아들, 1719년 일본통신사에 참여.

성몽양(成夢陽) 성경의 아들.

성몽상(成夢祥) 성경의 아들.

성몽창(成夢昌) 성경의 아들.

홍림(洪霖) 《규사현인록》에 등재.

이세원(李世愿, 1674~1744) 《규사현인록》에 등재.

이세갑(李世甲)

조륜(趙綸, ?~1738)

유명윤(柳命潤)

유창윤(柳昌潤, 1672~?)

유항윤(柳恒潤, 1677~?)

유희윤(柳喜潤, 1680~?)

신유정(申維楨) 신유한의 동생.

장효회(張孝會)

김시약(金時若, ?~1747) 《규사현인록》에 등재. 하담 김시양(金時讓)의 서제. 정묘호란 때 사망.

이정지(李挺之, 1685~1718) 이수명의 아들.

이최지(李最之, 1695~1744) 이수명의 아들.

남도혁(南道赫, 1691~?)

이정언(李廷彦, 1691~1743)

유후(柳逅, 1692~1780)

남한종(南漢宗) 남성중의 아들.

박사유(朴師遊, 1697~1726) 금필도위 박필성의 서자.

김도준(金道浚)

김도홍(金道洪)

김도헌(金道憲)

김도원(金道源)

김도황(金道滉)

김도렴(金道濂)

김도광(金道洸)

김도유(金道游)

김도수(金道洙, 1701~1733) 《규사현인록》에 등재.

안정달(安廷炟)

이형(李馨)

이익창(李益昌)

이지완(李志完)

이필직(李必稷)

윤사원(尹師元)

정후교(鄭後僑)

이만정(李萬楨)

신여규(申汝逵)

전시흥(田始興)

이사걸(李思傑)

정홍신(鄭弘信)

허휘(許彙)

윤중교(尹重敎)

상경주(尙經周)

조필달(曺必達)

상시창(尙時昌)

이위(李緯)

김계운(金繼雲)

김하적(金夏廸)

허욱(許煜)

윤동후(尹東垕)

상이창(尙履昌)

홍서기(洪敍箕) 병사 홍순만의 서손, 홍진웅의 아들.

조성화(曺聖和)

상홍택(尙弘澤)

이제우(李濟雨)

## · 영조

성몽량(成夢良, 1673~1735)

신유한(申維翰,, 1681~1752) 경상도 밀성 출생, 《제촉석루》의 저자. 서얼 출신으로 유일하게 당상관이 됨. 33세에 증광시 갑과에서 장원을 하였으나 벼슬에 임용되지 못함.

강백(姜栢, 1690~1777) 《우곡집》의 저자. 1727년 대과에서 장원. 영남 반란으로 규정된 무신란에 연루되어 귀양 감. 이후 우곡에 은거하여 불교에 심취.

이정언(李廷彦, 1691~1743)

| | |
|---|---|
| 유후(柳逅, 1692~1780) | |
| 장응두(張應斗, 1670~1730) | 1719년 일본통신사에 참여. |
| 이세원(李世愿, 1674~1744) | 《고암유고》의 저자. 산수시에 능했고 이기진과 교우를 가짐. 이상징의 아들. |
| 김도수(金道洙, 1701~1733) | 춘주유고 김우명의 서손. 1725년 진사가 됨. 경양찰방을 지냈으나 벼슬을 버리고 산수를 유람함. 숙종과는 사촌. |
| 조륜(趙綸, ?~1738) | 《솔암유고》의 저자. 〈난실시화(蘭室詩話)〉에서 서얼 출생임을 언급. |
| 이기상(李麒祥, 1706~1778) | 이정지의 아들. |
| 김인겸(金仁謙, 1707~1772) | 《일몽고》, 《문원록》에 서얼로 등재. |
| 계덕해(桂德海, 1708~1778) | |
| 이봉환(李鳳煥, 1710~1770) | 《일몽고》, 《문원록》에 서얼로 등재. |
| 이인상(李麟祥, 1710~1760) | 시문과 전서, 그림에 뛰어났다. 이정지의 아들. |
| 이명철(李命哲) | |
| 이명화(李命和) | |
| 이명계(李命啓, 1715~?) | 과문에 뛰어났다. 《일몽고》, 《문원록》에 서얼로 등재. |
| 이희관(李喜觀, 1709~?) | 경학 공부에 뛰어났다. |
| 신몽기(申夢騏, 1712~?) | 신유한의 아들. |
| 신몽준(申夢駿, 1716~?) | 신유한의 아들. |
| 원중거(元重擧, 1719~1790) | |
| 최익남(崔益男, 1720~1770) | |
| 남옥(南玉, 1722~1770) | 남도혁의 아들. 《일몽고》, 《문원록》에 서얼로 등재. 과문에 특히 뛰어났다. |
| 남중(南重) | 남도혁의 아들, 《일몽고》, 《문원록》에 서얼로 등재. |
| 남토(南土) | 남도혁의 아들, 《일몽고》, 《문원록》에 서얼로 등재. |
| 이귀상(李龜祥, 1725~1758) | 송흠명의 제자. |
| 성대중(成大中, 1732~1812) | 일몽고 문원록에 서얼로 등재. 시문을 잘했다. |
| 송병조(宋秉朝) | 송준길의 후손 |
| 김상겸(金相謙) | 《일몽고》, 《문원록》에 서얼로 등재. 반초서에 뛰어났다. |

### · 정조

| | |
|---|---|
| 이덕무(李德懋, 1741~1793) | |
| 백동수(白東脩, 1743~1816) | 이덕무의 처남. 《무예도보통지》의 편집에 참여, 장용영 초대 초관을 지냄. |
| 유득공(柳得恭, 1749~1807) | 《발해고》의 저자. 규장각 검서로 임명되었다. |
| 박제가(朴齊家, 1750~1805) | 박지원의 제자. 북학파의 대표적인 인물로, 규장각 검서로 임명되었다. |
| 서이수(徐理修, 1749~1802) | 검서로 임명되었다. |
| 서명인(徐命寅, 1728?~1800?) | 서종화(徐宗華)의 아들. 시인. |

### · 순조

| | |
|---|---|
| 김희용(金熙鏞) | 순조 23년 서얼 허통을 주장하며 9,996명과 함께 상소를 올림. |

### · 고종

| | |
|---|---|
| 안민영(安玟英, 1816~?) | 스승 박효관과 조선 역대시가집인 《가곡원류》를 편찬했다. |
| 윤웅렬(尹雄烈, 1840~1911) | 윤치호의 부친. 무과에 급제하고 별기군의 창설에 참여했다. |
| 김가진(金嘉鎭, 1846~1922) | 안동 김씨 김응균의 서자. 개화파 관료로 활동하였으며, 국권 침탈 이후 1919년 상하이로 망명해 임시정부에 참여했음. |
| 안경수(安駉壽, 1856~1900) | 죽산 안씨의 서자. 황제 양위 음모를 꾸미다가 처형되었다. |
| 윤치호(尹致昊, 1865~1945) | |